現代中国と立憲主義

石塚 迅
ISHIZUKA Jin

MODERN CHINA
CONSTITUTIONALISM

東方書店

まえがき

　本書の刊行は、1989 年「天安門事件（六・四事件）」を強く意識している。

　かつて、憲法学者の樋口陽一氏は、1989 年秋に刊行した著作『自由と国家―いま「憲法」のもつ意味―』の中で、「「四つの '89 年」という物差し」を提示し、その意味を問うた[1]。

　1689 年は「イギリス権利章典」が制定された年である。「権利章典」は、イギリス人の古来から権利と自由の確認・主張という点で一定の歴史的限界を有してはいたものの、近代立憲主義の萌芽と呼ぶにふさわしい内容を有していた。1789 年は、「フランス人権宣言」が採択された年である。「人権宣言」は、人の生まれながらの自由・平等を高らかに宣言し、少なくとも理念においては近代立憲主義はここに大輪の花を咲かせることになる。1889 年は、『大日本帝国憲法』が公布された年である。東アジア初の近代的憲法である同憲法は、一方で、権利の保障と権力の分立という近代立憲主義的要素を部分的に取り入れつつも、他方で、それらを伝統的な「国体」に劣位させるという「外見的立憲主義」の憲法であった。

　かけがえのない個人一人ひとりに価値を認め尊重する、そして、その手段として憲法を定め、国家権力の濫用を抑制して個人の権利・自由を保障する。「個人の尊重」を基軸に据えた近代立憲主義理解に私も基本的に依拠しているが、このような近代立憲主義は、1989 年に大きな画期を迎えた。一つは、中国の「天安門事件」（6 月）である。中国政府・共産党は、かつて 1949 年の中華人民共和国成立時において決別した西欧近代立憲主義をあらためて拒否する姿勢を、学生・市民デモに対する武力弾圧という形で世界に示した。もう一つは、「ベルリンの壁」崩壊（11 月）に象徴される東欧諸国の体制転

換である。ここでは、「東西冷戦」下で西側・自由主義陣営の価値にとどまっていた近代立憲主義が、東欧を（その後ソビエト連邦も）席巻した。

　「天安門事件」で中国はあらためて近代西欧立憲主義と出会い、そして、それと正面から向きあわざるをえなくなった[2]。「天安門事件」から今日に至るまでの三十年、中国は近代西欧立憲主義とどのように向きあってきたのか。中国と近代西欧立憲主義との間の距離は縮まったのか、それとも拡がったのか。両者の間にあるのは距離だけなのか、溝があるとすれば、それは埋められるものなのか。以上のような問いに、人権、言論の自由、人民代表大会と人民法院との関係、情報公開、陳情等の具体的論点の検討を通して接近し、私なりの解答を与えようとするのが本書の大きな目的である。

　もう一つ、本書の問題意識として強調したいのは、中国憲法体制の比較可能性である。別のいい方をすれば、中国と世界、中国と日本の「共時性」である。

　立憲主義は、日本において、最近まで（最近においてもなお）馴染みのない語であったように思う。もちろん、憲法学をはじめとする学術界においては、「立憲主義」の思想、概念、制度構築、実現状況、今日的課題等をめぐり、様々に検討がなされ、膨大な研究の蓄積が存在することはいうまでもない。しかしながら、ひとたび、学術界の外に目を転じれば、一般の国民のどれくらいが立憲主義という語の含意について理解していただろうか。自由民主党（自民党）の憲法改正推進本部の幹部であった元参議院議員は、ツイッター上で「時々、憲法改正草案に対して、「立憲主義」を理解していないという意味不明の批判を頂きます」と率直につぶやき[3]、それが後に蒸し返され話題となった。また、大学生も立憲主義をリアルにイメージできず、大学教員をたびたび困惑させている[4]。

　日本の憲法学界において、立憲主義は周密な検討がなされてきたものの、これまで、その検討の俎上に中国憲法があがることはほとんどなかった。日本の憲法学は、アメリカ、ドイツ、フランス、イギリスをはじめとする西欧

憲法の理論・制度の研究、およびそれらの日本への適用可能性の検討に終始してきた。中国の憲法は、日本の憲法学者から「フェイクコンスティチューション」と一笑に付され、その研究も、憲法学ではなく基礎法学として、さらにいえば、地域研究として位置づけられてきた[5]。

　日本において、社会と学術の状況の潮目が変わったのは、2015年の安保法制（平和安全法制）の国会審議であろう。国会の内では、衆議院憲法審査委員会に参考人として招致された長谷部恭男氏ら憲法学者三氏が、そろって、集団的自衛権の行使容認を認めた安保法制は憲法違反であり、閣議決定による政府の憲法解釈変更から法案の国会提出までの手続は立憲主義にもとるところがあると発言した[6]。国会の外では、様々な市民・学生グループが安保法制反対の声を上げた。中でも、SEALDs（Students Emergency Action for Liberal Democracy-s、自由と民主主義のための学生緊急行動）は、構成メンバーの世代、動員力、活動の斬新さ等から、メディアや社会の大きな注目を浴びたが、そのSEALDsのコールの一つに、「立憲主義って何だ？」があった。これら一連の過程で、一般の国民にも、少しずつではあるが「立憲主義」という語が知られるようになってきた。

　もとより、SEALDsの活動は、彼（女）らの問題意識に基づいてなされたものであるが、注目したいのは、その活動が、2014年の台湾「ひまわり学生運動」、香港「雨傘運動」にインスパイアされたところがあったことである[7]。また、自民党が改憲に執心する中で、それを批判する立場から、2012年4月に決定・発表された自民党の「日本国憲法改正草案」と中国（中華人民共和国）憲法との原理的近接性が、しばしば学者やジャーナリストによって指摘されるようになった[8]。きっかけはいささか残念なところもあるものの、ようやく、立憲主義の問題群をアジア・中国とつなげて考察するという視点が醸成されつつあるように感じる[9]。

　確かに、近代西欧立憲主義を立憲主義の「あるべき姿」と捉えれば、私たちの目には、中国の憲法体制は、それとは異質なもののように映るかもしれない。しかしながら、なぜ異質なのか、どこが異質なのか、それを考えるこ

とはとりもなおさず立憲主義そのものを省察することなのである。三十年前、西欧は中国に立憲主義・人権を問うた。その後、中国は、飛躍的な経済発展を背景に、国際社会での発言力を増大し、政治の世界、学術の世界の双方で、「中国モデル［中国模式］」なる語が盛んに喧伝されるようになった。本書の内容でいえば、「中国的人権観」や「社会主義法治国家」がその一例に該当する。今日、私たちの側が中国から「立憲主義とは何か」「人権とは何か」と問われているような気がしてならない。

　本書は、これまで、私が、中国の立憲主義（憲政）、民主主義（民主）、人権の理論や制度、実現状況、諸課題について執筆・公表してきた九本の論文をまとめて一書にしたものである。

　それら九本の論文は、当初から一書にまとめることを想定して書かれたものではない。いずれの論文も、そのときどきの私の興味・関心に基づき考究したものであったり、あるいは、ある特定のテーマの下で編集が企画された著作や雑誌の執筆依頼に応じる形で検討を始めたものである。そのため、博士（法学）学位論文を加筆修正し公刊した前著『中国における言論の自由—その法思想、法理論および法制度—』（明石書店、2014 年）に比べて、体系性に劣ることは否めない。しかしながら、これまで執筆・公表してきたこれら諸論文を、後になってあらためて読みかえしてみると、そのうちかなりの論文が、多かれ少なかれ、すでに上で述べたような問題意識に貫かれていることを発見した。あるいは、いくつかの論文を書いているうちに、これまでぼんやりと通底していた問題意識がその輪郭をはっきりさせていったという方が正確なのかもしれない。そうであるならば、「天安門事件」三十年というタイミングに合わせ、「現代中国と立憲主義」という問題意識を前面に押し出し、これまでの諸論文を一書にまとめて諸賢の批判に供してみたい。そのように考えたのである。

　本書は、「第 1 部：人権」、「第 2 部：立憲主義（憲政）」、「第 3 部：民主主義（民主）」の三部構成とし、各部にそれぞれ関連の論文を三本ずつ配置した。当

初は、本書の書名を、各部のタイトルから『現代中国における人権、憲政、民主』とするのも、響き・語呂がよいのではないか、と考えた。しかしながら、①「現代中国で人権や憲政がどのように展開してきたか」ではなく、「現代中国が人権や立憲主義とどのように向きあってきたか」を本書の問題意識の主旋律としたかったこと、②人権と立憲主義は相互に重なり包摂しあう概念といえること、③「憲政」や「民主」は、歴史学や政治学あるいは中国地域研究のタームというきらいがあり、法学研究者として、立憲主義ではなく「憲政」を、民主主義ではなく「民主」を本書の検討の中心概念に据えることに躊躇を感じたこと、等の理由から、最終的に本書の書名を『現代中国と立憲主義』とした。

　本書をまとめるにあたり最も頭を悩ませたのが、本書所収の各論文にどこまで手を入れるかである。まず、本書所収の各論文の公表時期は、2003年から2012年にかけてである。ここで詳細に説明するまでもなく、その間の中国の法、政治、経済、社会の変動は著しい。加えて、各論文はそれぞれ独立して発表したものであるため、記述・説明が重複するところも少なくない。すべての論文をいったん解体した後、情報・資料をアップデートし、当該論点に対する現時点での私の評価・判断を加えた上で、内容を再構成した方がよいのではないか。繰り返し検討したが、最終的にそれは断念し、明白な誤りの訂正、表記の統一、重複部分の可能な限りの調整等、一書としてまとまりを保ちうるよう必要な補正を行うにとどめ、初出論文をほぼそのままの形で収録した。なお、初出論文の記述の趣旨を損なわない範囲で、初出論文公表後の法令改正による条文番号の変更、引用文献の改版に対応し、それぞれ最新のものを反映させた。なぜ、再構成を断念したかといえば、まず、初出論文を書き上げたその「時点」での私の評価・判断を残すことにはそれなりの意味があると考えたからである。また、「国際社会における正義」や「陳情の総合研究」といった特集企画への寄稿の場合、特集の企画者の問題意識が、私の執筆にあたり大きな影響を与えているため、当該論文を解体・再構成すれば論旨も自ずと変わってしまう。さらに、本書に所収した各論文はそ

れぞれ独立しているとはいえ、そこでは、相互に重畳的に論が構築・展開されている、すなわち、ある研究にのりしろがあって、そののりしろから次の研究がスタートしているため、記述の重複が生じるのはやむをえないと判断した。

　そうはいっても、上で述べたような本書のいくつかの「欠陥」をそのまま放置するわけにもいかない。そこで、本書では、各部の末尾に「附記・解説」を設け、初出論文の位置づけ、研究・執筆の背景、初出論文公表以降の法・政治・学術の状況、それら状況の変化をふまえた上での私自身の見解、今後に残された課題等を適宜補足した。

　今この時に、世界各地で立憲主義について思索しその実現のために苦闘している人たち、とりわけ、香港の人たちの状況に思いをめぐらせたい。

［注］

(1)　樋口陽一『自由と国家―いま「憲法」のもつ意味―』（岩波新書）1989 年、38 ～ 44 頁。

(2)　もちろん、ここでいう「あらためて出会った」とはシンボリックな意味においてである。1840 年の「アヘン戦争」以降の「西洋の衝撃」の中で、中国の政府、政党、知識人、一般大衆は、自由主義、民主主義、憲政、人権、法治、社会主義といった様々な西欧の思想と制度に触れ、それらを受容あるいは拒否する営為を展開してきた。

(3)　礒崎陽輔 Twitter（https://twitter.com/isozaki_yousuke）2012 年 5 月 27 日。

(4)　田村理『国家は僕らをまもらない―愛と自由の憲法論―』（朝日新書）2007 年、10 ～ 18 頁、斎藤一久「法教育における憲法教育と憲法学―憲法学は非常識か？―」『法学セミナー』第 662 号（2010 年 2 月）29 ～ 32 頁。

(5)　他方で、日本における中国憲法研究も、立憲主義を分析の視角として用いることはほとんどなかった（石塚迅「研究の視角と方法」（石塚迅・中村元哉・山本真編著『憲政と近現代中国―国家、社会、個人―』（現代人文社）2010 年、128 ～ 129 頁））。

(6)　「第 189 回国会衆議院憲法審査会議録第 3 号」（http://kokkai.ndl.go.jp/SENTAKU/syugiin/189/0250/18906040250003.pdf）。

（7）　SEALDs『日本×香港×台湾　若者はあきらめない』（太田出版）2016 年。憲法学からの台湾「ひまわり学生運動」と香港「雨傘運動」の初歩的考察として、石塚迅「憲法と主権からみた台湾・香港・マカオの社会運動」『アジア研究』第 63 巻第 1 号（2017 年 1 月）104 ～ 111 頁を参照。

（8）　水島朝穂「参議院で「憲法とは何か」を語る（2015 年 3 月 16 日）」『平和憲法へのメッセージ（水島朝穂ホームページ）』（http://www.asaho.com/jpn/bkno/2015/0316.html）、鈴木賢「自民党草案の反立憲主義的性格について―中国憲法との比較の視点から―」『ACADEMIA JURIS BOOKLET 2015』（北海道大学大学院法学研究科附属高等法政教育研究センター）第 35 号（2016 年 3 月 15 日）3-1 ～ 3-65 頁（https://www.juris.hokudai.ac.jp/ad/wp-content/uploads/sites/5/2016/01/booklet35_03.pdf）等。

（9）　2017 年 10 月に開催された日本公法学会第 82 回総会では、総会テーマとして「立憲主義と法治主義」が設定された。第 1 部会「比較法的・歴史的文脈における立憲主義と法治主義」において、「英米独仏とは異なる独自の原理が存在すると思われる中国」（「日本公法学会第 82 回総会ご案内」より）が取りあげられ、私に報告の機会が与えられた（同報告を論文にまとめたものとして、石塚迅「現代中国における「憲政」と立憲主義」『公法研究』第 80 号（2018 年 10 月）114 ～ 125 頁）。日本公法学会で中国についての報告がなされたのは、およそ四十年ぶりのことである。

初出一覧

第 1 部　人権

第 1 章　「中国からみた国際秩序と正義―「中国的人権観」の 15 年―」『思想』
（岩波書店）2007 年第 1 号（第 993 号）142 ～ 160 頁

第 2 章　「国際人権条約への中国的対応」（西村幸次郎編『グローバル化のな
かの現代中国法』（成文堂）2003 年、27 ～ 48 頁）（同第 2 版、2009
年、27 ～ 49 頁）

第 3 章　「「人権」条項新設をめぐる「同床異夢」―中国政府・共産党の政策
意図、法学者の理論的試み―」（アジア法学会編『アジア法研究の
新たな地平』（成文堂）2006 年、338 ～ 362 頁）

第 2 部　立憲主義（憲政）

第 4 章　「言論の自由は最重要の人権である―杜鋼建の人権観と中国の立憲
主義―」（角田猛之編『中国の人権と市場経済をめぐる諸問題』（関
西大学出版部）2010 年、115 ～ 140 頁）

第 5 章 「現代中国の立憲主義と民主主義―人民代表大会の権限強化か違憲
審査制の導入か―」『近きに在りて』第 54 号（2008 年 11 月）87 ～
99 頁（同論文を加筆修正し、同じタイトルで、石塚迅・中村元哉・
山本真編著『憲政と近現代中国―国家、社会、個人―』（現代人文社）
2010 年に収録（158 ～ 177 頁））

第 6 章 「岐路に立つ憲政主張」『現代中國研究』第 31 号（2012 年 10 月）
20 ～ 41 頁

第 3 部　民主主義（民主）

第 7 章 「中国・地方政府の政務公開―吉林省長春市の事例を中心として―」
『一橋法学』第 5 巻第 1 号（2006 年 3 月）163 ～ 197 頁

第 8 章 「中国の情報公開地方法規―二つのひな形―」（孝忠延夫・鈴木賢編
集委員『北東アジアにおける法治の現状と課題―鈴木敬夫先生古稀
記念―』（成文堂）2008 年、141 ～ 160 頁）

第 9 章 「政治的権利論からみた陳情」（毛里和子・松戸庸子編著『陳情―中
国社会の底辺から―』（東方書店）2012 年、65 ～ 94 頁）

ix

凡例

＊適切な日本語訳がみつからない場合、または、参考として中国語の原語を併記することが有益である場合には、中国語の原語を [ ] に入れて表記した（木間正道・鈴木賢・高見澤磨『現代中国法入門』（有斐閣）1998 年、vi 頁の凡例にならった）。

＊中華人民共和国の法律については、その名称の冒頭に冠せられる「中華人民共和国」を原則として省略した。また、中華人民共和国の憲法については、その制定された年に応じて、『1982（1954、1975、1978）年憲法』と表記した場合がある。

＊2018 年の憲法部分改正等、初出論文公表後に、法令改正があり、条文番号が変わっているものについては、本書各章の記述の趣旨を損なわない範囲で、条文番号を修正した。

＊使用頻度の高い語については、各章初出を除き、略称を用いることがある。
（全国）人民代表大会　　　　　　　→　（全国）人大
（全国）人民代表大会常務委員会　→　（全国）人大常務委
中国共産党　　　　　　　　　　　　→　共産党

＊URL の最終確認日は、すべて 2019 年 9 月 25 日である。
※ただし、本書第 5 章、同第 2 部附記・解説、同第 9 章で引用している、周永坤氏のブログ『平民法理（周永坤）』は、2019 年 9 月以降、突然閲覧・書き込みができなくなった（ブログの「突然の失踪」について、周永坤「永別了！ 法律博客！」『周永坤微信』2019 年 9 月 7 日（https://mp.weixin.qq.com/s/OdYeH5yglMLtyD9ic7AqSw））。

x

目　次

まえがき　　i
初出一覧　　viii
凡例　　x

第1部　人権

第1章　「中国的人権観」1991-2006
　　　　　──中国からみた国際秩序と正義── …………………………　2

問題の所在　2

第1節　「我々がいう人権」　6

第2節　変化の兆し？　11

　1. 国際人権規約への署名　11

　2.「人権」入憲　13

第3節　もう一つの声　15

　1. 法学者の苦悩　16

　2. 人権NGOの可能性　18

小括　21

第2章　国際人権条約への中国的対応 ………………………　26

問題の所在〜「国際」と「グローバル」　26

第1節　中国の国際人権条約に対する評価　29

　1.「国際人権活動に積極的に参加」　29

　2. 国際人権条約締結状況と締結手続　32

第2節　国際人権規約締結の政治的背景およびその過程　34

第3節　国際人権規約と中国国内法　38

  1. 国際人権条約と国内法との関係　39

  2. 国際人権条約の中国国内への適用　39

  3. 国際人権条約と憲法との効力の優劣　41

  4. 留保・解釈宣言をめぐって～「共産党の指導」の堅持と結社の自由　42

小括～国権か人権か　44

第3章　「人権」条項新設をめぐる「同床異夢」
──中国政府・共産党の政策意図、法学者の理論的試み──
.... 53

問題の所在　53

第1節　「人権」と「公民の基本的権利」との
　　　　関係をめぐる理解の曲折　55

  1.「人権」の否定　55

  2.「人権白書」の公表　57

第2節　「人権」の封じ込め～中国政府・共産党の政策意図　60

  1. 憲法部分改正過程の不透明性　60

  2.「人権」条項の位置　62

第3節　「中国的人権観」への異議申し立て
　　　　～法学者の理論的試み　65

  1. 中国法学界の相対的自立　65

  2.「人権」条項の解釈　67

小括　72

第1部：附記・解説 79

第2部　立憲主義（憲政）

第4章　言論の自由は最重要の人権である
——杜鋼建の憲政観—— ………………………………………… 90

問題の所在　90

第1節　言論の自由という観念　92

　1. 中国政府・共産党の言論の自由観　92

　2. 杜鋼建の言論の自由観　97

第2節　言論の自由の保障を担保するための制度的装置　100

　1.「依憲治政」と「司憲督政」　100

　2. 言論・表現の自由関連立法　101

　3. 言論・表現の自由の事後的救済　105

　4. 救済機関の独立性　106

小括　109

第5章　人民代表大会の権限強化か違憲審査制の導入か
——周永坤の憲政観—— ………………………………………… 116

問題の所在　116

第1節　立憲主義と民主主義　119

第2節　民主集中制における人民代表大会と人民法院　122

第3節　人民代表大会の権限強化か違憲審査制の導入か　124

　1. 一府両院報告の否決は喜ぶべきことか憂うべきことか　125

　2. 議行合一の原則は徹底的に廃棄されなければならない　128

　3. 人民代表大会制度の下での違憲審査の可能性　131

小括　133

第6章　岐路に立つ憲政主張 …………………………………… 140

問題の所在　140

第1節　憲法を変えるのか、憲法で変えるのか？　144

第2節　「民主」よりも「憲政」を　148

第3節　憲政主張と一般大衆との距離　150

1. なぜ、「私有財産権」なのか？　152

2. なぜ、「司法権の独立」なのか？　153

3. なぜ、「憲政」なのか？　156

第4節　社会変革としての憲政主張と解釈論としての憲政主張　158

小括　161

第2部：附記・解説 ……………………………………………… 170

第3部　民主主義（民主）

第7章　地方政府の政務公開
──吉林省長春市の事例を中心として── ……………… 180

問題の所在　180

第1節　地方政府の政務公開を分析する際の視点　183

1. 地方政府とは何か〜長春市と吉林省　183

2. 政務公開とは何か〜政務公開と情報［信息］公開　187

第2節　長春市の政務公開の「進展」　190

1. 政務公開の前段階　190

2. 政務公開の展開　193

3. 政務公開から情報公開へ〜「長春市政府情報公開規定（暫行）」　197

第3節　長春市の政務公開の実際　203

1. 『長春政報』と『吉林政報』　203

2. 長春市政務中心と吉林省政務大庁　205

3.「長春市政府情報公開規定（暫行）」の運用状況　206

小括　209

第8章　情報公開地方法規──二つのひな形── …………　218

問題の所在　218

第1節　分析の視角と先行研究　220

第2節　『広州市政府情報公開規定』　222

第3節　『上海市政府情報公開規定』　226

第4節　二つのひな形からみた個人と国家の位相　230

小括　234

第9章　政治的権利論からみた陳情 ………………………　239

問題の所在　239

第1節　中国憲法における陳情の位置づけ　242

1. 陳情の権利？　242

2. 監督権と請願権　244

第2節　政治的権利をめぐる法的議論〜言論の自由を中心に　249

第3節　政治的権利に対する警戒と期待　255

1. 日本における立憲主義をめぐる一論争　255

2. 言論の自由と民意の形成　257

小括〜陳情の可能性　260

第3部：附記・解説 ……………………………………………　268

あとがき　279

索引　282

第1部　人権

第1章 「中国的人権観」1991-2006
——中国からみた国際秩序と正義——

問題の所在

　中国政府（国務院）に、国務院報道［新聞[(1)]］辦公室という機関がある。
1991年1月に開設された同辦公室は、プレス・ブリーフィングの開催、図
書、音楽・映像資料の製作、インターネット報道事業の推進、中国メディア
および外国メディアの取材への便宜の提供、対外文化交流の推進等の諸任務
を通じて、中国と世界各国との間の相互理解・信頼を醸成することをその目
的としている[(2)]。一言でいえば、中国の状況および中国政府の方針・政策を
対外的に紹介・宣伝することを担う政府機関が国務院報道辦公室である。

　中国は、1970年代に、国際連合（国連）の代表権の獲得、アメリカ・日本
との国交正常化により、国際的な孤立状態からの脱却に成功した。また、
1978年12月の中国共産党第11期中央委員会第3回全体会議（第11期3中全会）
において「改革開放」政策が提起されて以降は、西欧諸国との経済関係の強
化に中国外交の重点がおかれた。少なくとも、1970年代から1980年後半にか
けては、紆余曲折はあったものの、中国は、着実に国際社会の一員としての
地歩を固めつつあったといえる。ところが、このような状況を一変させ、中
国のイメージ［形象］を大きく損なったのが、1989年6月に発生した「天安
門事件（六・四事件）」であった。学生や知識人の民主・人権要求を武力で鎮
圧した中国政府・共産党に対して、西欧諸国や国際的な人権保護団体（人権
NGO）は激しい批判を浴びせた。西欧諸国は次々と中国に対する経済制裁を
発動し、7月のアルシュ・サミットにおいては、その政治宣言の中に中国政

2

府・共産党の人権弾圧に対する非難が盛り込まれた[3]。

国務院報道辦公室の開設が、こうした事態を打開するための手段の一つであったことは、その開設時期からみても明らかであろう。そこには、「天安門事件」で傷ついた中国のイメージを回復し、国際的な孤立状態から再度脱却し、「改革開放」政策を再加速させたいという中国政府・共産党の政策意図を確実に読みとることができる。

しかしながら、注意すべきは、国務院報道辦公室による中国の状況および中国政府の方針・政策の対外的な「紹介・宣伝」が、協調姿勢一辺倒ではなかったことである。確かに、同辦公室は、「中国の対外開放をさらに拡大する必要に応じて設立されたもの[4]」とされている以上、「紹介・宣伝」にあたって、一定程度の協調姿勢は不可欠であるが、かつての孤立路線の名残や当時の厳しい国際情勢から、「紹介・宣伝」は西欧諸国との対決姿勢を伴うこともしばしばであった。つまり、「紹介・宣伝」は、必ずしも「釈明」にとどまらず、「反駁」や「抗弁」となることもあったのである。その意味で、国務院報道辦公室は、中国政府における「中国流の正義」の発信基地でもあった。

そのことを如実に示しているのが、「人権」をめぐる一連の対応である。「天安門事件」が国務院報道辦公室開設の契機の一つとなっている点についてはすでに述べた。人権問題への対処が同辦公室にとってきわめて重要な課題であることは、その機構、職能、実際の活動をみれば明らかである。まず、同辦公室には、事務局、人事局以外に、それぞれ活動内容に合わせて七つの部局が設置されているが、このうち第七局が「中国の人権事業の発展情況を対外的に紹介することを推進し、人権領域における対外的な交流と協力を展開する」部局である[5]。また、同様の内容は同辦公室の職能の一つとしても挙げられている。さらに、同辦公室の職能の一つに、「中国政府の白書を編纂・発表し、中国政府の重大な問題についての原則的立場と基本的政策を明らかにする」ことがある[6]。この職能に基づき、実際に、これまで同辦公室は実に様々な内容の政府白書を編纂・発表し、中国の立場を「紹介・宣

伝」してきた。それを公表年月順に整理したものが〔資料1〕である。国務院報道辦公室の記念すべき（？）白書の第一号は、1991年11月に公表された「中国の人権状況」と呼ばれる白書、いわゆる「人権白書［人権白皮書］」である。総論的な「人権白書」は、その後も、1995年12月、1997年3月、1999年4月、2000年2月、2001年4月、2004年3月、2005年4月に公表されており、それらに、女性、児童、少数民族（チベット、ウイグル）、宗教信仰、労働・社会保障等に関する各論的な「人権白書」を合わせると、「人権」関連の政府白書の割合は、これまで公表された政府白書のうちかなりを占めていることがわかる。加えて、政府白書ではないものの、1999年以降毎年、「アメリカ人権記録」と題する長文の論評を公表し、具体的事例を挙げてアメリカの人権状況こそ深刻であると指弾している[7]。

このような諸点は、中国政府・共産党が、「中国流の正義」を国際社会に発信するにあたり、「人権」にきわめて重要な位置づけを与えていることの証左といえる。とすれば、「人権白書」で示された中国政府・共産党の人権観（「中国的人権観」）の軌跡をたどることにより、中国政府・共産党の国際秩序と正義に対する認識の一断面がみえてくるのではないだろうか。以上のような問題意識に立ちつつ、本章では、「中国的人権観」の内容とその問題点を概観した上で（第1節）、そうした「中国的人権観」に変化の兆候はみられるのか（第2節）、中国の知識人（法学者）および人権NGOは「中国的人権観」をどのようにみているのか（第3節）、についても順次検討を加えたい。

なお、本章の中では、「中国政府・共産党」という表現を用い、両者を一体のものとして扱っている。「党政不分（党と政府の未分離）」については、中国においても、「改革開放」政策の進展の中で、しばしばその弊害が指摘され、両者の分離を目指す改革も試みられてきた。しかしながら、少なくとも、国務院報道辦公室についていえば、今日なお政府と共産党は一体である。実際に、中央人民政府のホームページには、「国務院報道辦公室と中共中央対外宣伝辦公室は、「一つの機構、二つの看板」であり、中共中央の直属機構の序列に組み入れられる」と明記されている[8]。したがって、国務院

4

第1章 「中国的人権観」1991-2006

〔資料1〕中国（中華人民共和国）が公表した政府白書一覧（1991年-2006年10月）

1991年	**中国の人権状況**（11月）
1992年	**中国の犯罪者の改造状況**（8月） **チベットの主権の帰属と人権状況**（9月）
1993年	台湾問題と中国の統一（8月）
1994年	**中国の知的財産権保護の状況**（6月） **中国の女性の状況**（6月）
1995年	**中国の計画出産**（8月） 中国の軍備コントロールと軍縮（11月） **中国人権事業の進展**（12月）
1996年	**中国の児童の状況**（4月） 中国の環境保護（6月） 中国の食糧問題（10月）
1997年	**1996年中国人権事業の進展**（3月） 中米貿易均衡問題について（3月） **中国の宗教信仰の自由の状況**（10月）
1998年	**チベット自治区の人権事業の新たな進展**（2月） 中国の海洋事業の発展（5月） 中国の国防（7月）
1999年	**1998年中国人権事業の進展**（4月） **中国の少数民族政策およびその実践**（9月）
2000年	一つの中国の原則と台湾問題（2月） **中国の人権発展の50年**（2月） **チベット文化の発展**（6月） 中国の麻薬禁止（6月） 2000年中国の国防（10月） 中国の宇宙事業（11月） **中国21世紀の人口と発展**（12月）
2001年	**2000年中国人権事業の進展**（4月） **中国の農村の貧困救済と開発**（4月） **チベットの現代化と発展**（11月）
2002年	**中国の労働と社会保障の状況**（4月） 2002年中国の国防（12月）
2003年	チベットの生態建設と環境保護（3月） **新疆の歴史と発展**（5月） 中国の拡散防止の政策と措置（12月） 中国の鉱物資源政策（12月）
2004年	**2003年中国人権事業の進展**（3月） **中国の就業状況と政策**（4月） **チベットの民族区域自治**（5月） **中国の社会保障の状況と政策**（9月） 2004年中国の国防（12月）
2005年	**中国の民族区域自治**（2月） **2004年中国人権事業の進展**（4月） **中国の知的財産権保護の新たな進展**（4月） **中国の性別平等と女性の発展状況**（8月） 中国の軍備コントロール、軍縮と拡散防止の努力（9月） **中国の民主政治建設**（10月） **中国の平和的発展の道**（12月）
2006年	中国の環境保護（1996～2005）（6月） 2006年中国の宇宙事業（10月）

※ **太字**は総論的な「人権白書」。太字は各論的な「人権白書」。
※ 『中国政府網』（中華人民共和国中央人民政府ホームページ）
（http://www.gov.cn/zwgk/2005-06/02/content_3618.htm）等に基づき作成。

報道辦公室が「紹介・宣伝」する「中国政府の重大な問題についての原則的
立場と基本的政策」は、そのまま共産党の立場・政策とイコールで結ばれる。

第1節 「我々がいう人権」

「人権とは何か？　どのくらいの人の人権か？　少数者の人権か、それと
も多数者の人権、全国人民の人権か？　西側世界のいわゆる「人権」と我々
がいう人権は本質的に別のものであり、観点は異なっている[9]」。これは、
1985年、当時実質的に中国政府・共産党の最高指導者であった鄧小平の発言
である。

　かつて共産党は「抗日戦争（日中戦争）」や「解放戦争（第二次国共内戦）」
時に公的に「人権」という語をしばしば用いている。例えば、1935年8月に
発布された「中国共産党が抗日救国のために同胞に告げる書（八・一宣言）」
は「人権・自由のために戦え！」をスローガンの一つとして提起していた
し、この時期、「人権」の語を用いた単行法規も多く制定されている。しか
しながら、これら「人権」は「帝国主義支配、国民党支配からの自由」を目
指すためにあくまでも「手段」として用いられたにすぎず、その内容も権利
の「天賦性」の否定、個人の権利に対する国家・集団の利益の優位、階級論
による権利の享有主体の限定等を包含していた[10]。毛沢東は、中華人民共
和国成立直前の時期に「西側のブルジョア文明、ブルジョア民主主義、ブル
ジョア共和国構想は、中国人民の心の中で一斉に破産してしまった[11]」と
明確に宣言している。いうまでもなく、立憲主義や人権は、西側のブルジョ
ア文明、ブルジョア民主主義の核心であり、当然に毛沢東の「破産」宣告の
対象となった。実際に、1949年10月の中華人民共和国成立以降、中国政府・
共産党は国際的場を除いて「人権」という語の使用を忌避し、憲法・法律用
語においても「人権」ではなく「公民の基本的権利」という表現が一貫して
使用されてきた。この点について、ある憲法教科書は「一定の意義からいえ
ば人権とは公民権である」が「我が国の人民民主主義独裁の条件の下で、

第1章 「中国的人権観」1991-2006

我々はブルジョア民主主義的性格の人権スローガンをもはや使用しない。な
ぜなら、それは社会主義的民主主義とブルジョア的民主主義の境界をあいま
いにし、思想上・政治上の混乱を引き起こしやすいからである」と説明して
いた[12]。

　このような中国政府・共産党の姿勢に微妙な変化が現れるのは、1970年代
後半になってからである。「文化大革命」における人権蹂躙に対する深刻な
反省、および「改革開放」政策に伴う西欧思想の再流入等を誘因として、し
ばしば民主化運動（「北京の春」(1978年)、「学潮」(1986年)、「天安門事件」(1989
年)）が発生し、民主化の実現や人権の確立が提起された。民主化運動自体
は強権的に抑圧されたものの、中国政府・共産党は、民主活動家や民主派知
識人から提起された民主・人権要求、および民主化運動弾圧に対する西欧諸
国や国際的な人権NGOの批判に対して、有効に反駁を加える必要に迫られ
た。なお、この反駁の役割を理論面において担ったのが中国法学界・哲学界
（後に社会学界をも含む）である。この過程において、中国政府・共産党およ
び理論界は、「人権」という語を再び使用しはじめるのである。

　当初、中国政府・共産党および法学界は、「ブルジョア自由化」批判とい
うあくまでも体制を防御・擁護する視点から「人権」という語を消極的かつ
慎重に用いていたが、「天安門事件」で中国政府・共産党の人権政策に対す
る西欧諸国や国際的な人権NGOの批判の激しさがピークに達したのに伴
い、これまでの姿勢をさらに軌道修正して、「人権」を自らのスローガンと
して積極的に提示するようになった。そして、その理論的集大成ともいえる
のが、1991年11月に公表された「中国の人権状況」という白書（人権白書）
であった[13]。その中で、中国人民と政府は「人権を勝ち取ることを自らの
目標」とし、「人権の十分な実現」は依然として中国人民と政府の「長期に
わたる歴史的任務である」ことが明言された。すなわち、ここにおいて中国
政府・共産党は初めて公式に「人権」という語を容認したのである。

　「人権」という語自体は公認されたものの、「人権白書」において描かれて
いる「人権」の内容は、本節冒頭で紹介した鄧小平の「我々がいう人権」に

7

理論武装を施したものであり、西欧的な人権観とは発想を異にする。具体的には、①人権に対する主権の優位、②「生存権」最優先および「発展権」重視、③「共産党の指導」の堅持がその顕著な特徴として挙げられる[14]。

　まず、人権に対する主権の優位という特徴についてである。「人権白書」は、「国連が採択した人権に関する宣言と一部の条約は、多くの国から支持され尊重されている。中国政府は『世界人権宣言』に対しても高い評価を与え、それが「人権問題に関する最初の国際的文書として、国際人権領域の実践に基礎を打ち立てた」と考えている」と述べる。その一方で、人権状況の発展、人権に対する認識、人権の実施については、各国でそれぞれ違いがあり、「国連の採択した一部の条約についても、各国の態度は自国の状況に基づいて必ずしも一致していない。人権問題には、国際性の一面があるにしても、主としてそれは一国の主権の範囲内の問題である」とし、主権の優位および「国情」に基づく人権政策の重要性を強調するのである。すなわち、内政不干渉の原則は、「国際関係の一切の領域に適用され、もちろん人権問題にも適用される」。そして、人権政策は「国情から遊離してはならず、主権国家が国内立法を通じて」実現する。

　次に、「生存権」最優先および「発展権」重視という特徴についてである。「人権白書」は、「一つの国家と民族にとって、人権とは何よりもまず人民の生存権である。生存権がなければ、その他の一切の人権はもう話にならない」と断言する。「生存権を勝ち取るためには、何よりもまず、国家の独立を勝ち取らなければならない」。そして、国家が独立した後は、「人民の衣食問題の解決」が、中国政府・共産党にとっての「最も重要かつ差し迫った任務」であった。今日、「人民の衣食問題は基本的に解決され、人民の生存権もまた基本的に解決された」。しかしながら、中国は「依然として発展途上国であり」、「一度動乱やその他の災難が発生すると、人民の生存権が脅かされかねない」ため、「中国において、人民の生存権を保護し、人民の生存条件を改善することは、今なお最も重要な課題である」という点を強調している。

第1章 「中国的人権観」1991-2006

　最後に、「共産党の指導」の堅持という特徴についてである。「人権白書」は、「中国共産党は社会主義中国の執政党であり、全中国の人民の利益の集中的代表である」と述べる。中国人民が独立と解放を勝ち取ったのは「共産党の指導」のおかげであり、今後も、中国政府・共産党が「国家の安定を保持し、…国力を増強する」ことにより、「我々がいう人権」の最優先課題である「生存権」と「発展権」が十分に実現されるという論理である。

　「人権白書」の提示するこのような人権観（「中国的人権観」）に対しては、すでに日本の中国法・中国政治研究者から様々な批判が提起されているが[15]、議論を中国の問題に特化せずに、ここではあえて、中国研究者ではなく法哲学者である井上達夫氏の見解をとりあげてみたい。井上氏の見解は、リベラル・デモクラシーを擁護する立場から「アジア的価値論」を全面的に論難するものであるが、その鋭い指摘は、そのまま「中国的人権観」に対してもあてはまるからである。

　井上氏は、「アジア的価値論は、欧米からの人権侵害批判に対するアジアの弁明という性格を強くもつ」と論じる。「弁明の説得力を高めるために、聴衆たる欧米社会が愛用するシンボルを利用するのは自然な戦略であり、アジア的価値論は欧米の人権尊重要求を覆す規範的な「切り札」を欧米の政治道徳言語の中に求めている。それは欧米自身が紆余曲折を経つつ発展させてきた諸原理のうちのあるものを絶対化して、それと併行的に発展してきた他の競合的・補完的原理に均衡のとれた配慮を向けず、さらに都合のよい帰結だけを導出できるよう諸原理の意味を歪曲する」。井上氏がその「言説戦略の主要カード」として批判の俎上に乗せるのが、国家主権と社会経済的権利である[16]。

　「アジア的価値論」における国家主権の言説について、井上氏は、「アジア的価値論は欧米の人権概念に強い留保を付すが、欧米の主権概念は無制約に受容する」と批判する。アジア諸国による内政不干渉の原則の強調や政治的圧力の手段として人権を用いることへの反対は、「主権と人権という基本概念の恣意的操作である」。なぜなら、「欧米諸国において人権概念と主権概念

9

は、歴史的に併行して発展してきたが」、それは、両者が「対外効と対内効の両面」において「概念的・機能的・倫理的に結合」していたからである。すなわち、「第一に、国際関係における主権国家の対等かつ独立した地位は、人権享有主体たる諸個人の平等と自律性の概念的投影である」。「第二に、人権は主権の機能的補完物である」。「第三に、主権は人権の保障装置である」。井上氏は、両者のこのような「密接な内的連関を踏まえれば、主権を人権尊重要求をはねつける切り札にするアジア的価値論の誤謬は明白である」と断じた上で、「「人権よりも主権」や「主権よりも人権」でなく「人権なくして主権なし」という命題の理解こそが必要なのである」と説いている[17]。

社会経済的権利（生存権）の言説についても、井上氏は、それが「欧米の社会民主主義や福祉国家思想の遺産」であり、「アジア特有の人権概念とみなすことはできない」とする。「アジア的価値論の「独自性」は、市民的・政治的諸権利の侵害を合理化する手段としてこの概念を利用している点にある」が、人々の生存権の実効的保障には、言論・出版・報道の自由や民衆の苦境を訴えるための民主的参加経路の存在が不可欠である以上、この「利用」を「まやかし」として批判する。また、井上氏は、人権概念の発展史において、社会経済的諸権利が欧米においても市民的・政治的諸権利より後に現出した「根本的な理由は、欧米資本主義が社会的余剰を十分に蓄積するまで成長するのに時間がかかったことにある」と指摘する。「無い袖は振れない」以上、「「先進国にのみ許された贅沢」と言える権利があるとすれば、それは市民的・政治的諸権利よりもむしろ社会経済的諸権利の方である」。「したがって、発展途上国にとって経済的生存保障が政治的自由保障に先行するというアジア的価値論の論理は倒錯している」と手厳しい[18]。

なお、井上氏の「アジア的価値論」批判の論点は、上述した「欧米的規範言語の濫用」にとどまらず、きわめて多岐にわたり示唆に富んでいるが[19]、ここでは議論を再度中国に戻し、先に進むこととしたい。

第2節　変化の兆し？

　「第一次人権白書」（1991年11月）の公表からおよそ十五年の間に、国務院報道辨公室は、様々な総論的・各論的な「人権白書」を公表してきた〔資料1〕。その間の総論的「人権白書」の文面をたどれば、その論調が微妙に変化していることがわかる。「中国的人権観」の特徴のうち、「生存権」最優先および「発展権」重視については、依然としてすべての総論的「人権白書」がその冒頭の章で強調しているのに対して、人権に対する主権の優位については、「第三次人権白書」（1997年3月）以降、ほとんど言及されることはなくなり、人権問題についての対外協調姿勢が随所で表明されている[20]。また、「共産党の指導」についても、言及の仕方は控えめになってきており、代わりに「中国政府の指導」という表現が用いられている。

　中国政府・共産党の人権観そのものに何らかの変化が生じたのだろうか。以下この点について、①国際人権規約への署名と②憲法における「人権」条項の新設（「人権」入憲）というこの十五年の間に中国政府がとった人権に関する二つの重要な挙措から分析を試みたい。

1．国際人権規約への署名

　中国政府は、国連の代表権を得て以降、国際人権条約に対しては一定の肯定的な評価を与え、1980年7月に『女子に対するあらゆる形態の差別の撤廃に関する条約（女子差別撤廃条約）』に署名したのを皮切りに、差別撤廃、難民保護、拷問禁止等に関するいくつかの個別的な国際人権条約をも締結してきた。「第一次人権白書」も、「10．国際人権活動に積極的に参加」という独立した章を設け、中国政府の「活動成果」を具体的に列挙している。しかしながら、その一方で、「第一次人権白書」が人権に対する主権の優位および「国情」に基づく人権政策の重要性を繰り返し強調していたことはすでに指摘したとおりである。国際人権条約に対する評価においても、中国政府・共

産党および法学界は、内政不干渉の原則に言及する『国連憲章』を全面的に称賛するが、逆に、国際人権条約の一部、とりわけ『世界人権宣言』には「歴史的限界が存在する[21]」として限定的な評価しか与えていない。

　意外なことかもしれないが、『世界人権宣言』に比べて、二つの国際人権規約（『経済的・社会的及び文化的権利に関する国際規約（社会権規約・A規約）』、『市民的及び政治的権利に関する国際規約（自由権規約・B規約）』）に対する中国の評価は決して低くはない。というのも、西欧諸国が主導して採択した『世界人権宣言』とは異なり、二つの国際人権規約は、その起草に社会主義諸国や新たに独立を達成した発展途上諸国も参加し、それらの国の意向も少なからず反映されているからである。それゆえ、中国は二つの国際人権規約の起草に参加していないものの、その解釈の仕方あるい強調点のおき方次第では、「中国的人権観」とより親和的に二つの国際人権規約を解釈することが可能なのである。例えば、中国において二つの国際人権規約の次のような点に肯定的な評価が集中している。第一に、『自由権規約』は「公の緊急事態の場合において」人権を制限する措置をとることを認めている（第4条第1項）。第二に、二つの国際人権規約は、人民の自決権および天然資源に対する主権を規定している。第三に、『社会権規約』は幅広い経済的、社会的および文化的権利を規定し、規約の締約国にそれら「権利の完全な実現を漸進的に達成する」義務を負わせている（第2条第1項）[22]。このような「中国的人権観」と適合させた解釈を通じて、二つの国際人権規約は、『世界人権宣言』の欠缺部分を填補し、その「歴史的限界」を一定程度において克服していると位置づけられているのである。したがって、法技術的な問題を除けば、もともと、中国政府にとって、二つの国際人権規約の締結を拒否する理由は乏しかったといえよう。

　早くも、1986年の国連第41回総会において、呉学謙中国外交部部長が、演説の中で、同年が二つの国際人権規約採択二十周年にあたることに言及し、「この二つの条約は、国連憲章の人権尊重に関する趣旨と原則の実現に対して、積極的意義を有している[23]」と述べている。この時点ですでに中国政

府は二つの国際人権規約の締結も視野に入れていたと考えてよい。この締結への道程は、1989年の「天安門事件」で大きく頓挫するが、二つの国際人権規約に対する評価そのものには大きな影響はなかった。そして、「第一次人権白書」の公表により、二つの国際人権規約の締結への道が再び開かれるのである。ただし、中国にとっても国際社会にとっても不幸であったのは、「天安門事件」以降、中国の人権問題が政治問題として国際的にクローズアップされたことにより、中国政府が、人権改善を国際社会にアピールし、経済協力等の実利を得るための重要な政治・外交カードとして、魏京生氏、王丹氏ら政治犯釈放とともに、二つの国際人権規約の締結を位置づけるようになったことである。二つの国際人権規約の締結が「敏感」な政治問題となったがゆえに、中国において、法曹界、学術界、市民らは締結実現を推進する原動力とはなりえず、締結は終始一貫して政府・共産党の政治的判断に委ねられた。中国政府がこのカードをきったのは、1997年10月（『社会権規約』への署名）と1998年10月（『自由権規約』への署名）であった。香港の主権回復に際して、さらにはWTO加盟の実現に向けて、国際社会が中国に対して抱いていた人権分野における懸念を払拭する必要に迫られていた時期である。

　このように、中国政府・共産党は、あくまでも国家を主体として、それを前面に押し出して、「国際人権活動に積極的に参加」することを意図しているのである。主権優位の論理は、今なお「中国的人権観」の不可譲の大原則であり、国際人権規約への署名もその域を脱するものとはいえない。

2.「人権」入憲

　「第一次人権白書」においては、人権とは中国人民が長期的な闘争により勝ち取ったものであるとされ、人権の「天賦性」、「前国家性」という側面は退けられている。人権は人の人たる所以から由来するのではなく、国家・法律により賦与されると考えられている。このような人権に対する理解は、実は、中華人民共和国成立以降、憲法・法律用語として用いられてきた「公民

の基本的権利」に対する理解と何ら変わりがない。つまり、「第一次人権白書」の公表という形で、中国政府・共産党は、西欧的な人権とは異なる「我々がいう人権」を正式に提示し、それと「公民の基本的権利」とを等号で結んだといえるのである。

2004年3月、現行『1982年憲法』の四度目の部分改正が行われ、その中で、「国家は、人権を尊重し保障する」という規定が新設された（第33条第3項）。すでに、政府レベルにおいては、「人権白書」の公表により公式に「人権」概念が容認され、また、共産党レベルにおいても、共産党第15回全国代表大会（1997年9月）、同第16回大会（2002年11月）の江沢民共産党総書記（当時）の活動報告の中で、「人権の尊重と保障」が党の政策目標として提起されていた。これらのことから、中国政府・共産党内において、「人権」という語それ自体に対する抵抗感はかなり薄くなっていたと考えてよい。

中華人民共和国成立以降、初めて憲法に「人権」という二文字が明定されたこの改正は、「人権」入憲と称され、中国内外で高く評価されているものの、やはり「中国的人権観」の変更までをも意味するものとはいえない。中国政府・共産党は、「人権」概念に内包される「天賦性」、「前国家性」に対してはなお強い警戒感を抱いている。そのことは、「人権」条項の位置からみてとれる。「国家は、人権を尊重し保障する」という文言は国家の責務を宣言したものであり、そうである以上、本来ならばそれは憲法の「前文」または「第1章：総綱」の中に配置するのが自然であろう。法学界においても、憲法部分改正以前にそうした主張は散見された[24]。そうであるにもかかわらず、結果として、「人権」条項は「第2章：公民の基本的権利および義務」の第33条に配置された。このことは、中国政府・共産党が、上述したように「人権」と「公民の基本的権利」を同等視するという基本的立場をなお堅持しているばかりでなく、ひいては、「人権」を「公民の基本的権利」の枠内に封じ込めようとしていることを示すものであるとさえいえる。「人権」条項が配置された第33条においては、第1項で「公民の定義」が、第2項で「法の下の平等」がそれぞれ述べられているほか、第4項では「いかなる公民

14

も、憲法および法律が規定する権利を享有すると同時に、憲法および法律が規定する義務を履行しなければならない」という「権利と義務の一致の原則」が規定されている。第33条第3項の「人権」条項は、これらと総合して把握・解釈されることになるのである。

　以上、本節で分析の対象とした①国際人権規約への署名と②憲法における「人権」条項の新設という中国政府の二つの挙措から、中国政府・共産党の人権観の変化の兆候を直接にみてとることは、現時点ではなお困難である。少なくとも、中国政府・共産党の人権観の根幹部分は厳然として維持されているかのようにみえる。しかしながら、他方において、注意すべきは、この二つの挙措が、様々な国内的要因および国際的要因の政治的妥協点でもあるということである。すなわち、中国政府・共産党は、「中国的人権観」に弥縫を施し、その根幹部分の維持に努めざるをえなくなったというのが、むしろ現在の実情に近いのかもしれない。また、この二つの挙措により、中国政府・共産党の「人権」公認が、もはや後戻りのできないところにまできたということ、人権問題について、中国と西欧諸国との間の対話のチャンネルが今後も維持・拡充されるであろうということも、「中国的人権観」の変化の可能性を展望する上で軽視してはならない。

第3節　もう一つの声

　第1節および第2節で検討してきた「中国的人権観」とは、いうまでもなく体制側である中国政府・共産党の人権観である。それでは、それとは異なる人権観は、中国において存在しているのであろうか。存在しているとすれば、体制側の「中国的人権観」にどのような影響を与えうるのであろうか。13億人の人それぞれが自身の「声」をもっているはずであるが、本節では、その無数の声のほんの一部として、法学者と人権NGOをとりあげたい。

1. 法学者の苦悩

中国における人権研究にとって、間違いなく1991年の「人権白書」の公表は一つの大きな分岐点となった。上述したように、それまで「人権」に関する議論は、民主活動家や民主派知識人から提起された民主・人権要求、およびその武力弾圧に対する国際的な批判に、中国政府・共産党およびその理論的「代弁者」にすぎない法学界が反駁するというきわめて政治的な構図の中で展開されてきた。しかしながら、「人権白書」の公表により中国政府が公式に「人権」という語を容認したことは、体制内にある法学界において「人権」についての冷静な法的議論を可能にする基礎を創出したのである。その後、法学界の中でも主として憲法学界と法哲学界が人権研究の担い手となり、中国政府・共産党の立場から一定の距離をおいた研究もみられるようになる。

とはいっても、依然として、法学界が、中国政府・共産党の強い影響下にあることもまたまぎれもない事実である。とりわけ、憲法、人権法といった国家法に関する分野や政治的に「敏感」な分野においては、中国政府・共産党の政策に対する正面きっての否定・批判が不可能であることはもちろんのこと、中国政府・共産党の政策形成に積極的・主体的に何らかの提言を行っていくことにもきわめて慎重にならざるをえない。具体的にいえば、「四つの基本原則（社会主義の道、人民民主主義独裁、共産党の指導、マルクス・レーニン主義と毛沢東思想・鄧小平理論等）」の堅持という特定のイデオロギーの強制（憲法前文）とその反射的効果としての思想の自由の否定、個人の権利に対する国家・社会・集団の利益の優位（憲法第51条）が法的議論の前提とされている。憲法擁護・遵守の義務は、国家権力だけでなくすべての公民に課されており（憲法前文、第53条）、憲法や人権法に関する積極的で大胆な提言は、一歩間違えれば、憲法に反対する行為と認定され、行政罰さらには刑事罰の対象となる恐れがあるのである。そして、その認定は非常に曖昧で、恣意的な政治的判断・配慮が働く余地を多く残している。

第1章　「中国的人権観」1991-2006

　このような状況下において、法学者が、オピニオン・リーダーとして、世論を啓発し、中国政府・共産党の政策決定に影響力を行使することはきわめて困難である。第2節でとりあげた国際人権規約への署名、憲法における「人権」条項の新設についても、法学者がそれらを主導したわけではない。彼らの多くはきわめて慎重な発言に終始したのである。しかしながら、一部の法学者は、中国政府・共産党が政策決定をなした後に、それら政策決定や憲法・法律に新たに明記された語句に豊かな内容を与えることによって、国家・政治体制の改革や人権保障の実質化を展望しようと試みている。

　例えば、国際人権規約への署名についていえば、憲法学者の杜鋼建氏がきわめて急進的な主張を展開している。彼は、日本において発行されている中国語雑誌『百年』に公表した論文の中で、中国政府が二つの国際人権規約に署名したことの意義を強調し、二つの国際人権規約を「国際憲法の構成部分」として位置づけ、その効力は中国憲法および国内法に優位すると論じている。そして、二つの国際人権規約の理念に照らして中国憲法および国内法を全面的に改正すべきであり、憲法改正の際には、人権の尊重と保障を憲法の指導原則としなければならず、「四つの基本原則」の堅持といった政治的イデオロギーの術語は憲法から削除すべきであると主張している[25]。もちろん、こうした主張は中国国外の雑誌だからこそ展開しえたものであることに注意しなければならない。しかし、中国国内の雑誌においても、杜鋼建氏ほど急進的ではないが、『自由権規約』の締結を契機に、憲法の基本的権利に関する条項を再構成すべきであるという主張も散見される[26]。

　また、人権の「天賦性」、「前国家性」を否定し、「人権」と「公民の基本的権利」とを等号で結ぶ中国政府・共産党の人権観に対しても、少なからず異論が提起されている[27]。法哲学者の郭道暉氏や憲法学者の焦洪昌氏らは、憲法に新設された「人権」条項について、次のような希望的解釈を披露する。すなわち、確かに、「人権」条項は、原則的・抽象的な条項であるが、この条項が新設されたことにより、今後の中国における人権保障は、もはや憲法が列挙する「公民の基本的権利」に限られず、憲法が列挙していな

17

いが人々が享有すべき合理的なその他の権利（「剰余の人権」、「新しい人権」）をも包含すべきである、と主張する[28]。彼らの立場では、人権・権利について、保障が原則で制限が例外となる。これは、人権・権利について、制限が原則で保障が例外であるとする、いわば「国賦人権」的な発想をとる中国政府・共産党の立場とは、まったく正反対のものである。

　もちろん、一部の法学者のこうした主張または法解釈は、中国政府・共産党の政策決定に対してはほとんど無力であるため、これらは机上の空論、さらには彼らの自己満足にすぎない、と冷笑することは容易であろう。しかしながら、彼らもその「悩み」は十分に自覚している[29]。かつて、法学界が中国政府・共産党の理論的「代弁者」にすぎなかった（あるいは、その役回りを強いられてきた）ことを思えば、なお様々な制限があるとはいえ、法学界において、こうした学術的議論が展開されるようになったこと自体、一つの変化としてその意義を指摘してもよいのではないだろうか。現段階において、人権に関する法学界の学術的議論が中国政府・共産党の政策決定に対してほとんど影響力を行使しえていないからといって、人権に関する真摯な理論的研究までがまったく無意味であるということにはならないはずである。

2. 人権NGOの可能性

　人権問題について、知識人（法学者）以外で、13億人の一般大衆の声を汲みあげることができるのはNGOである。この点、近年、中国においても、教育、福祉、環境等の分野を中心に、NGOに相当する「社会団体」と「民辦非企業単位」の活動が徐々に盛んになってきており[30]、こうしたNGOの勃興を市民社会形成の萌芽として積極的に評価する研究者も少なくない。しかしながら、人権問題に関するNGOに対しては、中国政府・共産党は強い警戒心を抱いている。

　まず、中国国内において人権NGOを設立する場合には、『社会団体登記管理条例』と『民辦非企業単位登記管理暫行条例』に規定された厳格な手続を経なければならない。事実上、中国政府・共産党の人権観・人権政策に批判

第 1 章　「中国的人権観」1991-2006

的な人権NGOの設立が認められる可能性は低く、それら条例に基づいて設立された人権NGOは、自ずと政府傀儡の色彩が濃いものとなる。例えば、1993年3月に設立された中国人権研究会[31]は、国連との協議資格（『国連憲章』第71条）を有し、中国最大の人権NGOを自任するが、同研究会の活動の中心は、中国政府・共産党の人権観・人権政策の擁護・宣伝である。同研究会の初代会長に就任したのは朱穆之氏であったが、彼はそれ以前には新華社社長、党中央対外宣伝小組長等、中国政府・共産党の対外宣伝の要職を歴任し、1991年11月に「第一次人権白書」が公表された際には、国務院報道辦公室の主任を務めていた。国外の人権NGOあるいは国際的な人権NGOに対しては、中国政府・共産党の警戒心はよりいっそう強まる。例えば、1995年8月から9月にかけて北京で開催された第4回世界女性会議においては、国外の人権NGOを北京市街から遠く離れたところにとどめおき、国外の人権NGOの不興を買った。また、国際的な人権NGOであるアムネスティ・インターナショナルの活動に対しても、中国政府・共産党はしばしば激しい拒否反応を示し、同団体を名指しで批判している[32]。このように中国政府・共産党が人権NGOに対して警戒感を示すのは、国内の人権NGOが「共産党の指導」の堅持を弱体化させ、国際的な人権NGOが主権優位の論理を溶解させる可能性を内包しているからである。

　このような状況下において、興味深いのは、この数年、「人権」という二文字に触れない等、その名称や規約［章程］に工夫を凝らすことにより当局の審査・承認をクリアして、学会・研究会として人権問題について積極的な活動を展開する学術的社会団体が現れていることである。研究会といっても、中国人権研究会のような官製NGOとはまったく異なるもう一つの流れである。

　これら学術的社会団体は、自由主義知識人（法学者を含む）と私営企業家がその中核を構成していることが多い。というのも、精神的自由や政治的権利の保障、政治参加の拡大を主張する自由主義知識人と国家による経済活動への干渉の排除、私有財産制度の確立を主張する私営企業家は、利害関係に

19

おいて多くの点で基本的一致をみているからである。筆者のきくところによれば、実際に、憲法や人権政策に関して大胆な提言をしたがために所属機関を追われた法学者を私営企業家が庇護するようなケースも少なくない。また、彼らは、しばしば中国政府・共産党内の改革派をも抱き込んでいる。

　これら学術的社会団体は、シンポジウムを頻繁に開催し、その中で、個別的テーマについて、中国政府・共産党の人権観・人権政策に対する様々な批判を提起している。2004年夏に筆者は知り合いの法学者に誘われ、二つの学術的社会団体のシンポジウムにそれぞれ参加した[33]。一方は、公共政策、とりわけ都市計画が、もう一方は、私立学校設立と農村への教育支援が、それぞれのシンポジウムのテーマであったが、規制緩和、情報公開の拡大、学問の自由、大学の自治等、中国政府・共産党の人権観・人権政策との関連においてかなり「敏感」な論点が提起されていた。さらに、こうしたシンポジウムの開催を通じて、国内外の他の団体・企業・知識人との連携を拡大・深化させたいという主催者の意図がはっきりと感じられた。そうした意図について、シンポジウムに参加していた別の法学者は、「できれば、この研究会を大きくして政党にしたい」と筆者に話してくれたが[34]、あながちそれがただの夢物語、あるいは一時の戯れ言のようには聞こえなかった。

　以上みてきたように、「もう一つの声」の政治的影響力には、依然として限界があり、それを過大に評価することはできないであろう。ただし、注意すべきは、憲法や法律法規の改正、国際人権条約への加入といった中国政府・共産党の挙措が、知識人（法学者）の発言や学術的社会団体（NGO）の活動に生存空間を提供し、それらを拡大・活性化させる要因ともなっていることである。すなわち、第2節で概論した中国政府・共産党による「中国的人権観」の弥縫のためのいくつかの挙措は、中国政府・共産党の政策意図を超えて、いわば「トロイの木馬」として「中国的人権観」を内部（中国国内）から変容させていく可能性をも秘めているといえるのである。

小括

　そもそも、中国政府・共産党が国務院報道辦公室を開設し、「人権白書」を中心とする様々な白書を公表してきたのは、人権問題について西欧諸国や国際的な人権NGOの批判に「釈明」あるいは「反駁」するためであった。少なくとも「人権」に関していえば、「中国流の正義」の発信は、時期によって積極的であったり消極的であったりとその強弱はあるものの、あくまでも「外圧」に対する受動的・防御的なものにすぎなかった。「外圧」に対抗して自らの立場を正当化するために、中国政府・共産党は、人権に対する主権の優位と「生存権」最優先および「発展権」重視という二点を中核に据えた「中国的人権観」を提示してきた。すなわち、主権優位の論理によって人権問題に対する西欧諸国の批判を内政干渉であるとはねつけ、「生存権」最優先の論理によって国内における精神的自由や政治的権利の制限を正当化してきたのである。国際人権規約への署名と憲法における「人権」条項の新設という中国政府の人権に関する二つの挙措についても、それらは、国内からの民主・人権要求の圧力に応えたものというよりも、むしろ、国際社会へのアピールという色彩が濃厚であり、それまでの「中国的人権観」の根幹の変更を意味するものではなかった。

　「外圧」に対しては、しばしば弥縫が施されてきた「中国的人権観」であるが、近年、その正当性にとって脅威となっているのは、「外圧」よりもむしろ国内問題である。「中国的人権観」に対する「もう一つの声」として、法学者の理論的挑戦、人権NGOの蠢動については、すでに第3節で紹介したが、それらの声が代弁するのは、その多くがエリート知識人層や都市富裕層の声にすぎないという点をふまえておく必要がある。むしろ、より現実的かつ深刻な問題は、都市と農村の間、地域間、業種間における貧富の格差の拡大、深刻な環境汚染が、自らの声を届けることができない社会的弱者・マイノリティ［弱勢群体］の生存権を危機にさらしていることである。そして、

他方において、こうした格差の拡大をよそに、あるいは格差の拡大の結果として、政府・共産党幹部の間では、腐敗・汚職が蔓延しており、一般大衆の不満が高まっている。

　第1節でみたように、井上氏は、生存権の実効的保障には、政治的権利・精神的自由や民主的参加経路の存在が不可欠であるとし、「アジア価値論」における「生存権」最優先の論理を「まやかし」として痛烈に批判した。「権威主義体制の下では、民主的統制を受けない支配層の私的蓄財動機に基づく政治的市場介入が構造化する傾向があり、これが効率的資源配分を歪め、民衆の不満の蓄積とモラール低下をもたらして経済発展を阻害する効果をもつことも無視できない」とも指摘している[35]。井上氏が指摘した状況が、現在の中国で今まさに現出している。厳しくいえば、政府・執政党批判を認めない「生存権」最優先の論理の欺瞞性が様々な形で顕在化しているのである[36]。

　中国政府・共産党は、「中国的人権観」の提示を通じて、「中国流の正義」を国際社会に向けて発信してきた。政府・執政党が自らの立場を対外的に明らかにすることに問題があるわけではない。また、過去の日本を含む西欧諸国による中国への侵略の歴史をふまえれば、主権の優位と「生存権」最優先を中核とする「中国流の正義」にはうなずける点がないわけではない。しかしながら、問題は、「中国的人権観」の提示、「中国流の正義」の発信を中国政府・共産党が独占していることではないだろうか。いろいろな人権観、いろいろな正義観があってもいいはずである。人権の特殊性や「国情」を強調し、主権という壁を高く高くそびえ立たせることにより、国内の多様性を隠蔽していることこそが問われなければならない。その意味において、筆者は、「「人権よりも主権」や「主権よりも人権」でなく「人権なくして主権なし」という命題の理解こそが必要なのである」という井上氏の主張に強い共感を覚えているのである。

第 1 章　「中国的人権観」1991-2006

[注]

（1）　中国語の原語は「国務院新聞辦公室」である。[新聞]の日本語訳としては、「報道」が最も近いが、中国語の[新聞]は日本語の「報道」よりもやや広く、「報道」、「マス・メディア」、「ニュース」等を包摂する概念として用いられる。

（2）　『人民網』（http://tw.people.com.cn/GB/14865/14922/859679.html）、中華人民共和国国務院新聞辦公室ホームページ（http://www.scio.gov.cn/index.htm）。

（3）　天児慧・石原享一・朱建栄・辻康吾・菱田雅晴・村田雄二郎編『現代中国事典』（岩波書店）1999年、94〜96頁（岡部達味執筆部分）を参照。

（4）　「国務院報道弁公室が発足」『北京週報』1991年、No.25、5頁。

（5）　前掲注（2）『人民網』。

（6）　同上。

（7）　「美国的人権紀録」（『中国人権』（中国人権研究会ホームページ）（http://www.humanrights.cn/html/wxzl/4/））。

（8）　『中国政府網』（中華人民共和国中央人民政府ホームページ）（http://www.gov.cn/guowuyuan/gwy_zzjg.htm）。

（9）　「同"大陸与台湾"学術研討会主席団全体成員的談話（1985年6月6日）」『鄧小平文選』第3巻（北京：人民出版社）1993年、125頁。

（10）　詳細については、石塚迅『中国における言論の自由―その法思想、法理論および法制度―』（明石書店）2004年、14〜23頁、土屋英雄「近現代中国の人権論」（土屋英雄編著／季衛東・王雲海・王晨・林来梵『中国の人権と法―歴史、現在そして展望―』（明石書店）1998年、104〜115頁）等を参照。

（11）　「論人民民主専政（1949年6月30日）」『毛沢東選集（第2版）』第4巻（北京：人民出版社）1991年、1471頁。

（12）　董成美編著／西村幸次郎監訳『中国憲法概論』（成文堂）1984年、133〜135頁。

（13）　「人権」という語の容認過程、「人権白書」の公表過程およびその内容については、すでに中国内外において一定の研究成果が存在する。日本における主要な研究成果として、石塚迅・前掲注（10）、48〜79頁、133〜137頁の他、王雲海「人権への中国的接近」『一橋論叢』第112巻第1号（1994年7月）45〜64頁、杉山文彦「『人権白書』にみる中国政府の人権観」『中国研究月報』第542号（1993年4月）26〜33頁、鈴木賢「「社会主義」中国の人権白書」『法学セミナー』第449号（1992年5月）14〜15頁、土屋英雄・前掲論文注（10）（土屋英雄編著・前掲注（10）、137〜164頁）、土岐茂「今日の中国における人権概念」『比較法学』第28巻第2号（1995年）33〜45頁、毛里和子「中国の人権―強まる国権主義の中で―」『国際問題』第449号（1997年8月）33〜35頁等を参照。

23

（14）　本書第1部は、土屋英雄氏の優れた先行研究にその多くを負っている。この「中国的人権観」の三つの特徴も、土屋氏によって指摘された「人権白書」の「五大特質」（①共産党の統率的指導の堅持、②「生存権」第一、③権利と義務の統一の原則、④「発展権」重視、⑤「主権」優位）（土屋英雄・前掲論文注（10））（土屋英雄編著・前掲書注（10）、137〜164頁）を筆者の問題意識に即して整理し直したものである。

（15）　前掲注（13）で挙げた文献の他、土屋英雄「人権と主権」（土屋英雄編著『現代中国の人権―研究と資料―』（信山社）1996年、159〜199頁）、王志安「中国における人権の国際的保護の曲折―理論研究の現状を素材に―」（同、358〜385頁）、楊磊「中国の政治的権利の考察」『国際協力論集』第4巻第1号（1996年6月）31〜58頁等を参照。

（16）　井上達夫『普遍の再生』（岩波書店）2003年の「第2章：アジア的価値論とリベラル・デモクラシー―欧米中心主義をいかに超えるのか―」（77〜78頁）。

（17）　同上、78〜82頁。

（18）　同上、82〜89頁。

（19）　井上氏に対する反批判として、安田信之「「アジア的」なるものについて―アジアの人権・権利概念理解の前提として―」『北大法学論集』第52巻第2号（2001年7月）175〜209頁、安田信之『開発法学―アジア・ポスト開発国家の法システム―』（名古屋大学出版会）2005年、123〜126頁を参照。「アジア的価値論」とリベラル・デモクラシーの接合点を探る試みとして、季衛東「「アジア的価値論」に基づく道義外交の可能性」『世界』第666号（1999年10月）282〜294頁を参照。

（20）　例えば、2005年4月発表の「人権白書」においては、「十分な人権の実現は、世界各国の共同の追求であり、中国がいくらかゆとりのある社会［小康社会］を全面的に建設し、社会主義調和社会を構築するにあたっての重要な目標でもある。中国は、国際社会とともに、これまでと少しも変わることなく中国人権事業の持続的進歩と国際人権事業の健康な発展を促進することに努力したい」と述べられている。

（21）　1988年の国連第43回総会における銭其琛中国外交部長の演説（「第一次人権白書」において引用されている）。

（22）　王鉄崖主編『国際法』（北京：法律出版社）1995年、208〜211頁、程暁霞主編『国際法』（北京：中国人民大学出版社）1999年、86〜88頁、朱鋒『人権与国際関係』（北京：北京大学出版社）2000年、72頁、288〜299頁、劉傑『国際人権体制―歴史的邏輯与比較―』（北京：上海社会科学院出版社）2000年、311〜316頁。

（23）　「第41回国連総会における呉学謙外交部長の演説」『北京週報』1986年、

24

No.40、15〜16頁。

(24) 例えば、鄭永流・程春明・龍衛球「中国憲法応如何設置人権」『政法論壇』
2003年第6期、65頁、70〜72頁、任進「関於現行憲法変革的模式選択和部分
内容」『中国法学』2003年第3期、13頁等を参照。

(25) 杜鋼建「依人権準則治国与新国家哲学―国際人権公約与中国憲法修改―」『百
年』第1期（1999年1月）44〜45頁（邦訳として、杜鋼建著／石塚迅訳・解題「人
権準則に基づく国家統治と新しい国家哲学―国際人権規約と中国憲法の改正
―」『季報・唯物論研究』第76号（2001年5月）84〜89頁）。

(26) 例えば、韓大元・王世涛「“両個人権公約”与我国人権憲政体制的整合」『法
律科学』2001年第2期、32頁等を参照。

(27) 例えば、張文顕「論人権的主体与主体的人権」『中国法学』1991年第5期、28
頁（邦訳として、鈴木敬夫編訳『中国の人権論と相対主義』（成文堂）1997年、
21頁）等を参照。

(28) 郭道暉「人権概念与人権入憲」『法学』2004年第4期、19〜20頁、焦洪昌「“国
家尊重和保障人権”的憲法分析」『中国法学』2004年第3期、45頁。

(29) 例えば、周永坤『法理学―全球視野―（第4版）』（北京：法律出版社）2016
年の「あとがき」（399頁）等を参照。

(30) 中国のNGOをめぐる現状と問題について、王名・李妍焱・岡室美恵子『中国
のNPO―いま、社会改革の扉が開く―』（第一書林）2002年、市川英一「体
制移行中国における公民の権利擁護団体としての社会公益組織」『社会体制
と法』第7号（2006年6月）2〜17頁を参照。両者とも、NGOという語を使用
していない点が興味深い。

(31) 前掲注(7)『中国人権』（中国人権研究会ホームページ）。

(32) アムネスティ・インターナショナル著／日本支部訳『中国の人権―政治的弾
圧と人権侵害の実態―』（明石書店）1996年、164頁、168頁。

(33) いずれの学術的社会団体もホームページを開設し、その活動を一定程度にお
いて公開しているが、知り合いの法学者をはじめ、関係者にあらぬ迷惑がか
かることを避けるために、二つの学術的社会団体の名称は明らかにはしない。

(34) 中国の現行法体制において、政党の結成の自由は認められていない。詳細に
ついては、石塚迅・前掲書注(10)、96〜97頁を参照。

(35) 井上達夫・前掲書注(16)、86頁。

(36) 中国政府・共産党も無為無策というわけではない。例えば、中国政府の政務
公開（情報公開）への取り組みについて、本書第7章「地方政府の政務公開
―吉林省長春市の事例を中心として―」を、環境政策への取り組みについて、
北川秀樹「中国の環境政策と民主化に関する考察―行政主導と公衆参加の拡
大―」『中国研究月報』第693号（2005年11月）13〜28頁をそれぞれ参照。

第2章　国際人権条約への中国的対応

問題の所在〜「国際」と「グローバル」

　本章がかつて収録された著作の表題は『グローバル化のなかの現代中国法』であり、グローバル化との関係において、現代中国法の「変わった側面」および「変わらない側面」を考察することをその主眼としていた[1]。当時、筆者に与えられた検討課題は、二つの国際人権規約（『経済的、社会的及び文化的権利に関する国際規約（社会権規約・A規約）』と『市民的及び政治的権利に関する国際規約（自由権規約・B規約）』）を中国が締結したことの意義を論じることであった。同書と本章の表題にそれぞれ登場する「国際」と「グローバル」という二つの語をどのように把握すればよいのであろうか。本章では、まず「人権」との関連で「国際」と「グローバル」という二つの用語の異同について筆者の理解を提示することから議論を出発させることにする。

　周知のとおり、国際人権法は主として第二次世界大戦以降に発展してきたものである。第二次世界大戦以前、一国内の個人の取り扱い（人権問題）は、原則として国際法の規律しない「国内問題」（内政問題）とされた。国際法は、もっぱら「国家と国家の関係」を規律する法として機能していたのであり、人権に関わる「政府と国民の関係」は、国際法が関知しない関係として、それぞれの国家が自由に処遇できるものとされていた[2]。このような認識は、第二次世界大戦における凄まじい人権蹂躙を放置し、さらにはそれを助長するという結果をもたらした。戦争とそれに伴う大規模な人権侵害に対する深い反省に基づき、第二次世界大戦後に『国際連合憲章（国連憲章）』の

下で国際平和機構としての国際連合（国連）が発足したのである。『国連憲章』は、人権および基本的自由の尊重をその目的の一つとして掲げ（第1条第3項）、この「人権および基本的自由」の内容を具体化するものとして1948年12月に『世界人権宣言』が採択された。したがって、「以後の国連加盟国は、加盟と同時に自動的に世界人権宣言への同意を表明したものとみなされてよい[3]」。さらに、1966年12月には『世界人権宣言』を基礎として、法的拘束力を有する上記二つの国際人権規約が採択され、国際人権保障体制が初歩的に形成された。また、それと同時並行的に、差別撤廃、難民保護、拷問禁止等に関する個別的な国際人権立法も制定され続けている。

　これに対して、国際社会において、「グローバル化」という語が使用され始めたのは1980年代後半以降のことである。グローバル化は、政治・経済・文化の各分野で起こっている様々な事象の越境化過程、国民国家・主権国家の領域性の揺らぎを表現する語として登場し、それ自体が一つのイデオロギーでもあった（グローバリズムを指す）。

　中国において、『人民日報』紙上に「グローバル化」という語が初めて登場したのは1986年であり、急増したのは1990年代後半以降のことである。グローバル化が何を意味するかについては、中国知識人界においても多様な解釈が存在するが[4]、基本的には、政府・共産党および体制側の学術界（政治学界、法学界および経済学界）は、グローバル化の進展が国家の主権を相対化させる可能性を内包しているとして、それを経済面の事象に限定しようとし、政治や文化の分野のグローバル化には警戒的な眼差しを向けている。人権の分野においても、それは同様であり、例えば、中国の国際関係学者の一部は、「人権保障体制の国際化」と「人権保障体制のグローバル化」を前者が後者を包含する関係として理解している。すなわち、人権保障体制の国際化は、地域的な拡がり［区域化］とグローバルな拡がり［全球化］の二つのレベルを包含するものであり、グローバルな人権保障体制とは、国連における、あるいは国連が主導する人権保障体制であるとする[5]。この理解によれば、上述した国際人権法の歩みこそが、人権保障体制のグローバル化の過程

そのものであるということになる。このように人権保障が及ぶ領域の広狭のみによって人権保障体制の国際化、グローバル化、地域化を区別する理解は、グローバル化の意義をできるだけ控えめに捉えようとする政府・共産党および体制側の学術界の思惑を一定程度において反映するものであるといえる。

　しかしながら、もし、国際化とグローバル化が単に大小包含関係であるとすれば、中国において、1990年代以前の憲法や国際法に関する文献にも「グローバル化」の語が登場しておかしくないはずであるが、1990年代以前においてそのような文献を目にすることはできない。上述したように、「グローバル化」という語が、現在の国際社会で生じている様々な事象を説明する語として登場してきた以上、「人権」との関連においてもグローバル化に一定の意味づけを与える必要があると筆者は考える。

　社会学者・経済学者の伊豫谷登士翁氏は、「国際」と「世界」の用語の差異を次のように説明している。すなわち、「国際」と名のつく分野の枠組みは、分析単位として国家＝ナショナルな存在を前提としており、国家領域を超える問題は国家間の関係として捉えられる。国内問題と国際問題は明確に区別される。「国際」とは、二国間関係の積分的総和として表されることになる。それに対して、「世界」は、国家間関係の単なる集合ではない。国内と世界の問題は区別しうるものではなく、相互に交錯して現れる。研究の分析単位は世界であり、個々の国家はその構成要素の一つである。二国間の関係は、世界的な配置の中でのみ位置づけられる。つまり、伊豫谷氏によれば、「国際」と「世界」はまったく異なる語であり、「グローバル」はここでいうところの「世界」に近い意味あいを有しているという[6]。

　この「国際」と「グローバル」の区別を、「人権」の場面に敷衍すれば、国際人権保障体制とグローバル人権保障体制の差異を次のように説明することができよう。まず、国際人権保障体制とは、国際人権条約（宣言を含む）を基礎とする人権保障体制である。国際人権条約とは、国家間（二国間・多国間）の人権に関する条約であり、それは国民国家・主権国家の存在を前提

第2章　国際人権条約への中国的対応

とするため、人権保障は第一義的には当該条約を締結したそれぞれの国の政府が責任をもつことになる。したがって、国連主導で構築された人権保障体制は基本的に国際人権保障体制である。それに対して、グローバル人権保障体制は国民国家・主権国家の枠組みを超えた人権保障体制である。そこでは、おそらく国家ではなく個人が基軸となるのであろうが、現在、このようなグローバル人権保障体制は存在していない。しかし、いくつかの国際人権条約には、権利を侵害された個人が国際機関に対して直接訴えを提起できる制度（個人通報制度）を規定しているものもあり、これらは個人を基軸とするグローバル人権保障体制への萌芽となりうるかもしれない。21世紀が『世界人権宣言』と二つの国際人権規約を共通の行為基準とする「地球市民」あるいは「世界市民」の時代となると期待する論調もある[7]。

　本章では、以上のような諸点を念頭におきつつ、中国の国際人権条約に対する評価（第1節）、中国の国際人権規約締結過程（第2節）、国際人権規約と中国国内法の関係をめぐる中国法学界の議論（第3節）の検討を通じて、中国の国際人権規約締結が、中国における国権と人権、国家と個人の相剋にどのような影響を与えるのかを展望したい[8]。

第1節　中国の国際人権条約に対する評価

1.「国際人権活動に積極的に参加」

　中国（中華人民共和国）は、1971年10月に国連の代表権を得て以降、国際人権条約の起草にしばしば参画してきた。しかしながら、他方で、そうした国際的な場を除いては、中国は、1949年10月の成立以降、「人権」の語の使用を意識的に避けてきた。政府・共産党が「人権」の語を使用し始めたのは、「改革開放」政策の進展の中でしばしば顕在化した民主化運動（「北京の春」(1978年)、「学潮」(1986年)、「天安門事件」(1989年)）における民主活動家や民主派知識人の人権要求、および民主化運動武力弾圧に対する西欧諸国や国際

29

的な人権NGOの激しい批判に対抗、反駁する過程においてであった。そして、その一連の反駁の理論的集大成ともいえるのが、1991年11月に発表された「中国の人権状況」という白書（人権白書）である。「人権白書」は、「10. 国際人権活動に積極的に参加」という章を設け、その中で「中国は人権の保護と促進に関する国連憲章の趣旨と原則を承認・尊重し、人権と基本的自由を普遍的に促進する国連の努力を賞賛・支持し、そして国連の人権分野での活動に積極的に参画している」ことを確認し、以下その「成果」を具体的に列挙している。

　「人権白書」で述べられている「中国的人権観」の特徴については、①人権に対する主権の優位、②「生存権」最優先および「発展権」重視、③「共産党の指導」の堅持の三点が挙げられる。このうち、①と②の特徴は中国の国際人権条約に対する評価と密接に関連している。

　まず、人権に対する主権の優位という特徴についてである。「人権白書」は、「国連が採択した人権に関する宣言と一部の条約は、多くの国から支持され尊重されている。中国政府は『世界人権宣言』に対しても高い評価を与え、それが「人権問題に関する最初の国際的文書として、国際人権領域の実践に基礎を打ち立てた」と考えている」と述べる。その一方で、「しかし、人権状況の発展は、各国の歴史、社会、経済、文化等の条件の制約を受け、それは歴史の発展の一過程である。各国の歴史的背景、社会制度、文化的伝統、経済発展の状況には大きな差異があるため、人権に対する認識も往々にして一致せず、人権の実施についてもそれぞれ違いがある。国連の採択した一部の条約についても、各国の態度は自国の状況に基づいて必ずしも一致していない。人権問題には、国際性の一面があるにしても、主としてそれは一国の主権の範囲内の問題である」とし、主権の優位および「国情」に基づく人権政策の重要性を強調する。すなわち、内政不干渉の原則は、「国際関係の一切の領域に適用され、もちろん人権問題にも適用される」。そして、人権政策は「国情から遊離してはならず、主権国家が国内立法を通じて」実現する。このような論理は、国際人権条約における個人主体性の否定につな

第2章　国際人権条約への中国的対応

がっている。国際人権条約の主体はあくまでもそれを締結する国家である、個人は国際人権条約の直接の受益者にすぎず、国際人権条約が権利および自由を創造するわけではないというのが中国国際法学界の通説である[9]。

　次に、「生存権」最優先および「発展権」重視という特徴についてである。『世界人権宣言』の評価について、「人権白書」は、「(『世界人権宣言』は)基本的人権を尊重し保護する具体的内容を体系的に提起した初めての国際的文書である。それには歴史的限界が存在するにしても、戦後の国際人権活動の発展に対して深遠な影響をもたらし、積極的な役割を果たした」という1988年の国連第43回総会における銭其琛中国外交部部長（当時）の演説を引用している。ここでいう「歴史的限界」とは、『世界人権宣言』が西欧諸国の人権思想を踏襲していることを指している。具体的にいえば、『世界人権宣言』が、個人の権利および自由のみを規定し、民族自決権等の集団的人権を規定していないこと、市民的および政治的権利を偏重し、経済的、社会的および文化的権利を軽視していることの二点である[10]。「人権白書」では、中国公民が享有する人権には、「生存権、人身権および政治的権利だけでなく、経済、文化、社会等、各分野の権利も含まれ」、「国家は個人の人権の保障に十分に注意を払うだけでなく、集団の人権の擁護にも注意を払っている」ことが強調されているが、他方で、「生存権」最優先および「発展権」重視の主張が、集団的人権が個人の人権に、経済的、社会的および文化的権利が市民的および政治的権利に、それぞれ優位するという価値序列を作り出している。このような人権（権利）の序列づけは、上述の主権優位の論理を側面から補強する意味あいも有している。

　以上のように、中国は、一方において、『世界人権宣言』および国際人権条約の意義を基本的に評価しながらも、他方において、それらに国権優位的な「中国的人権観」を対置している。換言すれば、国権優位的な「中国的人権観」の枠内で『世界人権宣言』および国際人権条約が解釈されているのである。それにより、内政不干渉の原則に言及する『国連憲章』が全面的に賞賛され、逆に、国際人権条約の一部、とりわけ『世界人権宣言』には限定的

31

な評価しか与えられていないという結果がもたらされている。

このような状況はその後も基本的に不変である。1995年12月に発表された「中国人権事業の進展」（第二次人権白書）は、「10. 国際人権の健全な発展の促進に努力」という章を設けているが、『国連憲章』の意義を繰り返し強調し、『世界人権宣言』にはほとんど言及していない。以降、1997年3月、1999年4月、2000年2月、2001年4月、2004年3月、2005年4月にも「人権白書」が公表されているが、『世界人権宣言』採択五十周年を意識して書かれた1999年4月の「第四次人権白書」を除き、国際人権条約について目立った言及はみられない。

2. 国際人権条約締結状況と締結手続

今日に至るまで、中国政府が締結した国際人権条約は十五とも十七ともいわれる。その十五あるいは十七の国際人権条約について明示した文献を筆者は未見であるが、中国政府が締結した国際人権条約を筆者なりに整理すれば〔資料2〕のとおりである。

「改革開放」政策が軌道に乗り始めた1980年代前半に、中国政府は比較的多く国際人権条約を締結しているが、なぜその時期に集中したか、理由は不明である。この点についての法学界の研究も皆無である。

国際人権条約の締結手続については、『憲法』（1982年12月公布）と『条約締結手続法［締結条約程序法］』（1990年12月公布）がこれを規定している。それによれば、平和条約、国境確定に関する条約、中国国内の法律と異なる規定を有する条約等、いくつかの「批准を必要とする条約」（『条約締結手続法』第7条第2項に列挙）は、国務院が締結し（憲法第89条第9号、『条約締結手続法』第3条第1項）、全国人民代表大会常務委員会⁽¹¹⁾が批准を決定し（憲法第67条第15号、『条約締結手続法』第3条第2項）、国家主席が批准し（憲法第81条、『条約締結手続法』第3条第3項）、『全国人民代表大会常務委員会公報』により公布される（『条約締結手続法』第15条）。一般に、国際人権条約は『条約締結手続法』第7条第2項に列挙された「批准を必要とする条約」に含まれるとされ

第２章　国際人権条約への中国的対応

〔資料2〕中国（中華人民共和国）が締結した主要国際人権条約一覧

	条約名	条約の署名・採択	条約の発効	中国に対する発効
1	集団殺害罪の防止及び処罰に関する条約（ジェノサイド条約）《防止及懲治滅絶種族罪公約》	1948/12/9 —1951/1/12		1983/7/17
2	アパルトヘイト犯罪の鎮圧及び処罰に関する国際条約（アパルトヘイト条約）《禁止並懲治種族隔離罪行国際公約》	1973/11/30—1976/7/18		1983/5/18
3	あらゆる形態の人種差別の撤廃に関する国際条約（人種差別撤廃条約）《消除一切形式種族岐視国際公約》	1965/12/21—1969/1/4		1982/1/28
4	女子に対するあらゆる形態の差別の撤廃に関する条約（女子差別撤廃条約）《消除対婦女一切形式岐視公約》	1979/12/18—1981/9/3		1980/12/4（1981/9/3）
5	難民の地位に関する条約（難民条約）《関於難民地位的公約》	1951/7/28—1954/4/22		1982/12/23
6	難民の地位に関する議定書（難民議定書）《関於難民地位的議定書》	1967/1/31—1967/10/4		1982/9/24
7	拷問及び他の残虐な、非人道的な又は品位を傷つける取扱い又は刑罰に関する条約（拷問等禁止条約）《禁止酷刑和其他残忍、不人道或有辱人格的待遇或処罰公約》	1984/12/10—1987/6/26		1988/11/3
8	児童の権利に関する条約（児童権利条約・子どもの権利条約）《児童権利公約》	1989/11/20—1990/9/2		1992/4/2
9	同一価値の労働についての男女労働者に対する同一報酬に関する条約（男女同一報酬条約）《男女工人同工同酬公約》	1951/6/29 —1953/5/23		1990/11/2
	ジュネーブ条約《日内瓦紅十字公約》			
10	戦地にある軍隊の傷者及び病者の状態の改善に関する1949年8月12日のジュネーブ条約（第1条約：陸の条約）《改善敵地武装部隊傷者病者境遇的日内瓦公約》	1949/8/12—1950/10/21		1957/6/28
11	海上にある軍隊の傷者、病者及び難船者の状態の改善に関する1949年8月12日のジュネーブ条約（第2条約：海の条約）《改善海上武装部隊傷者病者及遇船難者境遇的日内瓦公約》	1949/8/12—1950/10/21		1957/6/28
12	捕虜の待遇に関する1949年8月12日のジュネーブ条約（第3条約：捕虜の条約）《関於敵俘待遇的日内瓦公約》	1949/8/12—1950/10/21		1957/6/28
13	戦時における文民の保護に関する1949年8月12日のジュネーブ条約（第4条約：文民保護の条約）《関於戦時保護平民的日内瓦公約》	1949/8/12—1950/10/21		1957/6/28
14	国際的武力紛争の犠牲者の保護に関し1949年8月12日のジュネーブ諸条約に追加される議定書（第1追加議定書）《1949年8月12日日内瓦四公約関於保護国際性武装衝突受難者的附加議定書（第一議定書）》	1977/6/8 —1978/12/7		1984/3/14
15	非国際的武力紛争の犠牲者の保護に関し1949年8月12日のジュネーブ諸条約に追加される議定書（第2追加議定書）《1949年8月12日日内瓦四公約関於保護非国際性武装衝突受難者的附加議定書（第二議定書）》	1977/6/8 —1978/12/7		1984/3/14
16	経済的・社会的及び文化的権利に関する国際規約（社会権規約・A規約）《経済、社会和文化権利国際公約》	1966/12/16—1976/1/3		2001/6/27
17	市民的及び政治的権利に関する国際規約（自由権規約・B規約）《公民権利和政治権利国際公約》	1966/12/16—1976/3/23		1998/10/5署名のみ

※　中華人民共和国外交部条約法律司編『中華人民共和国多辺条約集』（北京：法律出版社）1987年4月（第1集）、1987年8月（第2集、第3集、第4集）、1993年2月（第5集）、1994年2月（第6集）、「中国加入了哪些国際人権公約和議定書」『人民網』2006年3月27日（http://theory.people.com.cn/GB/49150/49152/4239175.html）（ただし、現在は閲覧できない）等に基づき作成。

る。この締結手続に対しては、国家主席に「象徴的」批准権を賦与すること
は「人民主権」の原則と矛盾するものであり、全国人大常務委が直接に条約
を批准し、国家主席が条約を公布する仕組みに改めるべきであるという批判
がある[12]。

　条約と中国国内法との関係、条約の中国国内への適用、条約と中国憲法と
の効力の優劣等については、『憲法』および『条約締結手続法』の中に明文
規定が存在しない。そのため、これら諸点については、現行法の解釈に委ね
られることになる。これをめぐる法学界の議論については第3節において検
討する。

第2節　国際人権規約締結の政治的背景およびその過程

　第1章で概述したように、『世界人権宣言』に比べて、二つの国際人権規
約に対する中国の評価は決して低くはない。というのも、『世界人権宣言』
は、社会主義諸国が採択を棄権し、また、その当時、アジアやアフリカ等の
発展途上国の多くが国家の独立を達成していなかったために採択に参加でき
なかったのに対し、二つの国際人権規約は、その起草に社会主義諸国や新た
に独立を達成した発展途上諸国も参加し、それらの国の意向も少なからず反
映されているからである。それゆえ、中国は二つの国際人権規約の起草に参
加していないものの、その解釈の仕方あるい強調点のおき方次第では、国権
優位的な「中国的人権観」とより親和的に二つの国際人権規約を解釈するこ
とが可能なのである。例えば、中国において二つの国際人権規約の次のよう
な点に肯定的な評価が集中している。第一に、『自由権規約』は「公の緊急
事態の場合において」人権を制限する措置をとることを認めている（第4条
第1項）が、この規定は「中国的人権観」の重要な内容の一つである人権に
対する主権の優位および「国情」に基づく人権政策の正当性を裏付ける証左
とされている。とりわけ、言論、出版、集会、結社等の表現の自由の制限を
説明する際に『自由権規約』第19条第3項とともにこの規定がしばしば引用

34

される。第二に、二つの国際人権規約は、人民の自決権および天然資源に対する主権を規定している（『社会権規約』・『自由権規約』第1条第1項、第2項）が、これらの規定について、法学界は、二つの国際人権規約が正面から集団的人権を承認し、かつそれを重視する姿勢を示した表れであると理解している[13]。第三に、『社会権規約』は幅広い経済的、社会的および文化的権利を規定し、規約の締約国にそれら「権利の完全な実現を漸進的に達成する」義務を負わせている（第2条第1項）が、これらについても、従来の西欧諸国の自由権偏重の思想から脱却し、人権実現における国家の役割の重要性を確認し、経済発展を最重要の課題とする発展途上国の事情に配慮したものであるとして高い評価が与えられている[14]。第二、第三の点も、やはり主権の優位、「生存権」と「発展権」の重視という「中国的人権観」を直截に示すものであるといえる。

　このような「中国的人権観」と適合させた牽強付会的解釈には、様々な理論的・実践的な問題点が存在する。しかしながら、中国において、二つの国際人権規約は、『世界人権宣言』の欠缺部分を填補し、その「歴史的限界」を一定程度において克服していると位置づけられているのである。したがって、第3節で検討するような法理論的な問題を除けば、もともと、中国政府にとって、二つの国際人権規約の締結を拒否する理由は乏しかったといえよう。

　早くも、1986年の国連第41回総会において、呉学謙中国外交部部長（当時）は、演説の中で、同年が二つの国際人権規約採択二十周年にあたることに言及し、「この二つの条約は、『国連憲章』の人権尊重に関する趣旨と原則の実現に対して、積極的意義を有している」と述べている[15]。この演説でも二つの国際人権規約は『国連憲章』と直接に連結させられ、『世界人権宣言』に対する言及は欠落している。これは単なる偶然なのであろうか。いずれにせよ、この時点ですでに中国政府は二つの国際人権規約の締結も視野に入れていたと考えてよい。

　この締結への道程は、1989年の「天安門事件」で大きく頓挫するが、二つ

の国際人権規約に対する評価そのものには大きな影響はなかった。そして、1991年11月の「人権白書」の公表により、二つの国際人権規約の締結への道が再び開かれるのである。ただし、中国にとっても国際社会にとっても不幸であったのは、「天安門事件」以降、中国の人権問題が政治問題として国際的にクローズアップされたことにより、中国政府が、人権改善を国際社会にアピールし、経済協力等の実利を得るための重要な政治・外交カードとして、魏京生氏、王丹氏ら政治犯釈放とともに、二つの国際人権規約の締結を位置づけるようになったことである。「我が国はいまだ国際人権規約に加入していないが、これは国際人権規約に対して反対の態度をとっていることを示すものではない。加入するかどうか、あるいはいつ加入するかを決定する要素は多方面にわたる[16]」という論述等は当時の中国のおかれた状況を表しているといえる。二つの国際人権規約の締結が「敏感」な政治問題となったがゆえに、中国において、法曹界、学術界、市民らは締結実現を推進する原動力とはなりえず、締結は終始一貫して政府・共産党の政治的判断に委ねられた。このことは、今日に至るまで、二つの国際人権規約が中国の一般大衆レベルにまったくといっていいほど浸透していない要因の一つとなっている。

　1997年4月、フランス国防相シャルル・ミヨンとの会談の席上、江沢民国家主席・共産党総書記（当時）は、年内に『社会権規約』に署名することを表明する[17]。江沢民が国際人権規約署名の期限を明示したのはこれが初めてである。この態度表明の背景にも濃厚な政治的意図が存在していた。第一に、これは、当時中国の航空機市場、とりわけ戦闘機市場に強い関心を示していたといわれるフランスに対しての格好の人権改善アピールとなった。実際に、「天安門事件」以降、アメリカやEUが中心となって毎年国連人権委員会に中国の人権状況を非難する決議案を提出してきたが、同年からフランスはその共同提案国からはずれることになる。第二に、同年7月に控えた香港の主権回復に際して、さらには将来のWTO加盟の実現に弾みをつけるため、国際社会が抱いていた人権分野における懸念を払拭するという意図も存在していたであろうと推測できる。「市場カード」と「人権改善カード」の

第2章　国際人権条約への中国的対応

巧みな併用といえる。

　江沢民の表明どおり、1997年10月27日、中国政府は『社会権規約』に署名した。「これは、中国政府が真剣に検討したうえでとった重要な行動である。これは、中国政府の、中国と世界の人権事業の発展を促す確固たる決意を改めて表明した」というのが、秦華孫国連大使（当時）の談話である(18)。『条約締結手続法』に基づき、『社会権規約』に署名した後は、外交部あるいは国務院の関連部門が国務院の審査を求め、国務院が全国人大常務委に批准の決定を申請するという手続（第7条第3項）を踏んだはずであるが、その過程の実情については明らかにされていない。国務院においてどのような審査がなされたのか、どのような条件の下で全国人大常務委に批准の決定が申請されたのか、きわめて不透明な過程の中で、2001年2月28日、第9期全国人大常務委第20回会議において、『社会権規約』の批准の決定がなされた(19)。筆者が訳出した全国人大常務委の批准の決定の全文は次のとおりである。

> 「全国人民代表大会常務委員会の『経済的、社会的及び文化的権利に関する国際規約』批准に関する決定」（2001年2月28日採択）
>
> 　第9期全国人民代表大会常務委員会第20回会議は、我が国政府が1997年10月27日に署名した『経済的、社会的及び文化的権利に関する国際規約』の批准を決定した。同時に、次のように宣言する。
>
> 　一、中華人民共和国政府は、『経済的、社会的及び文化的権利に関する国際規約』第8条第1項（a）について、『中華人民共和国憲法』、『中華人民共和国労働組合法』および『中華人民共和国労働法』等の法律の関連規定に照らして処理する。
>
> 　二、1997年6月20日および1999年12月2日に中華人民共和国常駐国際連合代表がそれぞれ国際連合事務総長に宛てた照会に基づいて、『経済的、社会的及び文化的権利に関する国際規約』は、中華人民共和国香港特別行政区および中華人民共和国マカオ特別行政区に適用され、『中華人民共和国香港特別行政区基本法』および『中華人民共和国マ

カオ特別行政区基本法』の規定に照らして、各特別行政区の法律を通じて実施される。

　三、台湾当局が、1967年10月5日に中国の名義を盗用して『経済的、社会的及び文化的権利に関する国際規約』に対してなした署名は、不法かつ無効なものである。

　上述したように、もともと、権利の「漸進的」実現等を規定した『社会権規約』は、「中国的人権観」と親和的であり、それゆえ、批准の決定にあたっては、労働組合結成・加入の権利を規定した第8条第1項 (a) について解釈宣言が付されるにとどまった。

　『社会権規約』への署名から約一年遅れて、1998年10月5日、中国政府は『自由権規約』にも署名した。秦華孫国連大使は、『社会権規約』署名の際と同様に、『自由権規約』署名の意義を強調する談話を発表しているが、その中で「人権の普遍的原則は尊重されるべきで、その普遍的原則は各国の具体的状況と結びつけられるとよりよい効果を発揮すると我々は認識している」とも述べている[20]。「国情」という「予防線」を張った談話の内容に、『社会権規約』と異なり『自由権規約』に対しては一定の警戒感を抱く中国政府の姿勢をみてとることができる。署名の当時、法学界は『自由権規約』の批准について比較的楽観視していたようであるが[21]、今日に至るまで『自由権規約』は批准されていない。中国政府は、「真摯な態度で自由権規約批准の問題を積極的に研究している[22]」と述べるだけである。

第3節　国際人権規約と中国国内法

　すでに指摘したように、中国では二つの国際人権規約の締結は終始一貫して政府・共産党主導で行われ、その過程において法学界をはじめとする学術界は政府・共産党の政策決定に対してほとんど影響力を行使しえていない。もちろん、国際人権規約への署名以前にその早期実現を求めるような主張が

なかったわけではない[23]。しかし、法学界の大部分は、国際人権規約の締結過程において、いわば「模様眺め」の態度に終始したようにみえる。中国においても、条約と国内法との関係等についての一般的研究は国際法学界を中心にすでに行われていたが、国際人権規約をめぐる論点について専門的に検討した学術論文が発表されるようになったのは、主として『自由権規約』への署名が確実になったあたりからである。つまり、法学界は、政府・共産党の方針の決定を待ってから国際人権規約をめぐる法理論研究を本格的にスタートさせたわけである。

1. 国際人権条約と国内法との関係

　条約と国内法との関係については、すでに早くから中国国際法学界においても議論され、現在、中国の国際法教科書のほとんどがこの論点に言及している。これについては、一般に二つの異なる考え方がある。すなわち、国際法と国内法はそれぞれ相互に独立して存在する法体系であるとする二元論と、国際法と国内法は同一の法体系に属するとする一元論である。一元論はさらに国際法優位の一元論と国内法優位の一元論とに分かれる。

　中国国際法学界の通説は二元論である。国内法優位の一元論に基づけば、国際法はその存在意義を失い、国際法優位の一元論に基づけば、国家主権が否定されることになるというのがその理由である[24]。国際人権条約と国内法との関係についてもこれと同様の理解である。とりわけ、国際人権法は国家を凌駕するものではなく、「超国家法」あるいは「世界法」ともなりえないとして、国際法優位の一元論に対して強い警戒感を示している[25]。このような法学界の通説は、一方で、国際人権活動への積極的参加をアピールし、他方で、主権の優位を不可譲の大原則とする政府・共産党の立場と完全に一致する。

2. 国際人権条約の中国国内への適用

　二元論の立場では、締結した条約をどのような方法で国内に適用するか

は、それぞれの締約国の憲法問題となる。これについては、締結した条約は直ちにすべて国内法体系に「編入・受容」され、国内において直接的にその効力を生じるとする憲法体制をとっている国と、締結した条約は国内法として制定、すなわち「変型」されなければ、国内においてその効力を生じることはないとする憲法体制をとっている国とがある。前者の立場では、実質的に一元論と変わらない。

　上述したように、この点について中国憲法の中に明文規定が存在しない。中国国際法学界の多数説は、締結した条約の中国国内への適用について現行の法体制は「編入」方式を採用している、すなわち締結した条約は「変型」を必要とせずに中国国内において直接的にその効力を生じると考えている。その理由として、現行法の規定および司法解釈を挙げる。まず、現行法の規定については、例えば、1986年に制定された『民法通則』の第142条第2項が、「中華人民共和国が締結あるいは参加した国際条約と中華人民共和国の民事法律とに異なる規定が存在する場合、国際条約の規定を適用する。ただし、中華人民共和国が留保声明を出した条項は除外される」と規定しており、同様の条文が、『民事訴訟法』、『行政訴訟法』、『相続法』、『商標法』、『特許法』、『海商法』、『漁業法』、『郵政法』等にも存在する。また、司法解釈についても、国内の各裁判所に対して、締結した個別の条約を誠実に執行すべきことを要求する司法解釈がしばしば最高人民法院から出されており、さらに、実際に裁判所は渉外事件についてしばしば条約を直接適用している[26]。

　しかしながら、以上のような現行法の規定および司法解釈が、締結した条約の中国国内への適用について普遍的ルールを確立しているかどうかについては、疑問を呈する学説も多い。それらの現行法および司法解釈が民事や行政管理等個別の分野に限られ、その「政治性」がさほど強くないことが理由である。また、司法実務は現行法の規定と条約の規定との間に不一致が存在することを条約の中国国内における直接適用の「条件」として理解しているにすぎないという指摘もある[27]。

　締結した国際人権条約の中国国内への適用方法についても、学説は分かれ

40

ている。というのも、国際人権条約の中国国内への適用について様々な例証が存在するからである。1990年4月に国連の拷問禁止委員会が、中国政府が提出した『拷問及び他の残虐な、非人道的な又は品位を傷つける取扱い又は刑罰に関する条約（拷問等禁止条約）』実施の報告書を審査した際、中国代表は、中国政府が締結した同条約について、「変型」を必要とせず中国国内において直接適用されることを表明した。しかしながら、他方で、1980年11月に中国政府が批准した『女子に対するあらゆる形態の差別の撤廃に関する条約（女子差別撤廃条約）』については、同条約に列挙された権利を幅広く確認した『女性権利利益保障法』が1992年4月に採択されているし、また、『香港特別行政区基本法』は、二つの国際人権規約について、香港特別行政区の法律を通じて実施すると規定している（第39条第1項）。裁判所が国際人権条約を直接適用した事例を筆者はいまだ目にしたことがない。

　上述したように、政府・共産党が人権問題を一国の主権の範囲内の問題とし、「国情」に基づく人権政策の重要性を強調している以上、法学界および司法実務が、国際人権条約の中国国内への直接適用に躊躇を示すのも、ある意味で自然であるといえるのかもしれない。

3. 国際人権条約と憲法との効力の優劣

　締結した条約が国内法への「変型」を必要とせずに、国内において直接にその効力を生じる場合には、条約と憲法、条約と国内法との間で、効力の優劣関係の問題が生じる。

　中国においても、締結した条約が中国国内において直接適用されるのであれば、この問題の解決は避けて通れない。

　まず、条約と憲法との間の効力の優劣関係については、憲法優位説が中国の国際法学界および憲法学界の通説である。主権優位の論理からすれば当然の帰結であろう。また、憲法の改正には、全国人大の全代表の三分の二以上の賛成が必要であるのに対して、条約の批准の決定には、全国人大常務委の全構成員の過半数の賛成が必要とされるにすぎないこと、すなわち憲法改正

手続が条約批准決定手続に比べてより厳格であることも、憲法優位説の根拠に挙げられている[28]。国際人権条約と中国憲法との効力の優劣関係についても、同様に憲法優位説が法学界の通説である。これに対して、二つの国際人権規約はその他の条約とは異なり、「国際憲法の構成部分」と位置づけるべきであり、その法的効力は中国憲法および国内法に優位する、二つの国際人権規約の理念に照らして中国憲法および国内法を全面的に改正すべきであると主張する学説もないわけではないが[29]、多数を形成するには至っていない。

次に、条約と国内法との間の効力の優劣関係については、学説は一致しておらず、条約優位説と条約・国内法同位説が対立している。条約優位説は、上述した『民法通則』等、一部の現行法が締結した条約の優先適用を規定していることをその根拠とする[30]。これに対して、条約・国内法同位説は、『民法通則』等の現行法の規定の問題点を指摘するほか、法律の採択と条約の批准の決定に必要な全国人大常務委の構成員の票数がいずれも過半数であることをその根拠とする[31]。

これまで概観したような学説上の分岐が、司法実務に混乱を招き、中国の条約義務の履行に悪影響を及ぼすことを危惧して、条約と国内法との関係、条約の中国国内への適用、条約と憲法との効力の優劣等について、『憲法』あるいは『立法法』、『条約締結手続法』等の改正を通じて立法的解決を図るべきであるという主張も有力である[32]。

4. 留保・解釈宣言をめぐって～「共産党の指導」の堅持と結社の自由

もし、ある国家が、条約を締結する意思はあるけれども、その中の一部の規定が憲法あるいは国内法と矛盾・衝突するため、当該規定の法的効果を排除あるいは変更したいと望む場合、条約に対する留保・解釈宣言が付されることになる。一般に、留保は条約の趣旨および目的と両立する限りにおいて認められることになっているが、実際には、国際人権条約について、その趣旨および目的に反するような留保が公然と放置されるような場合も少なくな

い。

　中国は、すでに指摘したように、『社会権規約』について、労働組合結成・加入の権利（第8条第1項（a））に対して解釈宣言を付した上で批准した。『自由権規約』については、いまだ批准に至っていないことから、『自由権規約』と憲法のいかなる条項が矛盾するのか、具体的条項が矛盾する場合に留保・解釈宣言を付するべきかそれとも憲法や国内法を改正するべきかについて、法学界において活発な議論が展開されている。具体的条項についての研究は、民族自決権、刑事手続上の権利、居住・移転の自由、精神的自由および政治的権利等、『自由権規約』全般にわたり[33]、『自由権規約』の締結を契機に憲法の基本的権利に関する条項を再構成すべきであるという主張も散見される[34]。しかしながら、他方で、『自由権規約』が規定する精神的自由や政治的権利について議論することが現行の国家・政治体制そのものを議論することにもつながるため、こうした学術的議論は常に一定の「政治性」を帯び、法学者の多くは議論における「慎重さ」も忘れていない。ここで、第1節で指摘した「中国的人権観」の第三の特徴である「共産党の指導」の堅持が影を落としてくる。つまり、特定のイデオロギーと国家・政治体制の堅持を前提とした上で、精神的自由や政治的権利を議論するという矛盾した状況がそこに存在しているのである。

　その後、国際協調を意識してか、『自由権規約』批准にあたり留保・解釈宣言はできるだけ少ない方がよいとする主張も強まってきているが、それでも、「共産党の指導」の堅持は変更を許さない大前提である。中国政法大学刑事法律研究中心と中国法学会研究部は、2002年4月に「『市民的及び政治的権利に関する国際規約』の批准と実施に関する建議書」をまとめている[35]。その中で、留保・解釈宣言を付する必要があるとされた『自由権規約』の条項は、表現の自由（『自由権規約』第19条）と結社の自由（第22条）の二つである。表現の自由については、この権利の行使が憲法の原則に違背してはならないと憲法に規定されていること、および刑法や行政法規が表現行為に対して多くの制限を設けていることを根拠に「憲法の範囲内で実施する」という

解釈宣言を付するべきとしており、多くは論及されていない[36]。結社の自由については、留保・解釈宣言を付するべきとする根拠は次の二点である。根拠の第一は、中国においては、『労働組合法』に基づき統一的な中華全国総工会しか存在せず、その傘下の分工会を組織しそれに参加することは認められるが、中華全国総工会と対抗的な労働組合を成立させることは認められないというものである。『社会権規約』における解釈宣言の根拠もおそらくこれと同様であろう。根拠の第二は、中国の国家・政治体制は西欧諸国とは異なる、すなわち執政党と野党とを区別せず、共産党指導の下で多党合作制を実行しているため、中国がいうところの結社とは、一般的な社団のみを含み、政党は含まないというものである。この二点を根拠に、結社の自由を規定する『自由権規約』第22条に対して、「憲法および労働組合法に照らして実施する」という解釈宣言を付するべきであるとする[37]。以上のような表現の自由および結社の自由に対する留保・解釈宣言の根拠は、現行憲法および法律の条項を説明したものにすぎない。なぜ、刑法や行政法規に基づき表現行為が規制されるのか、なぜ、中華全国総工会の傘下に属さない労働組合の結成は認められないのか、なぜ、共産党指導の下での多党合作制を実行しなければならないのか、これら疑問に対する実質的な回答は法学者の口からはきかれない。

　中国は、『結社の自由及び団結権の保護に関する条約』（ILO87号）や『団結権及び団体交渉権についての原則の適用に関する条約』（ILO98号）等のILO諸条約を締結していない。間違いなく、結社の自由は、二つの国際人権規約の批准および実施にあたり最大の論点であり、それはとりもなおさず、「共産党の指導」の堅持をめぐる問題が中国における人権問題の核心部分であるということにほかならない。

小括〜国権か人権か

　これまでみてきたように、中国において、国際人権条約への対応は終始一

第2章　国際人権条約への中国的対応

貫して政府・共産党が主導したものであり、そこから国権優位的な「中国的人権観」がはっきりと浮かびあがってくる。すなわち、中国は、あくまでも国家を主体としてそれを前面に押し出して、「国際人権活動に積極的に参加」しているのであり、個人を基軸として主権国家・国民国家の枠組みを超えた人権保障体制（グローバル人権保障体制）の構築を目指す動きについては、きわめて懐疑的さらには否定的なのである。これに対して、法学界をはじめとする学術界の理論的研究は、結果として政府・共産党の人権政策を追認し、それに理論武装を施す意味あいしかもちえていない。国際人権条約への対応に限っていえば、そこに存在するのは「圧倒的な政治」と「無力な法学」なのである。

　そのことをきわめて象徴的に示すのが、近年の朝鮮民主主義人民共和国（北朝鮮）から国境を越えて中国国内に流入する人々（脱北者）の取り扱いである。「脱北者」は1990年代後半から急増し、現在中朝国境近くに数万から十数万いるとされている。中国は1982年に『難民の地位に関する条約（難民条約）』を締結しているが、これら「脱北者」について、難民の資格の有無を審査することなく、「不法入国者」とみなして北朝鮮に強制送還するという厳しい措置をとっている。国連難民高等弁務官事務所（UNHCR）はこうした中国政府の措置に懸念を表明しているが、「中朝間に「難民」問題は存在しない」というのが中国政府の一貫した見解である。しかも、こうした措置は秘密裏に行われている。中国が『難民条約』を締結した四年後の1986年8月に中国の公安部と北朝鮮の国家保衛部との間で国境地域の安全と社会秩序維持を目的とした相互協力議定書が結ばれ、その協定が中国政府の「脱北者」処遇の法的根拠となっているともいわれている[38]。もし、そうであるとすれば、中国政府は中朝間の協力議定書を『難民条約』に優先して適用し、『難民条約』を実質的に骨抜きにしていることになる。それは、条約の趣旨および目的に反する留保と同視しうる意味あいをもつものであるともいえ、第3節で指摘したような法学界の多数説とも真っ向から対立する。しかしながら、法学界は、難民についての一般的研究に終始するだけであり、

45

「脱北者」問題のような中国が現に直面する「難民」問題に対してはまったく沈黙しているのである。同様に、『拷問等禁止条約』についても、拷問等禁止の措置が中国国内において十分にとられていないことがしばしば国際的な人権NGOから指摘されているが[39]、この点についても、やはり法学界は研究（あるいは研究成果の公表）を控えている。

　「無力な法学」の背景には、もう一つ制度論的な問題もある。それは、違憲審査制の未確立をはじめとする事後的な権利救済制度の不備である。現行憲法は憲法実施の監督権限を全国人大およびその常務委に賦与している（第62条第2号、第67条第1号）が、1982年に現行憲法が制定されて以来、全国人大およびその常務委がこの権限を行使して公民の基本的権利の事後的救済を図った事例は一つもない。さらに、1989年に制定された『行政訴訟法』は、行政訴訟の出訴事項について概括的列記主義をとっている（第12条）。そこでは、財産権や人身の自由の制限に対してのみ行政訴訟の提起が認められているにすぎず、憲法が保障するその他の基本的権利、例えば、言論、出版、集会、結社の自由（第35条）、宗教信仰の自由（第36条）、労働の権利（第42条）、教育を受ける権利（第46条）等はすべて出訴事項から除外されている。つまり、『行政訴訟法』第12条に規定されていない基本的権利が侵害された場合には、行政機関に対する不服申立しかなしえず、行政訴訟を提起してその処分の違憲性や違法性を司法の場で問うことはできないのである。このような憲法体制の下では、二つの国際人権規約をはじめ国際人権条約の多くの条項が中国国内において適用できずに有名無実のものとなる。そして、法学界がいくら国際人権条約の国内適用の方法について議論しようとも、その議論自体が抽象的さらには空理空談的なものとなってしまうのである。

　市民レベルの人権保障の実質化へ向けた動きも鈍く、政府・共産党の人権政策に影響を与えるまでには到底至っていない。近年、国際人権保障体制の枠組みの中で、人権NGOの果たす役割がその重要性を増してきている。人権NGOは各国政府の人権活動を拡充、促進するだけでなく、国際人権条約が設定する基準に基づいて、各国政府に対して人権状況の改善を迫り、人権

侵害を受けた被害者の救済をも図っている。人権NGOが国際人権条約の起草に携わることもある。これらの活動は時として「超国家」的なものである。この点、中国においても、教育、福祉、環境等の分野を中心に、NGOに相当する「社会団体」と「民辦非企業単位」の活動が徐々に盛んになってきている。こうした点に着目し、中国において公共空間が拡大しつつあると指摘する日本の研究者も多い。しかしながら、人権NGOに対しては、政府・共産党は強い警戒心を抱いている。第1章でも述べたように、まず、中国国内において人権NGOを設立する場合には、関連の行政法規に規定された厳格な手続を経なければならない。事実上、政府・共産党の政策に批判的な人権NGOの設立が認められる可能性は低く、それら条例に基づいて設立された人権NGOは、政府傀儡の色彩が濃いものとなる。国外の人権NGOあるいは国際的な人権NGOに対しては、政府・共産党の警戒心はよりいっそう強まる。政府・共産党が人権NGOに対して警戒感を示すのは、国内の人権NGOが「共産党の指導」の堅持を弱体化させ、国際的な人権NGOが主権優位の論理を溶解させる可能性を内包しているからである。

　『自由権規約』の批准には紆余曲折も予想されるが、最終的にはいくつかの留保・解釈宣言を付した上で批准されるであろう。中国政府が『自由権規約』の批准を「政治・外交カード」として利用する可能性もまた十分に考えられる。その際に、「共産党の指導」の堅持があらためて確認されることになる。問題は、批准されるかどうかではなく、批准した後、いかに人権保障を実質化させるかである。この点については、これまで指摘したことから総合的に判断すれば、中国が二つの国際人権規約を締結したことが、政府・共産党の国権優位的な「中国的人権観」およびそれに基づく人権政策の転換に直ちにつながるわけではないという厳しい見通しを立てざるをえない。しかしながら、二つの国際人権規約の締結がまったく無意義なものであるというわけでもない。二つの国際人権規約の締結を契機に、法学界の議論が一定の制約を受けながらも活発化していることは、人権保障についての理解をいっそう深化させることになるという点で歓迎すべきことであるし、また、何よ

りも、二つの国際人権規約の締結により、政府にはそれを履行する義務が生じ、より高いレベルでの人権保障が要求されることになる。具体的には、筆者は、次の二点に対する取り組みが中国における人権保障の実質化を判断するメルクマールとなりうると考えている。

一つは、二つの国際人権規約をはじめとする国際人権条約を国内において実施するための大胆な司法改革および関連立法の整備である。上述したように、現行の憲法体制には、国際人権条約の国内における実施について様々な欠陥が存在する。この点に対しては、憲法学界を中心に基本的な認識が共有されつつある。現在、憲法学者の多くは、二つの国際人権規約が規定する人権を国内において十分に実現するためには、憲法を核心とする人権保障機構を改善しなければならず、何らかの憲法監督機構を設置することが急務であると考えており、すでに、憲法監督機構について多種多様な具体案が提起されている。このような主張は「憲法の司法化[40]」とも形容されている。

もう一つは、『自由権規約第1選択議定書』の締結である。同選択議定書は、個人通報制度を規定しており、これを締結すれば、締約国の管轄下において、締約国から『自由権規約』に規定された権利の侵害を受けた個人は、国際機関（自由権規約委員会）に訴えを提起し、締約国の責任を問うことができる。同選択議定書については、国家の主権の相対化につながる可能性があるため、『自由権規約』締約国のうち、同選択議定書をも締結している国は、その約三分の二にとどまっている。日本やアメリカも同選択議定書を締結しておらず、もちろん、中国も、現時点においてそれを締結する可能性はきわめて低い。

この二点の実現にあたっては、政府・共産党レベル、学術界レベル、市民レベル等、様々なレベルでの創意工夫が必要となろうが、その過程の中で、中国における国権と人権、国家と個人の相剋に新たな位相がみえてくるかもしれない。

政府・共産党レベルの動きはきわめて緩慢である。2004年3月の憲法部分改正において、「国家は、人権を尊重し保障する」という規定を憲法に新設

第2章　国際人権条約への中国的対応

したものの（第33条第3項）、この挙措も従来の「中国的人権観」の変更まで
を意味するものとはいえない[41]。こうした政府・共産党の遅々とした動き
に苛立ちをぶつけるかのように、作家、学者、弁護士、記者、労働者、農
民、企業家および共産党退職官吏ら303名が、『世界人権宣言』採択六十周
年、「北京の春」三十周年、さらには中国政府の『自由権規約』署名十周年
にあたる2008年12月に、「08憲章」と称した公開宣言文を発表した。「08憲
章」は、自由、人権、平等、共和、民主、憲政を基本理念として掲げ、権力
分立、司法の独立、結社の自由、言論の自由、政治犯の釈放等、19項目の基
本的主張を提起している。「08憲章」の署名者は2011年9月現在で13,000を超
え、国際社会の大きな関心を集めているが、中国政府・共産党は、現在のと
ころ、「首謀者」の一部の身柄を拘束しただけで、「08憲章」そのものに対し
ては何らの態度表明もしていない[42]。

　最後に、本章で考察したような中国の国際人権規約締結に対する悲観的な
現状および展望は、同時に、国際人権条約に対してきわめて冷淡な司法制度
および司法実践を抱える日本、『社会権規約』をはじめとしていまだ多くの
国際人権条約の批准を終えていないアメリカ等、すべての国における人権状
況を厳しく問い直すものであることを付加しておきたい。

[注]

(1)　西村幸次郎編著『グローバル化のなかの現代中国法』（成文堂）2003年、は
　　しがきi頁。

(2)　阿部浩己・今井直・藤本俊明『テキストブック国際人権法（第3版）』（日本
　　評論社）2009年、10頁。

(3)　平野健一郎「世界人権宣言とアジアの人権」『国際問題』第459号（1998年6月）
　　43頁。

(4)　砂山幸雄「中国知識人はグローバル化をどう見るか──「文明の衝突」批判か
　　ら自由主義論争まで──」『現代中国』第76号（2002年10月）3～5頁。

(5)　例えば、朱鋒『人権与国際関係』（北京：北京大学出版社）2000年、332頁、
　　劉傑『国際人権体制──歴史的邏輯与比較──』（上海：上海社会科学院出版社）
　　2000年、225頁、304頁等を参照。

49

（6）　伊豫谷登士翁『グローバリゼーションとは何か─液状化する世界を読み解く─』（平凡社新書）2002年、36〜37頁。

（7）　例えば、江橋崇「世界人権宣言と日本」『国際問題』No.459（1998年6月）42頁等を参照。

（8）　なお、国際人権立法は、法的拘束力を具える「条約」と法的拘束力を具えない「宣言（原則、規則、行動綱領）」とに大別されるが、本章では、主として国際人権条約について扱う。ただし、包括的な権利体系を有し国際人権条約の中核に位置づけられる二つの国際人権規約の制定にあたり、その基礎となった『国連憲章』と『世界人権宣言』についても検討の対象とする。また、筆者は、ジュネーブ諸条約やILO（国際労働機関）諸条約についても、国際人権条約に包括されるものとして理解している。人道問題や労働問題も本来人権問題として把握すべきものであり、本章においてそれらを区別して検討する必要性に乏しいからである。

（9）　例えば、王鉄崖主編『国際法』（北京：法律出版社）1995年、77〜78頁、程暁霞主編『国際法』（北京：中国人民大学出版社）1999年、18頁、80〜81頁等を参照。

（10）　例えば、王鉄崖主編・前掲書注（9）、207頁、朱鋒・前掲書注（5）、71頁等を参照。

（11）　「全国人民代表大会」は、日本では「全人代」と略されることが多い。しかしながら、「人民代表大会」は、「人民」の「代表大会」ではなく、「人民代表」の「大会」なのであるから、「人代」ではなく「人大」という略称を用いるべきである。「全人代」ではなく、中国で通用している「全国人大」が正確な略称であると考える。「人代」ないし「全人代」は、日本のメディアと権威ある中国政治研究者によって定着してしまった「誤略」である（石塚迅「中国」（大林啓吾・白水隆編著『世界の選挙制度』（三省堂）2018年、169〜170頁））。鈴木賢氏が早くから折に触れこうした略称の誤用を指摘してきており（例えば、鈴木賢「書評：小口彦太・田中信行『現代中国法』」『社会体制と法』第6号（2005年6月）102頁）、筆者もこれに賛同するものである。

（12）　陳寒楓・周衛国・蔣豪「国際条約与国内法的関係及中国的実践」『政法論壇』2000年第2期、120頁、122頁。

（13）　例えば、程暁霞主編・前掲書注（9）、86頁、朱鋒・前掲書注（5）、72頁等を参照。

（14）　例えば、劉傑・前掲書注（5）、314頁等を参照。

（15）　「第41回国連総会における呉学謙外交部長の演説」『北京週報』1986年、No.40、15〜16頁。

（16）　程暁霞「国際法上的人権問題」（中国社会科学院法学研究所編『当代人権』（北

第2章　国際人権条約への中国的対応

京：中国社会科学出版社）1992年、352頁）。

（17）　『人民日報』1997年4月8日、「中国、「経済的、社会的、文化的権利に関する国際条約」調印へ」『北京週報』1997年、No.17、4頁。

（18）　「中国、「経済的、社会的および文化的権利に関する国際規約」に調印」『北京週報』1997年、No.46、5〜6頁。

（19）　「全国人民代表大会常務委員会関於批准《経済、社会及文化権利国際公約》的決定（2001年2月28日）」『中華人民共和国国務院公報』2001年第12号、40頁。

（20）　「中国、「国際人権B規約」に署名」『北京週報』1998年、No.43、18頁。

（21）　例えば、中国社会科学院法学研究所の夏勇氏は、「中国社会科学院が行った比較研究では、中国の法律の原則および人権理論が『規約』の趣旨や原則と一致することが明らかになっている。そのため、中国ではすでに『規約』を履行する条件がそろっている。『規約』の署名と批准の面では、中国には法律上克服できない障害はない」と述べている（江宛棣「市民的、政治的権利に関心を向ける」『北京週報』1998年、No.51、14頁）。

（22）　中華人民共和国国務院新聞辦公室「2004年中国人権事業的進展（2005年4月）」（『中国人権』（中国人権研究会ホームページ）（http://www.humanrights.cn/html/2014/2_0623/866_7.html））。

（23）　例えば、李歩雲著／西村幸次郎・永井美佐子共訳「憲政と中国」『阪大法学』第46巻第3号（1996年8月）216〜217頁。原論文は、憲法比較研究課題組編『憲法比較研究文集（二）』（北京：中国民主法制出版社）1993年に収録されている。

（24）　例えば、王鉄崖主編・前掲書注（9）、28〜29頁、程暁霞主編・前掲書注（9）、24〜25頁等を参照。

（25）　董雲虎主編／富学哲著『従国際法看人権』（北京：新華出版社）1998年、56〜57頁。

（26）　例えば、王鉄崖主編・前掲書注（9）、32〜33頁、程暁霞主編・前掲書注（9）、27頁、朱暁青「《公民権利和政治権利国際公約》的実施機制」『法学研究』2000年第2期、111〜112頁等を参照。

（27）　例えば、朱暁青・前掲論文注（26）、112頁、陳寒楓他・前掲論文注（12）、120〜122頁等を参照。

（28）　例えば、朱暁青・前掲論文注（26）、111頁、陳寒楓他・前掲論文注（12）、123頁等を参照。

（29）　杜鋼建著／石塚迅訳・解題「人権準則に基づく国家統治と新しい国家哲学—国際人権規約と中国憲法の改正—」『季報・唯物論研究』第76号（2001年5月）88頁。

（30）　例えば、王鉄崖主編・前掲書注（9）、32〜33頁等を参照。

（31）　例えば、朱暁青・前掲論文注（26）、111頁等を参照。

51

(32) 例えば、朱暁青・前掲論文注（26）、112頁、陳寒楓他・前掲論文注（12）、122頁等を参照。

(33) 例えば、韓大元・王世涛「"両個人権公約"与我国人権憲政体制的整合」『法律科学』2001年第2期、27〜34頁、劉連泰「《国際人権憲章》与我国憲法的相関比較」『中共浙江省委党校学報』1999年第5期、84〜88頁、「《公民及政治権利国際盟約》対我国法制的挑戦」『法学』1999年第4期、22〜29頁等を参照。

(34) 例えば、韓大元、王世涛・前掲論文注（33）、32頁、杜鋼建著／石塚迅訳・解題・前掲論文注（29）、88頁。

(35) 中国政法大学刑事法律研究中心・中国法学会研究部「関於批准和実施《公民権利和政治権利国際公約》的建議書」（陳光中主編『《公民権利和政治権利国際公約》批准与実施問題研究』（北京：中国法制出版社）2002年、503〜523頁）。

(36) 同上、391〜394頁、520頁。

(37) 同上、430〜431頁、521頁。

(38) 「中朝に「脱北者」協定」『毎日新聞』2003年1月6日。

(39) 例えば、アムネスティ・インターナショナル著／日本支部訳『中国の人権—政治的弾圧と人権侵害の実態—』（明石書店）1996年等を参照。

(40) 韓大元著・講演／西村幸次郎訳「中国憲法学の動向と課題」『一橋法学』第1巻第2号（2002年6月）322〜324頁。

(41) 本書第3章「「人権」条項新設をめぐる「同床異夢」—中国政府・共産党の政策意図、法学者の理論的試み—」を参照。

(42) 胡平著／石塚迅訳『言論の自由と中国の民主』（現代人文社）2009年、23〜24頁。

第3章 「人権」条項新設をめぐる「同床異夢」
──中国政府・共産党の政策意図、法学者の理論的試み──

問題の所在

　2004年3月、第10期全国人民代表大会第2回会議において、1982年12月に制定・公布された現行『中華人民共和国憲法（1982年憲法）』の四度目の部分改正が行われた。改正された箇所はあわせて十四カ所に及ぶ、比較的大規模な部分改正となった。政治的イデオロギーや経済政策について、中国共産党全国代表大会において提起されたものを追認する形で憲法に明記するというスタイルは、1987年10月の党第13回全国代表大会およびそれを受けた1988年4月の憲法部分改正以降、毎度お決まりのパターンになっており、2004年の憲法部分改正も2002年11月の党第16回全国代表大会で提起された政策方針を受けてなされたものであるといってよい。

　この憲法部分改正のうち、本章において分析の対象としたいのが、憲法に「国家は、人権を尊重し保障する」という条項が新設された点である（第33条第3項）。「人権」という二文字が憲法に書き加えられたことから、中国において「人権」入憲と称されているこの改正について、すでに、中国内外において、「画期的[1]」とか「破天荒[2]」といった肯定的な評価が与えられている。というのも、まず、「人権」という語は、中華人民共和国成立以降の憲法の中にみられなかったものであるが、それが今回の憲法部分改正において、初めて憲法に明定されたからである。また、これまでの『1982年憲法』の部分改正において、その対象となったのは、「前文」、「第1章：総綱」、「第3章：国家機構」の文言・条項であるが、今回初めて「第2章：公民の基本

53

的権利および義務」における条項に手が加えられ、それが改正の対象となったという点も注目されてよい。

　この点について、筆者は、かつて小著『中国における言論の自由—その法思想、法理論および法制度—』において、「…中国政府・共産党はなお人権の「天賦性」、「前国家性」についてはこれを否定しており、それゆえ、憲法において「人権」という語を直接明記するという点については消極的姿勢を崩していない[3]」と論じたことがある。

　また、筆者は、同小著において、言論の自由の位置づけをめぐる中国法学界の議論を整理・分析する中で、一部の法学者が、言論の自由の位置づけに関する従来の通説に異論を提起している点に注目している。すなわち、「…少なくとも、彼らは政治的権利・自由、政治的効能、階級性といった「政治性」の呪縛から言論の自由を解き放ち、それを個人の権利として再認識することを試みているといってよいであろう。それは、西欧的な「個人の尊重」理念に基づく言論の自由への接近であり、従来の中国憲法の権利体系に対する異議申し立て、さらにはその再構成を求める主張でもある[4]」と指摘している。

　つまり、同小著において、筆者は、言論の自由を素材として、「人権」に消極的な中国政府・共産党と「人権」に積極的な一部の法学者という対立構図を描いてみせたのである。もちろん、政治的な力関係からいえば、前者が後者をはるかに凌駕しており、後者の「主張」は前者の政策決定に対してほとんど影響力を行使しえていないので、正確には対立構図にはなっていないということを附言しておく[5]。

　今回の「人権」条項新設は、その事象を表面的・形式的に捉えれば、中国政府・共産党が「憲法において「人権」という語を直接明記するという点については消極的姿勢を崩していない」という筆者の将来展望が誤っていたことを示している。しかしながら、この「人権」条項新設がもつ意義については、もう少し深い検討が必要であるように思われる。「人権」条項の新設は、中国政府・共産党が人権の「天賦性」、「前国家性」をも肯定したことを

54

示すのであろうか。また、「人権」条項の新設は、中国政府・共産党が一部の法学者の「主張」を取り入れ、彼らに譲歩した結果なのであろうか。すなわち、「人権」条項の新設により、「人権」に消極的な中国政府・共産党と「人権」に積極的な一部の法学者という対立構図、およびその政治的な力関係に変化が生じたのであろうか。

　そこで、本章では、以上のような諸問題に解答を提供すべく、①中国政府・共産党が「人権」条項（第33条第3項）を新設した背景にいかなる政策意図があるのか、②法学者たちはどのように第33条第3項を解釈しているのか、あるいは解釈しようとしているのか、について検討することを通じて、両者の間にどのような一致または乖離があるのかを明らかにする。それにより、さらに③「人権」条項の新設が中国における人権保障の理論と実践にどのような影響をもたらすのか、についても可能な範囲で言及したい。

第1節　「人権」と「公民の基本的権利」との
　　　　関係をめぐる理解の曲折

1.「人権」の否定

　中国政府・共産党は「人権」をどのように把握・理解してきたのであろうか。「人権」と「公民の基本的権利」との関係という視点からこの問題について概観したい。

　かつて共産党は「抗日戦争（日中戦争）」や「解放戦争（第二次国共内戦）」時に公的に「人権」という語をしばしば用いている。しかしながら、これら「人権」の使用は、あくまでも「帝国主義支配、国民党支配からの自由」を目指すための「手段」にすぎず、その内容も権利の天賦性の否定、個人の権利に対する国家・集団の利益の優位、階級論による権利の享有主体の限定等を包含していた。毛沢東は、中華人民共和国成立直前の時期に「西側のブルジョア文明、ブルジョア民主主義、ブルジョア共和国構想は、中国人民の心

の中で一斉に破産してしまった[6]」と明確に宣言している。いうまでもなく、立憲主義や人権は、西側のブルジョア文明、ブルジョア民主主義の核心であり、当然に毛沢東の「破産」宣告の対象となった。

　中華人民共和国成立当時に臨時憲法としての役割を果たした『中国人民政治協商会議共同綱領（共同綱領）』（1949年9月採択）においては、「人民」の権利が「第1章：総綱」の中にいくつか規定されるにとどまり、1954年9月に制定・公布された『中華人民共和国憲法（1954年憲法）』においても、「人権」ではなく「公民の基本的権利」という表現が用いられた。そして、この「公民の基本的権利」という表現は、その後、1975年、1978年、1982年の各憲法にも引き継がれていく[7]。

　このような「公民の基本的権利」という法的枠組みに対して、初めて本格的な問題提起がなされるのは、1978年秋から1979年春にかけて顕在化した民主化運動「北京の春」においてである。「文化大革命」における人権蹂躙に対する深刻な反省、および経済対外開放に伴う西欧思想の再流入等を誘因として自然発生したこの民主化運動の中で、民主活動家や民主派知識人は、「人権」という語を用いてその保障と確立を民主化要求の中心に据えた。しかも、彼らが提起した「人権」は、中華人民共和国成立期において中国政府・共産党が拒絶した「天賦人権」を指していた[8]。

　この民主化運動「北京の春」自体は、強権的に抑圧されたものの、中国政府・共産党は、民主活動家や民主派知識人から提起された民主・人権の要求に対して、有効に理論的な反駁を加える必要に迫られた。そして、この反駁の役割を担ったのが中国法学界・哲学界であった。中国法学界の反駁は、共産党機関誌の『紅旗』誌上に公表された諸論文から確認することができる。例えば、肖蔚雲氏らは、1979年に「マルクス主義は「人権」問題をどうみるか［馬克思主義怎様看“人権”問題］」と題する論文を公表し、その中で、「ブルジョア階級「人権」の実質は、ブルジョア階級の私有財産権と自由搾取権を確認し擁護することであ」り、それは「欺瞞」である、と断じている[9]。1982年に「「天賦人権」説を論ず［略論“天賦人権”説］」と題する論文を公表

56

した谷春徳氏の論述はさらに明快である。彼も、「「天賦人権」とは、実質的にブルジョア階級の特権である」と断じた上で、「人の権利」について次のようにまとめている。「要するに、人の権利は「天賦」ではなく、国家・法律が賦与し規定したものである。人の権利は普遍的ではなく、鮮明な階級性を有するものである。人の権利は抽象的ではなく、具体的なものである。人の権利は絶対的ではなく、法律と道徳により制限を受ける。人の権利は永久的、固定不変のものではなく、人々の物質生産条件における作用と地位の変化に伴い、その性質と適用範囲を変化させる。異なる社会・政治制度の国家は異なる階級的性質の権利を有する。これがマルクス・レーニン主義の人の権利に関する基本的観点であり、それはブルジョア階級の「天賦人権」説とは根本的に対立するものである」。それゆえ、「我々は、より科学的・真実的な概念、すなわち公民の権利という概念を用いて、我が国の人権観を解明すべきである[10]」。

このように、中華人民共和国成立から1980年代前半に至るまで、中国政府・共産党および法学界は、「人権」を西欧的な「天賦人権」またはブルジョア階級の「人権」として把握・理解し、ほぼ全面的にそれを拒絶・否定してきたことがわかる。西欧的な「人権」と中国的な「公民の基本的権利」とはまったく異質なものであったのである。

2.「人権白書」の公表

しかしながら、1980年代中頃からこのような中国政府・共産党および法学界の姿勢に微妙な変化が現れる。民主化運動の顕在化、「改革開放」政策の一層の推進の中で、中国の人権状況と人権政策に対して西欧諸国から厳しい視線が注がれるようになったためである。そうした政治的環境下において、当時実質的に中国政府・共産党の最高指導者であった鄧小平は、「ブルジョア自由化」批判の文脈の中で、「人権とは何か？　どのくらいの人の人権か？　少数者の人権か、それとも多数者の人権、全国人民の人権か？　西側世界のいわゆる「人権」と我々がいう人権は本質的に別のものであり、観点

は異なっている[11]」と述べる。つまり、国家の最高指導者が、西欧的な人権とは別に「我々がいう人権」が存在することをほのめかしたのである。

　民主化要求はその後もしばしば再燃し、1989年6月には、中国政府・共産党が軍を投入して民主化運動を武力鎮圧するという事態まで生じた。「天安門事件」である。この「天安門事件」で、中国政府・共産党の人権政策に対する西欧諸国や国際的な人権保護団体（人権NGO）の批判の激しさもピークに達した。こうした批判に対抗するために、中国政府・共産党および法学界は、これまでの消極的かつ慎重に「人権」という語を用いてきた姿勢を軌道修正し、「人権」を自らのスローガンとして提示するようになった。そして、その理論的集大成ともいえるのが、1991年11月に国務院報道辦公室から発表された「中国の人権状況」という白書（人権白書）であった。ここにおいて、中国政府は初めて公式に「人権」という語を容認したのである。

　「人権」という語自体は公認されたものの、「人権白書」において描かれている「人権」の内容は、鄧小平が提起した「我々がいう人権」に理論武装を施したものであり、西欧的な人権観とは発想を異にする。具体的には、①人権に対する主権の優位、②「生存権」最優先および「発展権」重視、③「共産党の指導」の堅持の三点がその特徴として挙げられる。すなわち、「我々がいう人権」は「一国の主権の範囲内の問題」であり、政府・共産党が「国家の安定を保持し、…国力を増強する」ことにより、「我々がいう人権」の最優先課題である「生存権」と「発展権」が十分に実現されるというのである。こうした論理の中で、人権の「天賦性」、「前国家性」という側面は完全に退けられている。

　このように、「我々がいう人権」が、人の人たる所以から由来するのではなく、国家・法律により賦与されるものであるとすれば、それは、これまで中国政府・共産党が用いてきた「公民の基本的権利」と何ら変わりがない。つまり、「人権白書」の公表という形で、中国政府・共産党は、西欧的な人権とは異なる「我々がいう人権」を正式に提示し、それと「公民の基本的権利」とを等号で結んだといえるのである。その証左として、「人権白書」に

第3章　「人権」条項新設をめぐる「同床異夢」

おいては、中国の「人権」の三つの特徴として、「広範性」（人権の享有主体、内容・種類が広範であること）、「公平性」（搾取階級の消滅に伴い、人権の享有主体が平等であること）、「真実性」（憲法・法律の中で規定された権利と現実に享有される権利とが一致していること）が掲げられているが、この三つの特徴は従来「公民の基本的権利」の特徴として憲法教科書・憲法概説書で説明されてきたものである[12]。また、「人権白書」の公表と同時期に発表された法学論文は、憲法の「公民の基本的権利」に関する諸規定を中国の「人権」の内容・種類として紹介している[13]。

　この「我々がいう人権」については、「マルクス主義的人権」、「社会主義的人権」もしくは「中国的人権」等というもっともらしい名称が附され、「人権白書」の公表前後から、法学界においても様々な議論が展開された。本章では、その議論の内容の詳細な検討にまでは踏みこむ余裕はないものの、そうした議論からは、「人権」を既存の体制の防御・擁護の手段として戦術的に利用する旧態依然とした思考という一面だけでなく、その属性、意義、享有主体、限界等に関しての真摯な学術的検討という一面をも読みとることができる[14]。このことは、従来中国政府・共産党の理論的「代弁者」にすぎなかった法学界の変化を示しているのであるが、この点については、第3節において再論したい。

　その後も、中国政府は、国務院報道辦公室から様々な総論的・各論的な「人権白書」を発表し、「我々がいう人権」を国内外に積極的にアピールしていった。また、その背景に濃厚な政治的意図が存在することは否めないものの、1997年10月には『経済的、社会的及び文化的権利に関する国際規約（社会権規約・A規約）』に、1998年10月には『市民的及び政治的権利に関する国際規約（自由権規約・B規約）』にそれぞれ署名し、2001年2月に全国人大常務委は『社会権規約』の批准を決定した。これと並行して、共産党も、党第15回全国代表大会（1997年9月）、党第16回全国代表大会（2002年11月）において、それぞれ江沢民共産党総書記（当時）の活動報告の中で「人権の尊重と保障」を党の政策目標として提起していた[15]。

59

このように、1991年の「人権白書」の公表により「人権」という語を公式に容認して以降、中国政府・共産党は少しずつ「人権」という語それ自体に対する警戒感を和らげてきたのである。筆者のきくところによると、1993年3月の憲法部分改正、1999年3月の憲法部分改正の際にも、一部の法学者が「人権」という語を憲法に明記すべきという主張を展開していたという。結果として、そうした主張が採用されなかったのは、当時なお中国政府・共産党内に「人権」という語それ自体に抵抗感・拒否感を抱く勢力がかなりの程度存在していたことを示している。

第2節　「人権」の封じ込め～中国政府・共産党の政策意図

1.　憲法部分改正過程の不透明性

　それでは、今回の憲法部分改正における「人権」条項新設の背景には、中国政府・共産党のいかなる政策意図が存在しているのであろうか。

　まず、指摘しなければならないことは、中国における憲法部分改正の一連の過程がきわめて不透明であったということである。2002年12月、胡錦濤国家主席・共産党総書記（当時）は、現行憲法の公布・施行二十周年の式典において、「…速やかに法定の手続に基づき、憲法の若干の規定について必要な修正と補充を施し、憲法を時代の要求を反映し、時代とともに前進する［与時倶進］憲法にならしめる(16)」と述べた。この「講話」により、憲法部分改正がすでに中国政府・共産党の既定路線となっていることが中国内外に示された。これ以降、憲法改正作業が本格化するのだが、その間の中国政府・共産党内における議論の具体的内容がまったくみえてこないのである。

　2004年3月に、王兆国全国人大常務委副委員長（当時）の名義で公表された「中華人民共和国憲法改正案（草案）に関する説明」では、憲法部分改正の経緯とその内容が紹介されている。この王兆国「説明」によれば、2003年3月末に、党中央政治局常務委員会が中央憲法改正小組を組織し、憲法改正

第3章 「人権」条項新設をめぐる「同床異夢」

作業がスタートした。4月以降、党中央は、たびたび座談会を開催し、各地方、各部門および専門家の意見を広範に聴取した上で、『中共中央の憲法の部分的内容の改正に関する建議［征求意見稿］』を起草した。その後、再度一定の範囲において意見を募り、『建議［征求意見稿］』に修正を加え、『建議［草案討論稿］』をまとめた。『建議［草案討論稿］』は、党第16期中央委員会第3回全体会議（第16期3中全会）において審議・採択された後、12月に第10期全国人大常務委第6回会議に上程され、『憲法改正案（草案）』として採択されて、さらに、第10期全国人大第2回会議に回付された[17]。

　こうした一連の過程は、「十分に民主を発揚し、広範に意見を募集し、下から上へ再度下から上へ、反復・真摯な研究を経た」ものである、と王兆国「説明」や憲法部分改正作業に参加した立法実務者による論文は自賛する[18]。しかしながら、筆者を含め外国人研究者の多くは、共産党内においてどのような議論がなされたかについてほとんど知ることはできず、2003年12月に共産党の最終的な『建議』が全国人大常務委に提出されるに至り、初めてその「結果」だけを目にしたのである。筆者が2004年に中国を訪問した際に行ったインタビューによれば、共産党から意見を求められた一部を除き、中国人の憲法学者でさえ、今回の憲法部分改正における共産党内の議論の具体的内容を把握していなかったという。

　2003年12月に、議論の舞台が、共産党内から国家機関である全国人大常務委、さらには全国人大に移った後も、議論の内容はやはり外部からはみえてこない。全国人大常務委は、共産党が提出した『建議』を満票をもって採択し、全国人大は、『憲法改正案（草案)』について三カ所の微修正を施した上で採択した。

　このように、憲法部分改正の一連の過程がきわめて不透明なものである以上、『憲法改正案』の一カ条にすぎない「人権」条項の新設をめぐって、中国政府・共産党内においてどのような議論が展開されたかについてもまったくわからない。王兆国「説明」は、「人権」条項の新設について次のように言及している。「憲法改正案（草案）は、憲法第2章「公民の基本的権利およ

61

び義務」の最初の一条、すなわち第33条の中で一項を増補し、第3項「国家は、人権を尊重し保障する」とした。このような改正は、主として二つの点の考慮に基づくものである。一つは、人権の尊重と保障は、我が党と国家の一貫した方針であり、今回、それを憲法に書き入れることは、この方針の徹底的な執行に憲法の保障を提供することができる。二つは、党の15大、16大は、ともに「人権の尊重と保障」を明確に提起している。憲法の中で、人権の尊重と保障という宣言をなすことは、社会主義制度の本質的な要求であり、我が国の社会主義人権事業の発展を推進するのに有利であり、我々が国際人権事業において交流と協力を進めるのにも有利である[19]」。全文を訳出して引用することができるほど短く簡単な紹介にとどまり、その内容も無味乾燥なものといわざるをえない。

2.「人権」条項の位置

中国政府・共産党の政策意図を直接的に確認できない以上、状況証拠から間接的にそれを推断するしかない。そこで、筆者が注目したいのが、「人権」条項の位置である。上述したように、「人権」条項は、「第2章：公民の基本的権利および義務」の最初の条文である第33条に第3項として新設された。ちなみに、第33条の第1項は公民の定義を、第2項は「法の下の平等」を、第4項は「権利と義務の一致の原則」をそれぞれ規定している。

2002年12月の胡錦濤「講話」以降、2003年に入り、憲法改正に関する法学論文がちらほら発表されるようになるが、この点について興味深いことは、「人権」条項の新設を主張する論文の多くが、それを憲法の「前文」または「第1章：総綱」に配置するよう提案していたことである[20]。憲法部分改正以前に、「人権」条項を第33条に配置するよう提案した論文を筆者は確認していない。もし、「国家は、人権を尊重し保障する」という表現で「人権」条項を憲法に新設するのであれば、「前文」または「総綱」に配置するのが最も自然でわかりやすい方法ではないか、という印象は筆者も抱いていた。というのも、「国家は、人権を尊重し保障する」という表現は、「国家」を主

62

第3章　「人権」条項新設をめぐる「同床異夢」

語としており、国家の責務を宣言しているからである。例えば、法律に基づいて国を治めること［依法治国］の実行、社会主義法治国家の建設、法制の統一と尊厳の擁護を国家の責務とし、憲法の最高法規性および国家機関の憲法擁護義務等を規定する第5条は、その適当な候補となりうるのではないかと考えていた。実際に、ある論者は、民主、法制（法治）、人権の三者の内在的で緊密な関係を体現できることを理由に、前文および第5条に「人権」条項を増補するよう提案していた[21]。

　そうであるにもかかわらず、なぜ、第33条第3項に「人権」条項が配置されたのであろうか。上述したように、中国政府・共産党がこの問題について直接に答えていないため、中国政府・共産党の立場を代弁するような法学者または立法実務者の論文を検討するしかない。

　全国人大常務委法制工作委員会（当時）の許安標氏は、憲法部分改正の過程において、「人権」条項を「前文」、「総綱」、もしくは「公民の基本的権利および義務」のうちどこに配置するかについて、繰り返し比較と研究がなされたことを認めている。最終的に、それが「公民の基本的権利および義務」の章に配置されることになったのは、「人権と公民の基本的権利を関連させ、公民の基本的権利に対する保護をさらに強化するのに有利である」からであると述べている[22]。なぜ、有利なのか、を筆者は知りたいのであるが、許安標論文では、それ以上の言及はなされていない。

　許安標論文がいう「人権と公民の基本的権利との関連」という点について、やや詳細に説明しているのが、中国人権研究会副会長兼秘書長（当時）の董雲虎氏の論文である。中国人権研究会は、中国政府・共産党の人権政策の擁護・宣伝をその活動の中心とする官製NGOである[23]。董雲虎氏は、「実際の内容からみれば、公民の権利と「人権」は概念において不一致というわけではない」としながらも、他方において、「概念の確定性からいえば、「人権」の主体および内容は、確かに「公民の権利」のように明確ではない。しかしながら、その概念が体現する政治的理想・価値からみれば、公民の権利は、人権のように普遍的・鮮明でかつ影響力を有するものではない」と述

63

べ、「人権」と「公民の基本的権利」との間に一定の相違があることを率直に認める。そして、両者が異なる概念であるからこそ、「人権」条項を「公民の基本的権利」に関する原則的規定の条項の一つとしたことは、「人権概念に確定的な内包を賦与しただけでなく、原則面から公民の権利概念の実質的意義および価値を上昇させ、両者の統一を実現させたものである(24)」として、その意義を高く評価するのである。このような董雲虎氏の論述は、「人権白書」公表以降の「人権」と「公民の基本的権利」とを同等視する中国政府・共産党の立場とは微妙に異なるものの、最終的に「人権」と「公民の基本的権利」の統一を確認している点において、中国政府・共産党の立場と基本的に大きな差異はなく、むしろその立場を理論的に補強するものであるとさえいえる。

　さらに、董雲虎氏がいうところの「人権と公民の基本的権利との統一」とは、「公民の基本的権利」の「人権」化ではなく、「人権」の「公民の基本的権利」化である点に注意する必要がある。董雲虎氏は、憲法第33条を「第2章：公民の基本的権利および義務」を貫く原則的規定であると位置づけた上で、第3項の「人権」条項は第33条全体に対して「画竜点睛」の作用を果たす、と期待する(25)。このことは、第3項の「人権」条項はそれ単独で把握・解釈してはならず、第1項、第2項、第4項と総合して把握・解釈しなければならないことを意味している。とりわけ、第3項の「人権」条項の直後の第4項に「いかなる公民も、憲法および法律が規定する権利を享有すると同時に、憲法および法律が規定する義務を履行しなければならない」という「権利と義務の一致の原則」が規定されていることは、「人権の尊重と保障」に一定の枠をはめたものであると考えることができる。

　以上から、「人権」条項が「第2章：公民の基本的権利および義務」の第33条に配置されたことは、中国政府・共産党が、「人権」と「公民の基本的権利」を同等視するという基本的立場をなお堅持しているばかりでなく、ひいては、「人権」を「公民の基本的権利」の枠内に封じ込めようとしていることを示すものであるとさえいえよう。つまり、「公民の権利の保障の実質

こそが人権の尊重と保障である[26]」ということを「人権」条項の新設によって再確認したというわけである。

　なお、憲法の条文の位置について、「人権」条項と対照的なのが私有財産（権）保護の条項である。今回の憲法部分改正において、公民の合法的な私有財産の不可侵、および公民の私有財産権と相続権の保護が新たに憲法に規定された。しかしながら、これらの条項が配置されたのは、「第2章：公民の基本的権利および義務」においてではなく、「第1章：総綱」の第13条においてであった。第13条は、もともと公民の合法的な財産の所有権、および公民の私有財産の相続権を規定した条項であり、それゆえ、この第13条を改正する形で、公民の合法的な私有財産の不可侵、および公民の私有財産権と相続権の保護を規定することが、改正の方法として最も簡便であったことは確かであろう。しかしながら、上述したように、かつて私有財産権をブルジョア階級の「人権」の核心として激しく弾劾してきた中国政府・共産党および法学界にとって、依然として、私有財産権を「公民の基本的権利」の一つとして確認することに対して根強い抵抗感があったのではないだろうか。そこで、結果として、「第1章：総綱」に配置し国家の政策目標（プログラム規定）にとどめたといえるのではないだろうか[27]。

第3節　「中国的人権観」への異議申し立て
　　　～法学者の理論的試み

1. 中国法学界の相対的自立

　前節では、「人権」条項の新設についての中国政府・共産党の政策意図を推論してきた。それでは、中国法学界は、この「人権」条項新設をどのように解釈しようとしているのであろうか。法学界の議論を独立してとりあげるのは、問題提起や第1節においても言及したように、法学界が中国政府・共産党から一定の範囲で自立の傾向を強めているからである。

中国における人権研究にとって、間違いなく1991年の「人権白書」の公表は一つの大きな分岐点となった。上述したように、それまで「人権」は体制対反体制という形で議論される傾向にあった。言論の自由等、人権・民主を要求する反体制派の主張に対して、中国政府・共産党およびその理論的「代弁者」にすぎない法学界が反駁するというきわめて政治的な構図である。しかしながら、「人権白書」の公表により中国政府が公式に「人権」という語を容認したことは、体制内にある法学界において「人権」についての冷静な法的議論を可能にする基礎を創出したのである。その後、法学界の中でも主として憲法学界と法哲学界が人権研究の担い手となり、中国政府・共産党の立場から一定の距離をおいた研究もみられるようになる。

　とはいっても、第1章でも述べたように、依然として、法学界が、中国政府・共産党の強い影響下にあることもまたまぎれもない事実である。とりわけ、憲法、人権法といった国家法に関する分野や政治的に「敏感」な分野においては、中国政府・共産党の政策に対する正面きっての否定・批判が不可能であることはもちろんのこと、中国政府・共産党の政策形成に積極的・主体的に何らかの提言を行っていくことにもきわめて慎重にならざるをえない。積極的で大胆な憲法改正の提言は、一歩間違えれば、憲法に反対する行為と認定される恐れがある。そして、「大胆な憲法改正の提言」と「憲法に反対する行為」との境界は非常に曖昧で、恣意的な政治的判断・配慮が働く余地を多く残している[28]。

　実際に、今回の憲法部分改正においても、憲法学界の姿勢はきわめて受動的であったという印象が強い[29]。すなわち、彼らは、2002年12月の胡錦濤「講話」という一応の「お墨付き」を得てから、憲法改正についての具体的議論を恐る恐るスタートさせたのである。2003年に公表された憲法改正についての諸論文は、量的に乏しく、その内容もきわめて慎重なものが多い。その一方で、筆者は、2003年に何人かの研究者が突然これまでの職場を離れることになったことを耳にしている。彼らは、これまで国家・政治体制の改革や人権保障の実質化を積極的に提起してきた研究者であり、彼らの離職は、

第3章　「人権」条項新設をめぐる「同床異夢」

彼らの大胆な憲法改正の提言と無関係ではないように思われる。実際に、憲法部分改正作業に参加した立法実務者の曽萍氏も、憲法部分改正の過程において、「ごく少数の者[30]」が、憲法前文を削除して「四つの基本原則」を否定することを要求したり、憲法第1条の国体に関する規定や第2条の政体に関する規定を改変して大統領制・二院制を実行することを要求したり、国有経済の主導的な地位を否定することを要求したりした事実を示し、それらの要求を「政治的に極端に誤った主張」と指弾している[31]。

　このような閉塞的な状況の下で、一部の法学者は、中国政府・共産党が新たに提起したスローガンや憲法・法律に新たに明記された語句に豊かな内容を与えることによって、それを国家・政治体制の改革や人権保障の実質化の糸口・突破口にしようと意図している。例えば、「法律に基づいて国を治めること［依法治国］」、「社会主義法治国家[32]」、「社会主義政治文明[33]」等の語句である。そのことは、彼らにとって、法学者としての自らの存在意義を中国内外に示すことでもあるのである。

　「人権」条項についても、そうした事情は同じである。法哲学者の郭道暉氏は、「人権」条項の新設について、次のように述べている。「憲法の中のこの一カ条は、曖昧・漠然としたものであるが、我が国憲法の権利に対する保護の範囲と質が大きく発展するように解釈・理解すべきである[34]」。

2. 「人権」条項の解釈

　それでは、一部の法学者は、新設された「人権」条項にどのような意義づけをなそうとしているのであろうか。

　まず、「人権」と「公民の基本的権利」との関係については、一部の法学者が、早くも「人権白書」の公表の時点から、両者を等号で結ぶ中国政府・共産党の立場に異論を提起していた[35]。今日、「人権」と「公民の基本的権利」とを異なる概念として理解する学説は、少なくとも憲法学界・法哲学界においては、すでに多数を占めているといってよい。その理由は、論者によって微妙に異なるが、人権の享有主体は「人」であるが公民の基本的権利

67

の享有主体は「公民」に限られること、人権は多層的であり、あるべき権利・法定の権利・現実の権利等を包含すること、公民の基本的権利は人権の法定化された形態にすぎないこと、等の諸点は幅広いコンセンサスを得ているようである[36]。つまり、憲法学者・法哲学者は、「公民の基本的権利」を包含するより広い概念として「人権」を把握しているのである。上述したように、体制側法学者である董雲虎氏も、両者が異なる概念であることを認識していたからこそ、「人権」条項の新設により両者の統一が実現した点をことさらに強調したのである。

　郭道暉氏は、「人権とは、法的概念に過ぎず、現実社会において、人権とは、法律が公民に賦与した基本的権利の総和である。我が国憲法が保障するのは、憲法がすでに確認した公民の権利のみであり、「公民権」をもって「人権」という抽象的な概念に取ってかえなければならない」という「人権」と「公民の基本的権利」とを等号で結ぶ体制側法学者の理解を「片面的」と一蹴する[37]。そうした理解に基づけば、「人権とは、すでにすべて公民の権利に転化され憲法の保障を得られている以上、あらゆる非法定の人権と権利については、国家は保障を与えないということになり、（憲法に）「国家は人権を尊重する」という一カ条を組み入れたことは、中身のない美麗な言辞、とりたてて意義のない余計なものにすぎなくなってしまう（括弧内は筆者が補充）[38]」と述べる。郭道暉氏らは、「人権」条項の新設に、中国政府・共産党の政策意図とは別の意義を見出そうとしているのである。

　その郭道暉氏は、「人権」条項新設の意義として、①人権侵犯立法に対する違憲審査制度の確立、②全国人民の人権意識の向上、③弱者・マイノリティ［弱勢群体］の権利の保障、④非法定の人権・「剰余の人権」の保障、⑤国際人権条約の義務の履行、という五点を挙げている[39]。このうち、①の違憲審査制度の確立は、中国政府の政策目標である「社会主義法治国家の建設」と絡む論点であり、これまでも法学界において多様な議論が展開されてきた。国家機構の組織変更との関係で微妙な問題をはらんでいるものの、その必要性自体は、中国政府も否定しているわけではない。②の全国人民の人

権意識の向上も、表向きは中国政府・共産党の政策方針であり、③の弱者・マイノリティの権利の保障は、中国政府・共産党の人権観の柱の一つである「生存権」の最優先と共鳴しあう。中国政府・共産党の人権観との間で、法理論的に鋭い緊張関係にたつのが、意義の④と⑤である。

　まず、④の非法定の人権・「剰余の人権」の保障という点についてみていく。

　郭道暉氏は、憲法に新設された「国家は、人権を尊重し保障する」という条項は、概括的な条項であり、今後の中国の憲法保障は、もはや憲法が列挙する公民の基本的権利に限られず、憲法が列挙していないが人々が享有すべき合理的なその他の人権と権利をも包括することを示している、と述べる。すなわち、「人権」条項の新設について、憲法上、「人々が「剰余の人権」をも享有することを黙示した」ものとして理解するのである。「人権」条項は、「原則的・抽象的すぎるが、それが、かえって「人権の推定」に大きな空間をとどめおいているのである。今後は、この条項に基づき、法律の手続に照らして、その他の黙示的・あるべき・非法定の人権および新生・派生・遺漏の権利を推定することができる[40]」というのが、郭道暉氏の希望的な解釈である。

　憲法学者の焦洪昌氏も、郭道暉氏に近接した主張を展開する。焦洪昌氏も、「人権は、公民の基本的権利の淵源であり、公民の基本的権利は、人権に対する憲法化である」と述べ、「人権」と「公民の基本的権利」を異なる概念として把握する。その前提に立ち、彼は、「公民の基本的権利体系の開放性と包容性」をキーワードにして、「人権」条項新設の意義を次のように説明する。「…憲法とは、特定の歴史的段階において、その時の政治的・経済的形勢により生成されるものである。ただし、歴史は発展しており、享有すべき（応然のレベルの）人権もまた発展している。したがって、憲法の公民の基本的権利体系についての確立は、開放性を伴うべきであり、社会・経済・文化の発展に伴い、積極的に新しい人権を法定の権利として取りこむべきである。この時、人権保障条項の入憲は、公民の基本的権利体系が開放性

を保持するために、憲法上の根拠と制度的保障を提供するのである」。「他方において、憲法の高次法としての特性は、それが相対的安定性を保持することをも要求する。しかしながら、憲法の安定性そのものは、憲法の人権保障の足枷にはなりえない。それは一種の包容性を要求する。すなわち、憲法と法律に書きこまれた人権が尊重され保護されるだけでなく、憲法に書かれていない人権も尊重され保護されるべきである。…この時、人権保障条項の入憲は、公民の基本的権利体系が包容性を保持するために、憲法上の根拠と制度的保障を提供するのである[41]」。焦洪昌氏のキーワードである「開放性」と「包容性」の区別がいささか不明確であるが、「開放性」は、「新しい人権」を憲法に法定の権利として規定すること、「包容性」は、「剰余の人権」を憲法に規定はしないが解釈により憲法上の権利として認めること、をそれぞれ意味していると思われる。

　郭道暉氏、焦洪昌氏ら一部の法学者の見解は、『日本国憲法』第13条の包括的基本権あるいは「新しい人権」をめぐる議論を容易に想起させる。彼らが『日本国憲法』まで比較研究の視野に入れているかどうかはわからない。しかしながら、焦洪昌氏は、その論文の中で、自身の主張の論拠として、『アメリカ合衆国憲法』修正第10条（1791年）や「フランス人権宣言」（1789年）を引用しており[42]、彼らが西欧諸国の憲法的文書をかなりの程度意識していることがうかがえる[43]。

　このような「剰余の人権」・「新しい人権」の保障の根拠規定として「人権」条項を把握・理解しようとする一部の法学者の見解は、中国政府・共産党の立場とはまったく正反対のものといえる。中国政府・共産党は、「人権」を「公民の基本的権利」の同義語として把握・理解している。郭道暉氏の批判の対象となった上述の体制側法学者の見解からも明らかなように、その立場では、人権・権利について、制限が原則で保障が例外となる。それは、「天賦人権」的な発想を否定した、いわば「国賦人権」ともいえる立場である。これに対して、一部の法学者の立場では、人権・権利について、保障が原則で制限が例外となる[44]。焦洪昌氏は、「憲法が公民の基本的権利を規定

第3章 「人権」条項新設をめぐる「同床異夢」

するのは、公民がこれら権利を享有しうることのみを意味するわけでは決して
なく、これら権利が重要であること、公民の生命、財産、自由および安全
に関わること、さらには国家の特別な保護を必要とすることを意味するにす
ぎない。これら以外の権利であっても、法が禁止さえしていなければ、公民
は行使することができるのであり、国家は保障の義務を負わないだけであ
る」と述べ、さらに一歩踏みこんで、「人権保障条項の入憲以降において
は、国家が人権を保障することに対してより高い要求がなされなければなら
ない。すなわち、国家は、憲法外の権利に対しても保障の義務を負うという
ことである[45]」と解釈することにより、「人権」条項新設の意義を強調して
いる。一部の法学者のこうした見解は、人権・権利に対する中国政府・共産
党の理解の質的な転換を促すものであるといえよう。

　次に、⑤の国際人権条約の義務の履行という点についてである。

　筆者は、すでに、第2章において、中国政府による二つの国際人権規約へ
の署名の意義について、中国の国際人権条約に対する評価、中国の国際人権
規約締結過程、国際人権規約と中国国内法との関係をめぐる中国法学界の議
論等の諸点から検討を加えた。その際、一部の法学者が、条約と国内法との
関係、条約の中国国内への適用、条約と憲法との効力の優劣等について、
『憲法』あるいは『立法法』、『条約締結手続法』等の改正を通じて立法的解
決を図るべきであるという主張を展開していることを指摘した。

　この点について、憲法学者の杜鋼建氏は、二つの国際人権規約は「国際憲
法の構成部分」と位置づけるべきであり、その法的効力は中国憲法および国
内法に優位する、二つの国際人権規約の理念に照らして中国憲法および国内
法を全面的に改正すべきである、という急進的な主張を展開したが、同時
に、「もちろん、国家制度の創新には過程がある。しかし、現在から少なく
とも約束を引き受ける意思表示はすべきである[46]」とも述べていた。「人
権」条項新設の意義を国際人権条約の義務の履行の推進に求める一部の法学
者の希望的な解釈は、杜鋼建氏がいうところの「約束を引き受ける意思表
示」と重なりあう。例えば、郭道暉氏は、「人権保障の原則的条項を組み入

71

れたことは、いくつかの国際人権条約への加入に対する憲法上の承諾とみなすことができる[47]」と、焦洪昌氏は、「人権保障条項の入憲以降、我が国が国際人権条約に参加することは、もはや単純な政治的行動ではなくなり、それは、憲法における人権保障条項を確実なものとする一部分となる[48]」とそれぞれ期待をこめた解釈を披露している。

もちろん、この「人権」条項新設により、二つの国際人権規約の中国国内への適用についての法理論的な問題が一気に解決するわけではない。「人権」条項を二つの国際人権規約の中国国内への直接適用の根拠条文として解釈するのであれば、それはいささか論理の飛躍であろう。「人権」条項新設の意義として、国際人権条約の義務の履行を挙げる一部の法学者も、その点は十分に認識しているはずである。しかしながら、これら一部の法学者の見解は、人権に対する主権の優位という中国政府・共産党の人権観の核心に一石を投じるものとして注目に値しよう。

小括

本章における考察から、次のような暫定的結論を導き出すことができる。

第一に、中国政府・共産党が、憲法部分改正において、「人権」条項を新設したことは、従来の「人権」と「公民の基本的権利」とを同等視する立場の変更を意味するわけではなく、人権の「天賦性」、「前国家性」の承認を意味するわけでもない。むしろ、憲法における「人権」条項の位置、私有財産（権）保護の条項の位置から、中国政府・共産党が西欧的な人権に対する防御的姿勢をより強めていることがみてとれる。

第二に、一部の法学者は、「人権」条項について、中国政府・共産党の政策意図とはまったく異なる、むしろ正反対の解釈を試みている。それは、中国政府・共産党の人権観に対する一種の異議申し立てともいえる。すなわち、「人権」条項の新設について、それを「剰余の人権」の保障の根拠規定と理解するのは、人権の「天賦性」の否定に対する、それを国際人権条約の

第3章 「人権」条項新設をめぐる「同床異夢」

義務の履行と理解するのは、主権優位の論理に対する、それぞれ理論的挑戦であるといえよう。一部の法学者が西欧的な人権への傾斜をより深めていることがみてとれる。

このように、「国家は、人権を尊重し保障する」という中国語にしてわずか九文字の条項をめぐって、中国政府・共産党と一部の法学者は、「同床異夢」の状態にあるといえよう。奇しくも、本論で取りあげた体制側立法実務者の許安標氏・曽萍氏の論文と法哲学者の郭道暉氏の論文は、ある雑誌の「世紀の初めの中国憲法の改正と発展［世紀之初中国憲法的修改和発展］」という特集記事に掲載されているのである[49]。

それでは、両者の間に接点はあるのだろうか。今後、一部の法学者の主張が、中国政府・共産党の政策形成に影響を与えるようなことはあるのだろうか。この点、本論において指摘したように、「人権」条項新設の意義について、両者の間には一定の範囲で重なりあいが認められるとはいえ、「人権」と「公民の基本的権利」との関係をめぐる理解について、両者の溝は非常に深いといわざるをえない。現在、地方レベルにおいては、人権に関する分野についても、一部の法学者の主張・提言が地方政府の政策として採用され始めているかのような印象を受ける。例えば、2002年10月に発布された『広州市政府情報公開規定』は、中国において初めて一般市民の申請に基づく行政情報の公開を規定した点で、画期的ともいえる地方立法であるが、同『規定』は、その第1条において、中国憲法に規定のない「知る権利［知情権］」の保障を明記しているのである[50]。しかしながら、中央レベルにおいては、本論で明らかにしたように、憲法や人権法分野における一部の法学者の主張・提言が、中国政府・共産党の政策決定に対してほとんど無力であるという現状に基本的に大きな変化はない。

さらに、一部の法学者は、「人権」条項新設の意義として、「剰余の人権」の保障の根拠規定と国際人権条約の義務の履行を挙げているが、それらの実現には法制度的な障壁も存在する。すなわち、例えば、日本においては、「新しい人権」としてどのような権利を憲法上の人権として認めるか、国際

73

人権条約をどのように国内において適用するか、については最終的に司法の解釈に委ねられる。ところが、中国においては、原則として憲法の各条文の解釈権を司法は有していない（第62条第2号、第67条第1号参照）。憲法は訴訟に立ち入らないのである。そのため、一部の法学者がいくら「人権」条項の新設について解釈論の深化に努めても、その議論が抽象的さらには空理空談的なものとなってしまう。もちろん、一部の法学者も、中国憲法のすべての条文に裁判規範性がないことについては、百も承知である。それゆえ、彼らは、「人権」条項自体が、直ちに違憲審査機構の設置を要請するものではないことを認識しつつも、その新設により違憲審査制度の確立が促進されることを期待するのである[51]。

「人権」条項の新設により、中国の人権状況や中国政府・共産党の人権政策に直ちに何らかの変化が生じるわけではない。しかしながら、中国政府・共産党の影響下からより自立的であろうとする法学界の議論を検討した時、少なくとも、人権保障の理論面に何らかの変化が生じる可能性はみてとることができる。今後は、違憲審査機構の設置や国際人権条約の中国国内への適用のメカニズム等、具体的な法制度の構築の面での動きが焦点となろうが、おそらく、それらの場面において、人権をめぐる中国政府・共産党と一部の法学者との理解の溝がしばしば顔をのぞかせることとなろう。それは、そのまま憲法をめぐる理解の溝でもあるのである。

[注]

(1) 毛里和子『現代中国政治—グローバル・パワーの肖像—（第3版）』（名古屋大学出版会）2012年、329頁。

(2) 周永坤「憲法修正案（2004）評析——一個有利於人権的解読—」『江蘇社会科学』2005年第1期、116頁。

(3) 石塚迅『中国における言論の自由—その法思想、法理論および法制度—』（明石書店）2004年、35頁。

(4) 同上、139頁。

(5) 本書第2章「国際人権条約への中国的対応」において、この点について、「「圧倒的な政治」と「無力な法学」」と表現した（45頁）。

第3章　「人権」条項新設をめぐる「同床異夢」

（6）　「論人民民主専政（1949年6月30日）」『毛沢東選集（第2版）』第4巻（北京：人民出版社）1991年、1471頁。

（7）　詳細については、石塚迅・前掲書注（3）、24〜33頁を参照。

（8）　例えば、魏京生「人権・平等および民主主義―「五番目の近代化」〔再読篇〕―」（尾崎庄太郎訳『中国民主活動家の証言―魏京生裁判の記録―』（日中出版）1980年、158〜161頁）、中国人権同盟「中国人権宣言十九カ条（1979年1月17日）」（同、132〜138頁）等を参照。

（9）　肖蔚雲・羅豪才・呉擷英「馬克思主義怎様看“人権”問題」『紅旗』1979年第5期、45〜46頁。

（10）　谷春徳「略論“天賦人権”説」『紅旗』1982年第7期、33〜36頁。

（11）　「同“大陸与台湾”学術研討会主席団全体成員的談話（1985年6月6日）」『鄧小平文選』第3巻（北京：人民出版社）1993年、125頁。

（12）　例えば、魏定仁主編『憲法学（第2版）』（北京：北京大学出版社）1994年、206〜208頁、呉家麟主編『憲法学（1992年修訂本）』（北京：群衆出版社）1992年、235〜238頁等を参照。

（13）　王徳祥「論我国人権的憲法保障」『法学研究』1991年第4期、20〜22頁（邦訳（抄訳）として、アジア法研究センター編「中国の人権論（一）」『立命館法学』第222号（1992年第2号）110〜111頁）。

（14）　この時期の法学界の議論については、李林・朱暁青「十一届三中全会以来人権問題討論概要」（中国社会科学院法学研究所編『当代人権』（北京：中国社会科学出版社）1992年、375〜447頁、邦訳として、土屋英雄編著『現代中国の人権―研究と資料―』（信山社）1996年、413〜480頁）が詳細にまとめている。日本における研究成果として、土岐茂「今日の中国における人権概念」『比較法学』第28巻第2号（1995年1月）31〜60頁、陳梅「中国における人権論研究の最近の状況」『島大法学』第42巻第3号（1998年11月）139〜161頁等を参照。

（15）　江沢民「高挙鄧小平理論偉大旗幟、把建設有中国特色社会主義事業全面推向二十一世紀―在中国共産党第十五次全国代表大会上的報告―（1997年9月12日）」『求是』1997年第18期、15頁、江沢民「全面建設小康社会、開創中国特色社会主義事業新局面―在中国共産党第十六次全国代表大会上的報告―（2002年11月8日）」『求是』2002年第22期、12頁。

（16）　胡錦濤「在首都各界紀念中華人民共和国憲法公布施行二十周年大会上的講話（2002年12月4日）」『法制日報』2002年12月5日。

（17）　王兆国「関於《中華人民共和国憲法修正案（草案）》的説明（2004年3月8日）」（『憲法和憲法修正案輔導読本』（北京：中国法制出版社）2004年、82〜84頁）。

（18）　王兆国・前掲説明（同上、83頁）、許安標「憲法修改的背景、過程与内容」『法

75

学』2004年第4期、5頁、曽萍「憲法修改的主要特点」『法学』2004年第4期、11頁。

(19) 王兆国・前掲説明（同上、87〜88頁）。

(20) 例えば、鄭永流・程春明・龍衛球「中国憲法応如何設置人権」『政法論壇』2003年第6期、65頁、70〜72頁、任進「関於現行憲法変革的模式選択和部分内容」『中国法学』2003年第3期、13頁等を参照。

(21) 鄭永流、程春明、龍衛球・前掲論文注（20）、70〜72頁。

(22) 許安標・前掲論文注（18）、7〜8頁。

(23) 本書第1章「「中国的人権観」1991-2006—中国からみた国際秩序と正義—」19頁。

(24) 董雲虎「"人権"入憲—中国人権発展的重要里程碑—」『人民日報』2004年3月15日。

(25) 同上。

(26) 同上。

(27) 私有財産に関する憲法規定の変遷、私有財産の「神聖不可侵」をめぐる法的議論については、西村幸次郎「グローバル化と現代中国法」（西村幸次郎編著『グローバル化のなかの現代中国法（第2版）』（成文堂）2009年、15〜23頁）が詳しい。

(28) 詳細については、石塚迅・前掲書注（3）、89〜101頁を参照。

(29) この点、毛里和子氏は、「今回の改正は…かなり前から予告されていたため、憲法改正をめぐって急進派・中間派・保守派の法律学者や知識人が熱心に事前議論してきた」という評価を下しているが（毛里和子・前掲書注（1）、102頁）、筆者はこれに疑問符をつけざるをえない。

(30) 「ごく少数の者」という表現に込められた政治的含意について、坂田完治『鄧小平の世界—反証天安門事件—』（九州大学出版会）1995年、19〜21頁を参照。

(31) 曽萍・前掲論文注（18）、9頁。

(32) 「依法治国」、「社会主義法治国家」について論じた論文は星の数ほど発表されておりその内容も玉石混淆である。その傾向をわかりやすくまとめた研究として、鈴木賢「ポスト「文革期」中国における変法理論の転換—「法制」と「法治」のあいだ—」（今井弘道・森際康友・井上達夫編『変容するアジアの法と哲学』（有斐閣）1999年、327〜331頁）を参照。

(33) 例えば、周永坤「政治文明与中国憲法発展」『法学』2003年第1期、23〜29頁（邦訳として、周永坤著／石塚迅訳・解題「政治文明と中国憲法の発展」『東京立正女子短期大学紀要』第32号（2004年3月）119〜139頁）。

(34) 郭道暉「人権概念与人権入憲」『法学』2004年第4期、19頁。

(35) 例えば、法哲学者の張文顕氏は、1991年に公表した論文の中で、「もし、人

権を公民の権利と同等視し、「公民の権利」をもって「人権」に代替するのであれば、一部の人権の国際性や世界的範囲における普遍性を軽視してしまうにちがいない」という批判を提起している（張文顕「論人権的主体与主体的人権」『中国法学』1991年第5期、28頁（邦訳として、鈴木敬夫編訳『中国の人権論と相対主義』（成文堂）1997年、21頁））。

(36) 例えば、郭道暉・前掲論文注（34）、17〜18頁、周永坤・前掲論文注（2）、116〜117頁、焦洪昌「"国家尊重和保障人権"的憲法分析」『中国法学』2004年第3期、42〜44頁、鄭永流、程春明、龍衛球・前掲論文注（20）、69〜70頁等を参照。

(37) 郭道暉・前掲論文注（34）、17頁（注②）。

(38) 同上、20頁。

(39) 同上、19〜20頁。

(40) 同上、20頁。

(41) 焦洪昌・前掲論文注（36）、45頁。

(42) 同上。

(43) なお、1947年1月に公布され現在も台湾においてその効力を実質的に維持している『中華民国憲法』は、第22条において「およそ人民のその他の自由および権利は、社会秩序・公共利益を妨害しない限り均しく憲法の保障を受ける」と規定し、同条項を「剰余の権利」の保障の根拠規定とする解釈が台湾の憲法学界においては一般的である（李惠宗『憲法要義（第7版）』（台北：元照出版）2015年、394〜396頁）。

(44) こうした見解は、「人権白書」公表の前後からすでに一部の法学者が提起していたが（游勧栄「市場経済条件下公民権利及其保障幾個問題探討」『法律科学』1994年第3期、12〜13頁）、近年、憲法学界・法哲学界を中心にコンセンサスを獲得しつつある。

(45) 焦洪昌・前掲論文注（36）、45頁。

(46) 杜鋼建「依人権準則治国与新国家哲学—国際人権公約与中国憲法修改—」『百年』第1期（1999年1月）45頁（邦訳として、杜鋼建著／石塚迅訳・解題「人権準則に基づく国家統治と新しい国家哲学—国際人権規約と中国憲法の改正—」『季報・唯物論研究』第76号（2001年5月）88頁）。

(47) 郭道暉・前掲論文注（34）、20頁。

(48) 焦洪昌・前掲論文注（36）、48頁。

(49) 「世紀之初中国憲法的修改和発展」『法学』2004年第4期、3〜21頁。

(50) 中国広州市人民政府ホームページ（http://www.gz.gov.cn/gzgov/index.shtml）。

(51) 郭道暉・前掲論文注（34）、19〜20頁、周永坤・前掲論文注（2）、117頁、焦

洪昌・前掲論文注（36)、48～49頁。

第1部：附記・解説

（一）

　第1部には、「人権」に関する論文三本を収めている。旧稿を公表年順に並べると、第2章「国際人権条約への中国的対応」（2003年）、第3章「「人権」条項新設をめぐる「同床異夢」―中国政府・共産党の政策意図、法学者の理論的試み―」（2006年）、第1章「「中国的人権観」1991-2006―中国からみた国際秩序と正義―」（2007年）となる。

　2004年に公刊した筆者の前著『中国における言論の自由―その法思想、法理論および法制度―』は、そのタイトルのとおり、中国における言論の自由に焦点をあてたものであるが、中国における言論の自由を研究する意義として、①アメリカをはじめとする西欧諸国と中国との間の「人権」をめぐる論争の内実を理解するのに有益であり、②中国の政治体制改革および政治的民主化を分析・展望する上で重要な視座を提供し、③「人権」の普遍性あるいは「人権」概念そのものを問い直す一助となるという諸点を提示していた[1]。すなわち、中国の憲法体制と人権保障の現状と課題を最も直截かつ尖鋭に反映する素材として、筆者は言論の自由を選び取ったのである。

　第2章と第3章でそれぞれ取りあげた、中国の国際人権規約への署名・批准、中国憲法における「人権」条項の新設は、ちょうど、前著の執筆時期と重なる。この中国政府・共産党の二つの挙措については、前著の執筆の際にももちろんそれなりに顧慮してはいたものの、前著の検討課題の中心である言論の自由とは直接に関連しないために、前著の中で十分に論及できず、い

ずれ別の機会に本格的に検討したいと考えていた。第2章の旧稿は、西村幸次郎編『グローバル化のなかの現代中国法』（成文堂、2003年）に、第3章の旧稿は、アジア法学会編『アジア法研究の新たな地平』（成文堂、2006年）に、それぞれ収録されている。

第1章の旧稿は、岩波書店の『思想』が編んだ特集「国際社会における正義」に寄稿したものである。同特集は、「グローバルな正義の定立という要請に応えることを目的」とし、「冷戦終焉後これまで展開されてきた論争の到達点を踏まえて、正義の概念に整理をほどこし、人道的介入、紛争解決と平和構築、地球的規模の所得再分配、国際法や国際機関の活動それぞれに求められる正義とは何かを究明し、正義の文化的なバイアスや正義と秩序の相克の問題を扱った最新の理論を紹介」しようとするものであった[2]。筆者は、この寄稿の依頼を受けた際、「人権」を切り口に、中国流の正義（正しさ）の問題に接近しようと考えた。中国（政府）の発信する正義は、西欧諸国あるいは国際社会のそれと相当程度に異なること[3]、その一方で、そうした「中国流の正義」に対する「もう一つの声」が中国国内において一定程度存在し展開されていることを論じた。論証にあたり、先行発表の上記二論文も使用しているために、第1章と第2章・第3章との間で、少なからず記述内容の重複が生じてしまっている。第1部をまとめるにあたり三つの章（論文）を再編することも考えたが、「正義」という大きなテーマへの接近を目的としていた第1章と、それぞれ具体的な挙措を検討対象とした第2章・第3章とでは、そもそもの問題意識が異なるため、再編するのは困難であると最終的に判断し、表記の統一、注のアップデート等、最低限の加除修正にとどめた。

（二）

「学潮」（1986年末～1987年初め）や「天安門事件」（1989年4月～6月）を境にして、中国の人権・民主化問題は、国際社会の大きな関心事となった[4]。ま

た、「人権白書」の公表（1991年11月）前後から、中国国内においても、「人権」に関する学術的研究が可能となった。確かに、1990年代初頭から2000年代後半にかけて、中国の「人権」は、現実問題としても研究課題としてもホットイシューだったのである。

ところが、2000年代半ば以降、ちょうど、第1部所収の三論文を公表したあたりから、中国の「人権」への社会的・学術的関心は低下していったように感じる。

その最大の要因は、アメリカの変化にある。第一に、アメリカ議会は、2000年に、中国に対する最恵国待遇（MFN）について、毎年更新する方式から恒久的に付与する方式に改める法案を可決した。これまで最恵国待遇の更新に際して、人権問題が議会で取りあげられてきたが、そうしたリンケージがなくなったのである。第二に、アメリカは、国連の人権委員会において、ほぼ毎年、中国の人権状況を非難する決議案を提出していたが、いずれも採択されるには至らなかった。かえって、アメリカは孤立を深め、2001年には、国連人権委員会の委員改選で落選するという憂き目にあった[5]。第三に、2001年9月11日にアメリカで発生した「同時多発テロ事件」以降、アメリカは、アフガニスタン、イラク等において大規模な「対テロ戦争」を展開した。その過程において、アメリカは、国家の安全のために市民的諸自由を制限するような法律法規を制定し、関連の諸政策を実施したが、それら法律法規・政策の憲法・国際人権条約適合性には少なからず批判や懸念も提起された。そして、こうした国家の安全を市民的諸自由に優先させる諸々の法律法規の制定、および政策の実施は、中国の強権政治への批判について、その説得力を大きく減じる結果をもたらした。

日本でも、「中国脅威論」の言説が拡大する中で、日中関係のパワー・ポリティックス的な側面に社会の関心が注がれた。小泉純一郎首相（当時）の靖国神社参拝（2001年8月以降2006年まで一年に一回）、中国における大規模反日デモ（2005年3月〜4月、2012年9月）、尖閣諸島中国漁船衝突事件（2010年9月）、尖閣諸島国有化（2012年9月）といった日中両国における政治的緊張を

高める様々な出来事・行為がこれに拍車をかけた。

　それでは、上で述べたような中国の「人権」に対する社会的・学術的関心の低調期において、中国の「人権」をめぐる制度的・実践的課題は改善されたのか。答えはイエスとはいえないだろう。国際社会（とりわけ国レベル）の関心の低下と批判の減少、さらには自国の高度経済成長に対する国内の一定の支持を背景に、中国政府・共産党に対する異議申立は厳しく封じられ、少数民族をはじめとするマイノリティの人権は抑圧されてきた。チベット騒乱（2008年3月）とウイグル騒乱（2009年7月）、「08憲章」の起草・発表に大きな役割を果たした劉暁波氏の拘束（2008年12月）・投獄（2010年2月）・ノーベル平和賞受賞（2010年10月）・「獄死」（2017年7月）、300人を超える弁護士が一斉に拘束されたり取調べを受けたりした「709事件」（2015年7月）等は、国外でも大きく報道されたが、これら事例が語るのは、深刻な中国の「人権」状況の氷山の一角にすぎない[6]。そして、中国国内では、メディア規制により、これら「人権」問題の詳細を一般市民が知ることはない。仮に知りえたとしても、経済発展の恩恵を享受した側の一般市民が、これら「人権」問題に思いをいたすことは少ない[7]。

（三）

　筆者は、第1部の中でしばしば「無力な法学」という表現を用いた。すなわち、憲法や人権の分野においては、一部の法学者の理論的研究、およびそれに基づく政策提言は、中国政府・共産党の政策決定に対してほとんど影響力をもちあわせていないと指摘した。他方、だからといって、彼（女）らの真摯な知的営為がまったく無意味であるということにはならないはずであるとも述べた。

　一部の法学者は、政府の国際人権規約への署名、憲法における「人権」条項の新設に、中国の人権保障の進展・実質化へ向けたいちるの望みを託した。あるいは、当時の憲法学の論文をみるかぎり、いちるの望みといった悲

観的なものではなく、彼（女）らは将来をより楽観視していたふしもみてとれた。筆者も、現実の政治的な力関係は十二分に承知しつつも、憲法における「人権」条項新設の評価をめぐり、中国政府・共産党と一部の法学者は、「同床異夢」の状態にあるといえると論じた。

　今日、「人権」の言説およびそれをめぐる解釈は、中国政府・共産党にほぼ絡めとられてしまった感がある。中国政府・共産党も、「人権」という語自体はもはやタブー視しない。国務院報道辦公室は、毎年多くの総論的・各論的「人権白書」を公刊しているし、2009年以降、三度にわたり「国家人権行動計画」も発表している[8]。「国家人権行動計画」の方針に沿う形で、2011年には三つの、2014年には五つの大学の機関が「国家人権教育養成基地」として教育部から指定を受けた[9]。それ以外にも、現在、人権研究に関する専門のセンターを設ける大学・研究機構が陸続と現れている。もとより、こうした中国政府・共産党の人権政策は全否定されるべきではない。大学が人権教育の役割を率先して担うことは本来望ましい姿である。しかしながら、一方で、中国政府・共産党の大学および研究者への介入・干渉が強まり、個々の研究者が、中国政府・共産党の公式見解とは異なる人権観を提示しづらくなることが懸念される。

　第1章では、「もう一つの声」として、（人権）NGOの蠢動をも取りあげた。中国における社会団体の勃興については、日本の研究者の中でも評価が分かれている[10]。筆者は、第1章において、（人権）NGO（≒社会団体）の活動に一定の可能性は認めつつも、それらには政府傀儡の色彩が濃いものが多いこと、それらが代弁するのはその多くがエリート知識人層や都市富裕層の声にすぎないことをその限界として挙げた。人権との関連における社会団体のより本格的な実証的考察については今後の課題としたいが、確かにいえることは、警戒であれ活用であれ、中国政府・共産党が社会団体を強く意識していることである。

(四)

　さらに、もう一つ論及しておきたいのが、「国家の安全」言説の浸透、および それへの個人の自由・権利の平伏である。以前より、中国政府・共産党 によって、経済発展や歴史問題と関連づける形で、「国家の独立」や「安定 団結」は語られてきた。「我が国の現在の情況では、安定団結がなければ、 一切がなく、民主…も全く論外になるといえよう[11]」、「人々は人権を支持 するが、国権というものがあることも忘れてはならない。人格を語るのであ れば、国格というものがあることも忘れてはならない。特に、我々のような 第三世界の発展途上国は、民族的自尊心がなければ、民族の独立を大事にし なければ、国家は立っておれない[12]」といった鄧小平の一連の発言が象徴 的である。

　それが近年、やや様相を異にしてきた。すなわち、テロや国際的な犯罪、 領土・民族・宗教紛争、食糧・水・エネルギーの不足、地球温暖化をはじめ とする環境破壊等、様々な危険・脅威・不安を一般大衆がリアルに認識・体 感する中で、「安全」あるいは「安心」の実現が政策課題として浮上してき たのである。中国政府・共産党は、そうした一般大衆が感じる危険・脅威・ 不安をたくみに汲みとり、あるいは利用して、治安立法の強化を進めている。

　「安心・安全の実現」という旗印の下での治安立法の強化は、中国に限ら ず、近年の日本や他の西欧諸国でもみられる傾向である。中国の人権問題 は、特殊な国の特殊な人権問題ではないという側面もあわせもっているので ある[13]。だからこそ、私たち日本の一般市民が中国の人権問題を問うこと は、常に私たち日本の人権問題を見つめ直すことにもつながるはずである。

　とはいっても、中国の場合、人権保障の実質化を妨げる要因が、憲法その もの、すなわち憲法の思想・原理・構造に見出される。その点については、 第2部所収の諸論文で詳しく論じている。

第1部　附記・解説

[注]

(1)　石塚迅『中国における言論の自由—その法思想、法理論および法制度—』(明石書店) 2004年、2〜4頁。

(2)　押村高「特集にあたって」『思想』2007年第1号 (第993号) 6頁。

(3)　異なる価値観の公正な共存を目指す立場こそが立憲主義であると説く憲法学者の長谷部恭男氏は、ルソーの『戦争状態論』を援用して、東西冷戦とは、「異なる憲法原理、国家権力の異なる正統化根拠を掲げる二つの陣営の戦争状態であった」と断じる。市場経済か計画経済かという「資源の配分方法に関する対立は、そもそもの憲法的対立から派生する二次的対立にすぎない。体制の正統性をめぐる対立であったからこそ、相互の「殲滅」の理論的可能性をも視野に含めた軍事的対立が現出した」。双方の陣営にとって、権力の正統性原理である憲法が最終的な攻撃目標であり、そうであったがゆえに、一方の陣営 (東側) が自らの憲法を全面的に変更することで冷戦は終結したのである。冷戦の終結は、リベラルな議会制民主主義 (立憲主義) を採用する陣営 (西側) がそうした体制を採用しない共産主義陣営 (東側) に勝利したこと意味する、と長谷部氏は結論づける。長谷部氏にいわせれば、第二次世界大戦も同様の論理である。そこでは、リベラルな議会制民主主義諸国と共産主義諸国との連合軍によって、ファシズム諸国が粉砕された。敗れたファシズム諸国は憲法の全面改正を余儀なくされ、その結果、日本は議会制民主主義諸国の陣営に加入し、ドイツは東西に分断されて、西ドイツは議会制民主主義国家として、東ドイツは共産主義国家として再出発したのである (長谷部恭男『憲法とは何か』(岩波新書) 2006年、36〜61頁)。

　　　こうした長谷部氏の論理は、中国における人権・立憲主義を考察する上で、きわめて示唆に富む。第2部で詳論するが、現行の中国の憲法体制は、形式・実質の両面において立憲主義的であるとはいえない。もし、長谷部氏の理解のように、第二次世界大戦・東西冷戦が憲法体制の選択をめぐる争いであるとすれば、中国と西欧諸国は今なお冷戦のまっただ中にあることになる。中国政府および共産党が、立憲主義の核心である「人権」をめぐる国内外の批判に過敏に反応すること、中国とは異なる、しかも立憲主義的な憲法体制を採用する台湾 (中華民国) に対して「祖国統一」を名目に武力行使の可能性を否定していないこと等は、長谷部氏の論理から一定程度説明が可能である。人権と台湾、この二つは、現行の中国の憲法体制の正統性と直截的に関わる問題であるため、現行の中国憲法体制を固守しようとする側からすれば、絶対に譲歩できないのである。

(4)　この点、中国の「人権」を時間軸で捉え、「階級闘争論」がきわまった時期には、人権侵害が大規模に発生したにもかかわらず、国際社会はそれにあま

85

り目を向けなかったのに対して、「改革開放」以降の人権保障がかなり改善された時期に、国際社会が中国の「人権」を批判し続けるというのは皮肉な現象であると述べる論者もいる（王雲海「人権への中国的接近」『一橋論叢』第112巻第1号（1994年7月）60頁）。

（5）　2006年6月に、国連人権委員会は国連人権理事会に改組された。2018年6月、トランプ政権下のアメリカは、国連人権理事会からの脱退を表明した。

（6）　石塚迅「憲法に埋め込まれた個人抑圧の論理」『中央公論』2013年12月号、96～101頁。

（7）　中国の都市住民の保守化について、園田茂人『不平等国家中国―自己否定した社会主義のゆくえ―』（中公新書）2008年の「第5章：富裕化の社会的帰結―都市中間層は民主化をもたらすか―」（139～172頁）を参照。

（8）　『中国人権』（中国人権研究会ホームページ）（http://www.humanrights.cn/html/wxzl/）。

（9）　「中国三所高校成立国家人権教育与培訓基地」『中国新聞網』2011年10月13日（http://www.chinanews.com/edu/2011/10-13/3387705.shtml）、「五所高校成為第二批国家人権教育与培訓基地」『中国新聞網』2014年7月22日（http://www.chinanews.com/edu/2014/07-22/6412232.shtml）。

（10）　さしあたり、肯定的・楽観的評価として、李妍焱『中国の市民社会―動き出す草の根NGO―』（岩波新書）2012年を、否定的・悲観的評価として、鈴木賢「権力に従順な中国的「市民社会」の法的構造」（石井知章・緒形康・鈴木賢編『現代中国と市民社会―普遍的な《近代》の可能性―』（勉誠出版）2017年、536～565頁）を、中間的評価として、辻中豊・李景鵬・小嶋華津子編『現代中国の市民社会・利益団体―比較の中の中国―』（木鐸社）2014年を挙げておく。

（11）　「目前的形勢和任務（1980年1月16日）」『鄧小平文選（第2版）』第2巻（北京：人民出版社）1994年、252頁。

（12）　「結束厳峻的中美関係要由美国採取主動（1989年10月31日）」『鄧小平文選』第3巻（北京：人民出版社）1993年、331頁。

（13）　筆者は、2011年11月に、中国社会科学院法学研究所主催の国際シンポジウム「依法治国と社会管理の創新」において、「安全・安心と人権―日本の状況―」と題して報告した。報告では、「安全・安心」と人権との間の親和的関係と緊張関係について、「安全」と「安心」とは微妙に異なる概念であることを析出した上で、生活安全条例と監視カメラを具体的事例として取りあげ、安全・安心を過度に強調することが監視社会・相互不信社会をもたらす危険性をはらんでいる点を指摘したが、同席の中国の法学研究者および来場者の反応はいまひとつだったように記憶している（同報告を論文にまとめたものと

第1部　附記・解説

して、石塚迅著／額尓敦畢力格訳「安全、安心与人権—日本的情况—」『東呉法学』2013年春季巻（総第26巻）（2013年8月）48～58頁）。2019年8月に刊行された梶谷懐・高口康太『幸福な監視国家・中国』（NHK出版新書）は、筆者の報告に対する中国の法学研究者および来場者の「いまひとつの反応」の背後にあるものを鋭く読み解いている。

第2部　立憲主義（憲政）

第4章　言論の自由は最重要の人権である
———杜鋼建の憲政観———

問題の所在

　本章のメインタイトルは、中国の憲法学者の杜鋼建氏が1993年に発表した「最重要の人権と言論の自由［首要人権与言論自由］[1]」という論文のタイトルとその内容からヒントを得てつけたものである。この論文は、分量そのものは約1300字（邦訳にして約1900字）と短編であるが、杜鋼建氏の憲政観・人権観の核心部分を直截に表現している。

　まず、杜鋼建氏は、言論の自由が、今後、中国にとって最も重要な人権であると明言する。すなわち、「過去半世紀、国内外の条件は、我が国の人民が勝ち取るべき最も重要な人権が生存権であることを決定づけた。…いかに帝国主義および植民地主義的統治から脱却し、国家と民族の独立、解放を勝ち取り、人民の衣食の問題を解決するか、これが、過去我が国が人権分野において直面した最重要課題だったのである」。それゆえ、彼は、中国政府が1991年11月に公表した「人権白書」（「中国の人権状況」）において、中国の人民の衣食問題、生存権問題の基本的解決が宣言されたことを偉大な歴史的業績として評価する。その上で、次のように述べるのである。「生存権問題の基本的解決に伴い、我が国の最も重要な人権にも変化が生じる。今後数十年の我が国人民の最も重要な人権はもはや生存権ではない。自由権、特に言論の自由が我が国人民の最も重要な人権となるであろう[2]」。

　次に、杜鋼建氏は、言論の自由の効能について次の三点を挙げる。まず、言論の自由はさらに思想を解放し、社会主義事業の発展を推進する前提であ

る。次に、言論の自由は生産力の解放に対し、とりわけ重要な意義を有する。さらに、言論の自由はいっそうの「改革開放」に対し、決定的な意義を有する[3]。

近年、中国研究の場において、「立憲主義」という語が俄然脚光を浴びはじめている[4]。その背景としては、（一）1990年代後半以降、中国国内において「憲政」や「法治」についての研究がブームとなっていること、（二）東西冷戦の終結が「立憲主義」の「普遍化」・「グローバル化」といえる状況を現出させたこと、（三）中華民国史研究において、1945年から1949年にかけての「憲政」模索・実施の時期の政治・社会状況、あるいは「憲政」概念そのものに研究の関心が集まっていること、という三点を指摘することができる。近現代中国の立憲主義について、東西冷戦の終結により「ヨコ」との比較研究が可能となり、中華民国憲法史研究の進展により「タテ」との比較研究が可能となった。さらに、そうした比較研究について、なお様々な制約は存在するものの、中国の研究者と比較的自由な意見交換が可能となった。このような状況は、近現代中国の立憲主義を立体的に把握・理解するかつてない好機をもたらしているが、他方において、そもそも「立憲主義」という術語を用いて中国の憲法・人権の現況を解析することができるのか、という根本的な問題をも浮上させている。

「立憲主義（constitutionalism）」とは、国家権力の濫用を制約し国民の権利・自由を保障する思想あるいは仕組みを指す。憲法学者の阪口正二郎氏は、こうした「立憲主義」という思想的立場が、西欧諸国を超えて、他の多くの諸国に採用されていくプロセスを「立憲主義のグローバル化」と呼び、さらに、「立憲主義のグローバル化」を論じるにあたり、そこで復権している「立憲主義」とは、「権力は縛られるべきだ」という単純な発想を超えて、「権力＝多数者によっても侵しえないものとしての「人権」という観念と、それを担保するための違憲審査制という装置を内容として持ったものである」と述べている[5]。

立憲主義が国家権力の濫用を制限するという考え方である以上、阪口氏の

いう「「人権」という観念」の核心は、自由権とりわけ市民的・政治的自由、すなわち言論の自由となるはずである[6]。筆者が杜鋼建氏の主張に注目する理由はこの一点にある。より具体的にいえば、第一に、中国政府・中国共産党が後国家的かつ集団的な人権として把握される「生存権」を最優先の人権として掲げるのに対して、杜鋼建氏は、生存権の実現が緊要の課題であることを認めつつも、前国家的かつ個人的な人権である言論の自由を今後の中国の最重要・最優先の人権として位置づけている。第二に、現行中国憲法（1982年12月採択・公布・施行）が、思想の自由を明文をもって規定していないにもかかわらず、杜鋼建氏は、言論の自由を「思想の解放」と結びつけて理解しようとしている。

　そこで、本章では、阪口氏の「立憲主義」の定義をふまえつつ、杜鋼建氏の言論の自由観およびその保障のための制度構想を主要な手がかりにして、それと中国政府・共産党の言論の自由観および現行の人権保障のメカニズムを重ねあわせることで、中国の立憲主義の現況を素描したい[7]。

第1節　言論の自由という観念

1. 中国政府・共産党の言論の自由観

　1949年10月の中華人民共和国成立以降、中国政府・共産党は国際的場を除いて「人権」という語の使用を忌避し、憲法・法律用語においても「人権」ではなく「公民の基本的権利」という表現を一貫して使用してきた。他方において、「言論の自由」は、「公民の基本的権利」の一つとして中華人民共和国成立以降の歴代の憲法すべてに明定されてきた語であるにもかかわらず、その内包について、中国政府・共産党および中国法学界は何も語ってこなかった。

　このような環境が変化の兆しをみせはじめるのは、1970年代後半になってからである。「反右派闘争」や「文化大革命」における激しい言論弾圧（文

字獄）に対する深刻な反省、および「改革開放」政策に伴う西欧思想の再流入等を誘因として、しばしば民主化運動が発生し、民主化の実現や人権の確立が提起された[8]。

これら民主化運動自体は強権的に抑圧されたものの、中国政府・共産党は、民主化運動の際に民主活動家や民主派知識人から提起された民主・人権要求、および民主化運動弾圧に対する西欧諸国や国際的な人権NGOの批判に対して、有効に反駁を加える必要に迫られた。なお、この反駁の役割を理論面において担ったのが中国法学界・哲学界（後に社会学界をも含む）である。この反駁の過程の中で、中国政府・共産党および理論界は、「人権」という語の容認へ向けて舵を切るのである。

民主活動家や民主派知識人の民主・人権要求の中心に、言論の自由の保障およびその実現が据えられたのは、民主化運動の出発点・誘因からすれば、ごく自然なことであった。それゆえ、中国政府・共産党の「人権」容認過程および人権観の表明は、同時に、中国法学界にとっていえば、民主活動家や民主派知識人への反駁というきわめて強い政治的色彩を帯びてはいたものの、結果として、中華人民共和国成立以降初めての言論の自由についての学説の公的表明となった。

中国政府・共産党およびその理論的「代弁者」の役割を担った（担うことを余儀なくされた）法学界の言論の自由観の特徴として、次の五点を指摘しておきたい[9]。

まず第一に、言論の自由は政治的権利であり、政治的効能にその存在意義があるという点が挙げられる。

北京大学の憲法教科書は「憲法第35条が確認する六つの自由（言論、出版、集会、結社、行進、示威）は、公民が法律の範囲内において享有する、意思・願望を表現し、社会生活および政治生活に参加する政治的自由・権利である（括弧内は筆者が補充）[10]」と論じている。この形式的理由としては、『刑法』における政治的権利剝奪刑の内容に言論の自由が含まれている（第54条[11]）ことが挙げられる。そして、より実質的な理由は、中国においてこれまで一

貫して言論の自由の政治的目的や効能が重視されてきた点に求めることができる。政治的目的・効能とは、一言でいえば、「当該言論が強国の建設に資するかどうか」である。強国の建設を妨げる言論には存在意義はなく、そういった言論は憲法の保障の範囲外である。この発想は、中華人民共和国成立以降の「階級闘争」至上の時代、「改革開放」以降の「経済建設」至上の時代を問わず一貫して不変であるように思われる。毛沢東が1957年に示した「六項目の基準(12)」、鄧小平が1992年に提唱した「三つの有利(13)」は、そのことを如実に表している。

　第二に、言論の自由は法律により制限されうるという点が挙げられる。

　彼らの認識においては、国権・治安の強化と公民の権利の保障は統一的なものであり、一部の公民の権利を法律により制限することは大多数の公民の権利を保障することであるとされる。ある学者は、民主派知識人の言論の自由を求める論文に反駁する中で、次のように論じていた。「社会主義制度の下では、根本的にいえば、国家の法律と公民の自由とは統一したものであり、対立したものではない」。すなわち、確かに、法律はある自由を制限してはいるが、このような制限はまさに公民全体がより十分に、広範に、有効に自由・権利を行使できるよう保障するためのものである。言論の自由のような政治的権利は濫用してはならず、社会安全があって初めて政治的権利は有効に保障される。法律は社会安全を維持する重要な手段である。「社会主義制度の下、我々が法律の形式を用いて、公民の政治的自由・権利を明確、具体的、詳細に規定しなければならない重要な要因の一つは、公民の政治的自由が侵犯を受けず、または濫用されないことを保障するためなのである(14)」。「人権白書」においても、人権とは中国人民が長期的な闘争により勝ち取ったものであるとされ、「天賦人権論」は拒絶・否定されている。人権は人の人たる所以から由来するのではなく、国家・法律により賦与されるのである。言論の自由については、「2. 中国人民は広範な政治的権利を獲得した」という章において具体的に言及されている。同章においては、まず初めに、「共産党の指導」の下で、中国人民が「民主的権利を勝ち取った」ことを確

認した上で、さらに、「いかなる公民も、憲法および法律が規定する権利を享有すると同時に、憲法および法律が規定する義務を履行しなければならない」（憲法第33条第4項）、「中華人民共和国の公民は、自由と権利を行使するにあたり、国家・社会・集団の利益およびその他の公民の合法的な自由と権利を損なってはならない」（第51条）という憲法の条文を引用し、政治的権利の濫用の危険性、およびそれゆえの政治的権利の制限の必要性を強調している。

　第三に、言論の自由は集団的「生存権」に劣位するという点が挙げられる。「人権白書」は「一つの国家と民族にとって、人権とは何よりもまず人民の生存権である。生存権がなければ、その他の一切の人権はもう話にならない」といい、「生存権」を最優先の人権として掲げる。この「人権白書」の内容に強い影響を与えたのが、鄧小平の人権観である。かつて、鄧小平は「人権とは何か？　どのくらいの人の人権か？　少数者の人権か、それとも多数者の人権、全国人民の人権か？　西側世界のいわゆる「人権」と我々がいう人権は本質的に別のものであり、観点は異なっている(15)」と、「集団的人権」の発想をもって西欧諸国の批判に反論した。彼のこの認識の中心にあるのは、混乱や内戦がもたらす無秩序な状態に対する危機意識であった。「文化大革命」における混乱状態を目のあたりにし、また自らも失脚したという経験から、彼にとって、大衆運動は混乱や内戦を生み出し、経済発展を阻害する要因にすぎないものとして把握された。それゆえ、言論や集会・示威の自由を広く認めることに対しても強い警戒感を抱いたのである。すなわち、「中国は改革開放を堅持しなければならない。これこそが中国の問題を解決する希望である。しかし、改革にあたっては必ず安定した政治環境がなければならない。…もし、形式的な民主を追求すれば、その結果は、民主を実現することができないだけでなく、経済を発展させることもできず、国家が混乱し、人心がバラバラになる局面を出現させるだけである。…我々には「文化大革命」の経験があり、その悪い結果を目のあたりにしている。中国は人口が多く、もし、今日デモをし、明日もデモをし、365日、毎日のよう

にデモ行進をすれば、経済建設等もまったく論外になるだろう[16]」。今なお、中国政府・共産党は「安定団結」を事あるごとにスローガンとして提唱し続けている。

　第四に、言論の自由は階級性を有するという点が挙げられる。

　毛沢東は中華人民共和国成立当時において「人民とは何か？　中国において、現段階ではそれは労働者階級、農民階級、都市小ブルジョア階級および民族ブルジョア階級である。これらの階級が労働者階級と共産党の指導の下に団結し、自分たちの国家を構成し、帝国主義の手先すなわち地主階級と官僚ブルジョア階級およびこれらの階級を代表する国民党反動派とその共犯者に対して専政を行い、独裁を行い、これらの人々を抑圧して、彼らには神妙にすることだけを許し、勝手な言動に出ることを許さないのである。勝手な言動に出れば、直ちに取り締まり、制裁を加える。これに対し、人民の内部では民主制度を実施し、人民は言論、集会、結社等の自由権を有する。選挙権は人民にだけ与え、反動派には与えない[17]」と論じている。すなわち、権利は階級性を有するとされ、その階級性は言論の自由のような政治的権利・自由について最も尖鋭に湧出したのである。言論の自由は、現行憲法の「第2章：公民の基本的権利および義務」に定められている権利であり、条文上も「中華人民共和国の公民は、言論…の自由を有する」（第35条）と規定されている以上、当然にその享有主体は「公民」となるはずである。「公民」とは「中華人民共和国の国籍を有する者」を指し（第33条第1項）、それは外国人と対応する法律的概念である。しかしながら、他方で憲法は「人民民主主義独裁」・「人民主権」を明記し（第1条、第2条）、また、前文において「階級闘争」の重要性を掲げている。上述の毛沢東の論述にもあるように、「人民」とは異なる歴史的時期において異なる内容を有し、それは「敵」と対応する政治的概念である。「敵」は「公民」には含まれるが、「人民」ではない。『刑法』における政治的権利剥奪刑の内容に言論の自由が含まれていることも、権利が階級性を有することの有力な例証である。

　第五に、言論の自由が思想の自由と分離されているという点が挙げられる。

96

第4章　言論の自由は最重要の人権である

　「人民」と「人民」の「敵」を選別する方法の一つとして、ある特定の思想・イデオロギーが強制された。上述した毛沢東の「六項目の基準」は、現在、「四つの基本原則」（社会主義の道、人民民主主義独裁、共産党の指導、マルクス・レーニン主義と毛沢東思想・鄧小平理論等）という形で、憲法前文に明記されている。この「四つの基本原則」は現行憲法の指導思想とされており、その堅持は全公民の法的義務である。それゆえ、西欧諸国のような思想の自由は当然憲法に規定されていない。中国政府・共産党がしばしば提唱する「思想の解放」も「四つの基本原則」の枠内のものである。それは国家の政策にすぎず、権利・自由ではない。そして、この「四つの基本原則」が言論の自由の範囲の大まかな基準なのである。例えば、ある論者は「四つの基本原則の擁護と堅持は、すべての公民が履行しなければならない義務であると憲法は規定している。反党・反社会主義の言論を発表することは、当然、許容されるものではない[18]」と断じている。「社会主義制度は、中華人民共和国の根本制度」であり、「いかなる組織または個人による社会主義制度の破壊」も「禁止」される（第1条第2項）。逆に、国家には「社会主義精神文明の建設を強化する」任務があり（第24条第1項）、「国家は、祖国を愛し、人民を愛し、労働を愛し、科学を愛し、社会主義を愛する公徳を提唱し、人民の間で愛国主義、集団主義と国際主義、共産主義の教育を行い、弁証法的唯物論と史的唯物論の教育を行い、資本主義的、封建主義的およびその他の腐敗した思想に反対する」（同第2項）とされている。

2.　杜鋼建の言論の自由観

　中国における人権・言論の自由の研究にとって、間違いなく「人権白書」の公表は一つの大きな分岐点となった。上述したように、それまで「人権」は体制対反体制という形で議論される傾向にあった。言論の自由等、人権・民主を要求する反体制派の主張に対して、中国政府・共産党およびその理論的「代弁者」にすぎない法学界が反駁するというきわめて政治的な構図である。しかしながら、「人権白書」の公表により中国政府・共産党が公式に

97

「人権」という語を容認したことは、体制内にある法学界において人権や言論の自由についての冷静な法的議論を可能にする基礎を創出したのである。そうした中で、数は少ないが、従来の通説的な言論の自由観に対して異論を提起する学者も現れはじめた。杜鋼建氏は、思想・言論の自由に「こだわり」をみせる憲法学者の筆頭格であり、1991年頃から[19]、西欧的な価値相対主義と中国の伝統的な儒教思想を結合・調和させた独自の人権理論を積極的に展開してきた[20]。

　まず、彼は「中国人は、自己の主義を推し進める際、その他の主義の存在、とりわけ自己の主義と相容れない主義を許容することができない」と指摘する。そして、こういった風潮を「人権ニヒリズム［人権虚無主義］」と称し、その克服のために「人権主義」を提唱している。「人権主義」の特徴として彼が挙げているのは、①個人本位主義、②価値相対主義、③平和的な抵抗主義である[21]。

　このような「人権主義」は自由な思想・言論の実現を要求する。「人権主義は、憲政の軌道において、異なった価値観や世界観がそれぞれ併存し平和的に競争することを提唱する。人々が価値観や世界観をいかに選択するかは、実践理性の能力の向上に依存する。人権主義は、法律的手段を用いて、人々に何かを信じさせたり、または信じさせないことを強要することに反対する。思想・信仰および言論の自由は十分に保障されなければならない[22]」。

　また、彼は価値相対主義の基本的精神は寛容を求めていることを理由に、しばしば「価値寛容主義」という語を用いて、思想・言論に不寛容な中国の社会を批判している。「人間はまず人間として取り扱われなければならない。その価値の指向がいかなるものであるかを問わない。人権は価値相対主義が達成しようとする目標であり、価値相対主義が擁護しようとする最も重要な価値観念でもある[23]」。「中国における法文化の伝統は百余年にわたる震動と衝撃を経てきたが、依然として価値絶対主義の雰囲気から抜け出していない。中国における法文化に欠如しているのは、寛容と開放の精神である。…思想の解放と言論の開放、および異なった価値観念と価値主張の存在

98

第4章　言論の自由は最重要の人権である

を許容すること、これらは価値寛容主義の基本的要求である。このような要求は中国における伝統的な法文化の主導精神と衝突するものである。…思想の抑圧に反対し、言論の開放を要求すること、このような価値相対主義の精神に合致する主張は、伝統的な法文化の中で主導的な地位を占めてはいないが、それは伝統的な法文化の改造および転換を可能とする基礎なのである。「心にあるものは口をもって話す。民衆の口をふさぐのは川をふさぐよりも難しい［存之於心、宣之於口、防民之口、甚於防川］」(24)。

　他方で、彼は中国の儒学思想にも人権概念の萌芽があることを指摘し、儒学が最も早く「思想、良心の自由」と「人格の尊厳」を提唱したものと位置づけている。

　彼は「人権主義」の思想的淵源を儒学の仁学思想に見出している。「仁学の思想は、『論語』およびそれによって導かれた中国伝統文化において、最も注目すべき恒久性と普遍的意義を具えるものである」。この仁学思想は「仁道」、「恕道」、「義道」、「政道」という四つの部分から構成され、それらは伝統的仁学の四つの基本原則であるといえるとする。その上で、彼は伝統的仁学に外来の科学的思想を結びつけた「新仁学思想」を提唱する。新仁学思想は四つの主義を包含しており、それは「人権主義」、「寛容主義」、「抵抗主義」、「新憲政主義」である。これらが新しい仁学の四つの基本原則であるとする。そして、「仁道」、「恕道」、「義道」、「政道」という伝統的仁学における四道は、それぞれ「人権主義」、「寛容主義」、「抵抗主義」、「新憲政主義」という新しい仁学における四主義と対応している。四道において、「仁道」は最も根本的なもので、他の三道はいずれも「仁道」に源がある。四主義の中で、「人権主義」は最も根本的なものであり、他の三主義はいずれも「人権主義」に源をおいている(25)。

　思想・言論の自由との関連においては、特に「恕道」が重要である。杜鋼建氏は「「恕道」は、中国における古代寛容主義理論の重要な形式と範疇である」とし、「恕道」思想の重要な内容として、「己の欲せざる所は、人に施すこと勿れ［己所不欲、勿施於人］」と「和」を挙げる。「己の欲せざる所は、

99

人に施すこと勿れ」とは、「主に統治権力に対して訴えるものであって、統治者は人民に対して彼らにとって不利益なことを強制してはならないことを強調する」。一方、「「和」は、寛容主義の基礎的な思想であり、その理論性を高度に体現したものである。…「和」の本義は、寛和を重視することにあり、それを「同一」理解してはならない。人々には思想上において必然的に相違があるので、異なった思想を有している人に対して、「同」を求めてはならないが、「和」を求めることはできる。…社会秩序の安定は、同一を強く求めることによるべきではなく、ただ「和して同ぜず［和而不同］」によるべきである。…多様性および個性の存在と発展を保障することは、社会の調和的な発展の前提条件である[26]」。

このような「価値寛容主義」を核心とする言論の自由観は、「安定団結」を前提とする従来の中国政府・共産党の言論の自由観と、鮮やかなコントラストをなしている。杜鋼建氏が主張する「思想の解放」は、もはや「四つの基本原則」の範囲内での「思想の解放」ではない。「個人の尊重」理念を基礎とする特定のイデオロギーの束縛を受けない思想の自由の主張である[27]。杜鋼建氏の主張する言論の自由は、「経済建設」に奉仕する「手段」ではない。言論の自由、それ自体が「目的」となっている。

第2節　言論の自由の保障を担保するための制度的装置

1.「依憲治政」と「司憲督政」

近年、杜鋼建氏が、「憲政」の内包を説明する際に、好んで用いるキーワードに、「依憲治政」と「司憲督政」がある。「依憲治政」とは、完備した憲法の基礎の上に、憲法が規定する原則に厳格に基づいて、政府組織法を改正して政府機構編制法を制定し、政策の職権・職能、および組織機構の設置と人員編制等を憲政の軌道に組み入れることをいう。すなわち、人権原則の要求に適合する有限政府を建設することが、憲政の第一のメルクマールであ

る。「司憲督政」とは、憲法に基づく国家統治の必然的な要求である。すなわち、救済原則の要求に適合する違憲審査制度を確立することが、憲政の第二のメルクマールである[28]。

このような杜鋼建氏の「憲政」観は、「「人権」という観念」と「違憲審査制という装置」を立憲主義の不可欠の内容とする阪口氏の発想と相通じるものがある。今日、中国において、「権利あるところに救済あり」や「救済なければ権利なし」という命題は、徐々に法学者たちの共通認識になりつつある[29]。

しかしながら、本節では、直ちに中国の「違憲審査制」に論を進めることはできない。というのも、すでに繰り返し指摘しているように、現在、中国には司法による違憲審査制（司法審査制）が存在しないからである。この点に関連して、憲法学者の董和平氏は、「言論の自由が存在するかどうかは、言論の発表に対する制限があるかどうかによって決まるのではなく、これらの制限と許容に法律上の明確な限界および根拠があるかどうか、発表を許された言論に統一的・確定的な法律の保障があるかどうかによって決まる[30]」と指摘している。そこで、この董和平氏の指摘および後詳する中国の現行制度を念頭におきつつ、筆者は、（一）言論の自由の保障と制限に明確な法的基準があるか、（二）言論の自由の制限・侵害に対する法的救済が用意されているか、（三）救済機関に独立性が担保されているか、という三点から、言論の自由の保障がどのように制度的に担保されているかという問題について考えてみたい。

2. 言論・表現の自由関連立法

言論の自由の保障と制限については、もちろん第一次的には憲法がこれを規定している。言論の自由は清朝、国民党、共産党を問わず、一貫して歴代の憲法に規定されてきており、中国の各政権が一定程度言論の自由を重要視してきたことがうかがえる。現行憲法の言論の自由に関する規定については、すでに前節において断片的に言及したが、再度それを概観すれば次のと

おりである。

保障規定についていえば、まず、第35条には「中華人民共和国の公民は、言論、出版、集会、結社、行進、示威の自由を有する」と規定されている。その他、第40条には通信の自由、第41条には監督の権利と国家賠償を受ける権利、第47条には科学研究、文学・芸術創作およびその他の文化活動を行う自由がそれぞれ規定されている。他方、言論の自由の制限となる規定については、すでに述べた「四つの基本原則」の堅持（前文）と「個人の利益と国家・社会・集団の利益の統一の原則」（第51条）が重要である。この保障と制限の二方面の規定が、すべての個別的・具体的な言論・表現の自由関連立法を貫いている。

1989年6月の「天安門事件」以降、中国では、言論・表現の自由関連立法の「整備」が着々と進められてきた。全国統一的な法律・法規としては、全国人民代表大会常務委員会が1989年10月に採択した『集会行進示威法』、国務院が1989年10月に発布した『社会団体登記管理条例』（1998年9月に全面改正、2016年2月部分改正）、国務院が1997年1月に発布した『出版管理条例』（2001年12月に全面改正、以降数次の部分改正）等があるが、ここでは、『出版管理条例』を例としてみておきたい。『集会行進示威法』、『社会団体登記管理条例』も、立法の構造そのものはこれと基本的にほぼ同じである。

同『条例』の目的については第1条がこれを定めている。すなわち、「出版活動に対する管理を強化し、中国的特色を有する社会主義出版産業・事業を発展・繁栄させ、公民が法により出版の自由の権利を行使することを保障し、社会主義精神文明と物質文明の建設を促進するため、憲法に基づき、本条例を制定する」。この目的から明らかなように、中国政府は同『条例』を「出版管理法」であるとともに「権利保障法」であると位置づけようとしている。

したがって、条文の中ではまず出版の自由の保障が謳われる。「公民が法により出版の自由の権利を行使することを、各級人民政府は保障しなければならない」（第5条第1項）、「公民は、本条例の規定に基づき、出版物におい

第4章　言論の自由は最重要の人権である

て、国家事務、経済および文化事業、社会事務に対する自らの見解や願望を
自由に表現し、科学研究、文学・芸術創作およびその他の文化活動に従事し
た自らの成果を自由に発表することができる」（第23条第1項）。

　その一方で、「その他の自由・権利と同様に、出版の自由は絶対的で無制
限のものではなく、相対的で限度のあるものである⁽³¹⁾」として制限の規定
が設けられている。実はこれが同『条例』の主眼なのである。

　まず、第3条が「出版事業は、人民に奉仕し社会主義に奉仕するという方
向を堅持し、マルクス・レーニン主義、毛沢東思想、鄧小平理論および「三
つの代表」重要思想⁽³²⁾を指導とすることを堅持し…」と規定し、出版事業
における思想の自由を明確に否定している。

　次に、第5条第2項の「公民は、出版の自由の権利を行使するにあたり、
憲法と法律を遵守しなければならず、憲法に確立された基本原則に反対した
り、国家・社会・集団の利益およびその他の公民の合法的な自由と権利を損
なってはならない」という規定は、憲法第51条を受けたもので国家・社会・
集団の利益の優位を体現している。

　さらに、第25条は、出版物の内容に関しきわめて広範な禁止事由を定めて
いる。すなわち、「（一）憲法に確立された基本原則に反対するもの、（二）
国家の統一、主権および領土の保全に危害を与えるもの、（三）国家機密を
漏洩し、国家の安全に危害を与え、もしくは国家の栄誉および利益を損なう
もの、（四）民族間の憎悪や民族差別を煽動し、民族の団結を破壊し、もし
くは民族の風俗・習慣を侵害するもの、（五）邪教、迷信を宣揚するもの、
（六）社会秩序を攪乱し、社会の安定を破壊するもの、（七）わいせつ、賭
博、暴力を宣揚し、または犯罪を教唆するもの、（八）他人を侮辱または誹
謗し、他人の合法的な権利利益を侵害するもの、（九）社会公徳または民族
の優秀な文化的伝統に危害を与えるもの、（十）法律、行政法規および国家
の規定が禁止するその他の内容を有するもの」である。このうち、「憲法に
確立された基本原則」が憲法前文に明記されている「四つの基本原則」を指
していることは容易に見当がつく。

103

これらに反した場合には、行政罰の対象となるだけでなく、国家安全危害罪（国家分裂煽動罪：『刑法』第103条第2項、国家政権転覆煽動罪：同第105条第2項）として刑事罰を科される場合すらある（第62条等）。

　このような言論・表現の自由関連立法は、しばしば西欧諸国や国際的な人権NGOから「人権弾圧立法」であると非難を受けてきた。しかしながら、すでに述べたように、国権・治安の強化と公民の権利の保障を一体のものとして把握・理解する中国政府・共産党の論理からすれば、これらの立法は「人権保障立法」なのである。確かに、ある一面において、これら立法の制定は、法律上、言論・表現の自由の保障と制限を明確化しようとしたことの表れであるともいえる。少なくとも、法学者は、法律・法規の制定、およびその解釈の厳格化を通じて、言論・表現の自由の制限における政治的判断・配慮を可能な限り排除しようと企図している。解釈の恣意性を生じさせる恐れのある政治的概念や曖昧模糊な語句を憲法や法律・法規から削除し、それぞれの語句を明確に定義づける作業は、言論・表現の自由の保障の実質化に対してまったく無意味なことではない。

　杜鋼建氏も、言論・表現の自由の恣意的制限の排除という点にたびたび言及してきた。例えば、論文「表現の自由の保障原則を論ず［論表現自由的保障原則］」の中では、西欧諸国の表現の自由に関する諸原則を紹介した上で、次のように述べている。「「明白かつ現在の危険の原則」の提起は、少なくとも一般的場合における言論および抽象的な暴力の煽動や政府に反対する言論に対しては、弁護する作用を果たした。…「明白かつ現在の危険の原則」に基づき形成された言論の自由に関連するアメリカ判例法は、プロレタリアート暴力革命の主張およびマルクス主義理論を宣伝する人々に対し、客観的に一定の保護的作用を果たした。暴力革命の宣伝の言論はもはや法律が禁止する対象ではない(33)」。杜鋼建氏はこう述べることにより、言論・表現の自由を制限する法律・法規について、その内容の明確さと運用の慎重さを強く訴えている。

3. 言論・表現の自由の事後的救済

　現行憲法体制下において、憲法実施の監督権限は全国人大およびその常務委に、憲法の解釈権限は全国人大常務委にそれぞれ賦与されている（第62条第2号、第67条第1号）。しかしながら、1982年に現行憲法が制定されて以来、全国人大およびその常務委がこの権限を行使して公民の基本的権利の事後的救済を図った事例は一つもない。また、1989年4月に制定された『行政訴訟法』は、行政訴訟の出訴事項について概括的列記主義をとっている（『行政訴訟法』第12条）。そこでは、財産権や人身の自由の制限に対してのみ行政訴訟の提起が認められているにすぎず、憲法が保障するその他の基本的権利、例えば、言論、出版、集会、結社の自由（第35条）、宗教信仰の自由（第36条）、労働の権利（第42条）、教育を受ける権利（第46条）等はすべて出訴事項から除外されている。したがって、一般の個人は言論・表現の自由関連立法の違憲性を司法の場で争えないのはもちろんのこと、出版、集会、結社の申請が不許可になっても行政機関に対する不服申立しかなしえず、行政訴訟を提起してその処分の違憲性や違法性を問うこともできないのである。

　司法に違憲審査権の行使が認められないのは、人民代表大会制度（第2条）および「民主集中制の原則」（第3条）からの当然の論理的帰結であるが、全国人大およびその常務委の憲法監督権・憲法解釈権さえ実質的に形骸化してしまっている現状の中では、杜鋼建氏や一部の法学者が、言論・表現の自由について、いくら立法論や解釈論の深化に努めても、その議論は自ずと「限界」に突きあたってしまう。

　もちろん、杜鋼建氏らも、こうした「限界」については百も承知である。実際に、司法審査制の導入を含む憲法保障・憲法監督の問題は、現行憲法の起草・制定当初から今日に至るまで、憲法学界において熱心に議論され、具体的な制度の構想をめぐっても多種多様な提案がなされてきた。現在、何らかの憲法監督機構を設置することが急務であるという一点においては、すでに多くの憲法学者の間で共通認識が形成されているものの、その具体的内容

については、現行の人民代表大会制度をどのように評価するかと直接に関連
する問題であるだけに、その意見には分岐がみられる。憲法学界の学説は、
全国人大あるいはその常務委の下に何らかの憲法監督委員会を設置する説、
人民法院に違憲審査権を付与する説、専門の憲法法院を新設する説に三分さ
れており、三つの学説は論者によってさらにそれぞれ細分化される。第二・
第三の提案は、憲法改正を必然的に伴うため、中国政府・共産党によって採
用される可能性はきわめて低く、憲法改正を伴わない第一の提案を今後中国
政府・共産党が採用するかどうかが注目される。『各級人民代表大会常務委
員会監督法』の制定（2006年8月）の際にも、憲法監督委員会の設置は議論さ
れたものの、結局それが見送られたということは、この問題が中国政府・共
産党にとってきわめて「敏感」な問題であることを示している[34]。

　杜鋼建氏は、早くから、最も急進的な第三の学説、すなわち、専門の憲法
法院（憲法裁判所）の新設を主張してきた。例えば、ある論文において、杜
鋼建氏は、「憲法裁判所が存在しないため、公民の憲法的権利が侵害を受け
た際、往々にして訴え出る先がなく、呼びかけても何ら反応がない。憲法的
権利が保障を得られないことによりもたらされる大衆の怨みは、社会の安定
に危害を及ぼす重大な要因である」と現行制度の「欠陥」を批判し、「憲法
裁判所を設立し、憲法訴訟を展開すること、これこそが、自由・人権を保障
し、大衆の意思の疎通を図り、社会秩序を安定させる重要な措置なのであ
る」と明言している[35]。最近になり、杜鋼建氏は、国際人権規約への署名
（1997年10月、1998年10月）と憲法における「人権」条項の新設（「人権」入憲）
（2004年3月）という中国政府がとった人権に関する二つの重要な挙措[36]に注
目し、これら二つの挙措により、違憲審査制の確立が促進されることに期待
をかけている[37]。

4．救済機関の独立性

　本節冒頭で提示した三つの命題のうち、「（二）言論の自由の制限・侵害に
対する法的救済が用意されているか」に対する回答が、中国において現段階

第4章　言論の自由は最重要の人権である

で「ノー」である以上、本節において、「（三）救済機関に独立性が担保され
ているか」へ論を進める必要はないのかもしれない。しかしながら、「司法
の独立」をめぐる問題は、中国の憲法学・訴訟法学においてきわめて重要な
論点であり、杜鋼建氏もこの問題に強い関心を示してきた[38]。

　「民主集中制の原則」の下で、人民代表大会は、行政機関、裁判機関、検
察機関等を選出し、その活動を監督するという全権的な国家権力機関である
ため、各機関の間で、それぞれ業務の分業はありえても、西欧的な三権分立
や司法権の独立をそこに観念する余地はない。現行憲法体制の下で、人民法
院（裁判機関）は人民代表大会（国家権力機関）に従属する。まずこれが大前
提である。

　中国憲法において、司法権の独立は排除されているものの、他方で、「裁
判の独立」は標榜されている。すなわち、第131条では、「人民法院は、法律
の規定に基づき独立して裁判権を行使し、行政機関、社会団体および個人の
干渉を受けない」と規定されている。しかしながら、ここでも様々な問題が
存在する。中国法研究者の鈴木賢氏は、次の三つの問題を深刻視する。第一
は、法院内部における独立問題であり、とりわけ、裁判委員会の問題であ
る。法院には、それぞれその内部組織として裁判委員会という会議体が常設
されており、この裁判委員会は審理を直接担当しないにもかかわらず、個々
の事件について裁判的決定を最終的に行う権限をもっている。第二は、上級
法院との関係における独立問題であり、とりわけ、上級法院への内部照会制
度の問題である。下級法院が具体的な事件の審理の過程で事件の実体的判断
や手続問題について、上級法院に対して口頭ないし書面で照会し、上級法院
が照会事項について検討した結果を下級法院に回答するという「案件請示制
度」が、審級制度を無意味化させてしまっている。第三は、党機関との関係
における独立問題、すなわち政法委員会の問題である。現行の政治体制の
下、「裁判の独立」もまた「共産党の指導」をその前提とする。法院に対す
る指導を担当するのは、具体的には、上級法院に設けられた党組および同級
の地域に組織される党委員会であり、とりわけ、裁判に対して強い影響力を

107

行使するのは、党委員会に内設されている政法委員会である。政法委員会は、党委員会の副書記ないし常務委員をその書記とし、公安、検察、法院、司法行政等のトップがそのメンバーを構成するが、その実像は秘密のベールに包まれている[39]。

　この三つの問題については、その制度の改廃をめぐって、中国においても少なからず議論が展開されている。第三の共産党との関係における独立問題が、最も「敏感」な問題であることはいうまでもない。法学者の多くが、第三の論点について言及を回避する中で、杜鋼建氏は、この第三の問題こそが「最大の欠陥」であるとして、一歩踏みこんだ発言を行ってきた[40]。杜鋼建氏は、1988年に発表した論稿の中で、現行体制の下では、党組織および指導者による法院の裁判に対する干渉を止めさせることは根本的に不可能である、と断じ、その原因として次の数点を指摘していた。（一）現行の人事決定システムは、法院が裁判権を独立して行使するのにふさわしいものとなっていない。法院の各級幹部（もちろん、裁判官を含む）の任免は、それぞれ法院内外の党組織によって実質的に決定されている。（二）圧倒的多数の裁判官は、すべて共産党員であり、共産党員でなければ、裁判官の任務を担当することは非常に困難である。裁判官は、党員として、党組織および指導者によって指導されており、裁判を行う上で党の決定に服従しなければならない。（三）党の政策の地位は法律に優位し、それは法律の「魂」であることが強調されている。このような考え方が裁判官たちの意識に深く根をはっている。（四）現行の法律制度では、党の政策が法律と区別されていない。時には、党組織の決定が法律として機能し、法律と同じ効力をもっている。その結果、裁判官たちには党の文書と決定にしたがって判決を下す習慣が身についてしまっている。（五）法院は事件に判決を下す際、問題が発生した現地の党組織によって指導を受ける習慣が身についている。時には、現地の党組織が法院の裁判に積極的に干渉しない場合でも、法院の側から積極的に現地の党組織に指示を求めることがある[41]。

　杜鋼建氏が指摘するような「弊害」は、『立法法』の制定（2000年3月）に

第4章　言論の自由は最重要の人権である

よる国法と党規の分離、『裁判官法』の制定（1995年2月）および全国統一司法試験の開始（2002年3月）による裁判官の資質の向上等を通じて、表面上、一部に改善の兆しもみられる。しかしながら、依然として問題は深刻である。共産党にとって、司法を掌握し裁判を統制することは、秩序の維持、政権の保持にとって必要不可欠なのである[42]。かつて、1980年に楊興峰氏は次のような批判を提起した。「「言論は犯罪ではない［言者無罪］」という原則が過去のように法的保障がない一種の政治的原則であり続ける限り、自由な言論に関する公民の権利は十分に保護されることはありえないし、言論をめぐって処罰されるという人々の恐怖は消えず、「文字獄」の悲劇は依然生じうる。もし、言論の自由が本当に政治的原則であるなら、それが行使されうるかどうかは、政治的雰囲気であったり政治支配者の性格や態度や類似の要素によって決定され、もしそうであるなら、どの程度までかもまた決定される[43]」。残念ながら、この批判は、現行の制度についてもかなりの程度当てはまるといわざるをえない。

小括

　以上、駆け足ではあるが、杜鋼建氏の言論の自由観およびその保障のための制度構想を、中国政府・共産党の言論の自由観および現行の人権保障のメカニズムと重ねあわせつつ、中国の立憲主義（憲政）について考察を進めてきた。すでに、本論で指摘したように、言論の自由を思想の自由と密接不可分のものとして理解・把握した上で最重要の人権として掲げ、その保障のための制度構想として違憲審査制の導入と司法の独立の実現にこだわる杜鋼建氏の「憲政」観は、阪口氏のいう「立憲主義」そのものである。そして、この「憲政」観に基づく杜鋼建氏の一連の議論・主張は、現行の中国の国家・政治体制と微妙な緊張関係に立っている。

　興味深いのは、杜鋼建氏の「憲政」観に、「民主（民主主義）に対する懐疑」が伏在しているという点である。最後に、この点に言及して本章を閉じ

109

たい。

　杜鋼建氏は、20世紀の中国の憲政主義（Constitutionalism）思潮は、「民主主義的憲政主義」と表現することができ、それは、おおよそ二つの理論に分けることができる、と述べる。一つは、旧民主主義的憲政理論である。この理論が追求したのは立憲政治であり、立憲の旗幟の下で、民主立憲制や代議立憲制が主張された。しかしながら、旧民主主義的憲政理論は、中国社会の階級関係から遊離しており、中国において憲政を実行するにあたり、その階級的基礎を軽視していた。もう一つは、新民主主義的憲政理論（新民主主義的専政（独裁）理論）である。毛沢東は、多数階級の少数階級に対する専政（独裁）を唱道し、このような専政（独裁）を憲政とみなし、民主政治と同視した。新民主主義的憲政理論は、憲政を具体的な階級の専政（独裁）の内容と結びつけ、民主政治の階級的性質を断定した点で、空洞的・抽象的な旧民主主義的憲政理論と比べて明らかに一大進歩といえた。しかしながら、他方において、多数階級の名義を借りて理論が虚構され、多数者（労働者、農民、知識分子等を包括する）が必然的に被治者におかれるという客観的事実は顧みられなかった。

　こうした「民主主義的憲政主義」について、杜鋼建氏はいずれも「幻想性を具えていた」と批判する。すなわち、「旧民主主義者と新民主主義者は、ともに憲政を民主政治と同視し、民主政治を目下実現すべき、またはすでに実現したものとみなして」おり、「民主、憲政および自由の三者の関係がいかなるものであるかについて、はっきりした正確な認識を欠いていたのである」。

　「憲政の本義は、自由の実現にある」と杜鋼建氏は強調する。「憲政とは、現行の国家権力を憲法の軌道に組み入れ、当局者の権力の運用を法治の拘束の下におくことに他ならない。憲政とは、当局者の権力を奪取して人民に与えることではない。憲政とは、人民の自由が当局者の権力の侵犯を受けないことを保障することである」。今日の中国人についていえば、憲政の当面の急務は、人民を「国家の主人公」とすることではなく、人民を「自由民」と

第4章　言論の自由は最重要の人権である

することなのである。「民主主義者は、憲政に対して過度の期待を抱いており、…憲政が直接達成しうる目標が自由であることを忘れているのである」。民主ではなく自由・人権を達成すべき直接の目標として要求するこのような「新しい憲政主義」を、杜鋼建氏は「人権主義的憲政主義」と命名している。

その上で、杜鋼建氏は、中国の政治体制改革に論及する。「中国の政治体制改革の直接の目標は憲政であり、憲政の推進を通じて自由・人権をよりいっそう保障することである」。執政党の権力運用の規範化、憲法裁判所の新設、司法の独立の保障、人民代表大会制度の改革（二院制の導入）、多党合作制度の改善、報道の自由の保障等、政治体制改革をめぐって、彼の具体的な提言は多岐にわたるが、それら提言の筆頭に挙げられているのはやはり思想・言論の自由である。「思想・言論の自由は、自由度の大門である。この大門が開かれなければ、自由度は開放されることはない[44]」。

杜鋼建氏の「民主主義的憲政主義」と「人権主義的憲政主義」についての論述は、近年、憲法学において注目を集めている立憲主義と民主主義との緊張関係という論点を容易に想起させる。早くも1993年の段階で杜鋼建氏がこのような議論を展開していたことに、筆者は驚きを禁じえない。

本論においてみてきたように、現時点において、中国の「憲政」は、依然として、日本の憲法学者の多くがイメージする「立憲主義」と距離があるといわざるをえない。しかしながら、その距離は、中国の法学者の知的営為によって一定程度まで縮められるはずである。その中で、「民主主義よりも立憲主義を」という選択を明確に提示する杜鋼建氏の所説は、今後の中国の政治体制改革の行方を展望する上で、さらには日本を含む東アジアの憲法・人権をめぐる問題状況を考察するにあたり、きわめて重要な示唆を提供しているといえよう。

[注]
（1）　杜鋼建「首要人権与言論自由」『法学』1993年第1期、8頁。

111

(2) 同上。

(3) 同上。杜鋼建「関於人権主義若干問題的思考」『蘭州学刊』1992年第5期、10頁（邦訳として、鈴木敬夫編訳『中国の人権論と相対主義』（成文堂）1997年、154〜155頁）にも同趣旨の記述がある。

(4) 詳細については、本書第5章「人民代表大会の権限強化か違憲審査制の導入か─周永坤の憲政観─」116〜118頁を参照。

(5) 阪口正二郎『立憲主義と民主主義』（日本評論社、2001年）2頁。

(6) 憲法学者の毛利透氏は、ユルゲン・ハーバーマスのコミュニケーション理論に依拠して、「それ自体は無力な表現活動の自由こそ民主的に世界を変える唯一の正当な手段である」と強調する（毛利透『表現の自由─その公共性ともろさについて─』（岩波書店）2008年の「第2章：市民的自由は憲法学の基礎概念か」（25〜54頁））。

(7) 筆者は、すでに、比較憲法論・比較人権論的視点から、中国における言論の自由をめぐる問題状況について考察した研究成果を公表している（石塚迅『中国における言論の自由─その法思想、法理論および法制度─』（明石書店）2004年等）。本章は、これら先行の研究成果に依拠しつつ、あらためて、「言論の自由」を切り口に、「杜鋼建」の「人権観」を整理し、「中国」の「立憲主義」について考察することを目的としている。

　　なお、本章初出論文が所収された角田猛之編『中国の人権と市場経済をめぐる諸問題』（関西大学出版部）2010年には、杜鋼建著／白巴根訳「中国の人権法の発展と国際化教育」（3〜32頁）、これに対する孝忠延夫氏と安田信之氏のコメント（33〜42頁、89〜97頁）が収められており、それぞれの視点から中国の「人権」問題を扱っている。

(8) 民主派知識人の言論の自由の主張およびその背景について、例えば、胡平著／石塚迅訳『言論の自由と中国の民主』（現代人文社）2009年を参照。

(9) 石塚迅・前掲書注（7）、13〜45頁（第1章）。

(10) 魏定仁主編『憲法学（第2版）』（北京：北京大学出版社）1994年、176〜177頁。

(11) 『1997年刑法』第54条「政治的権利の剥奪は以下に列挙する権利の剥奪である。（一）選挙権と被選挙権。（二）言論、出版、集会、結社、行進、示威の自由の権利。（三）国家機関の職務を担当する権利。（四）国有会社・企業・事業単位および人民団体の指導的職務を担当する権利」。

(12) 毛沢東は、①全国各民族人民の団結、②社会主義的改造と社会主義建設、③人民民主主義独裁の強化、④民主集中制の強化、⑤共産党の指導の強化、⑥社会主義の国際的団結と全世界の平和を愛する人民の国際的団結、に有利であるか否かを、当該言論が「正しいかどうか、はたして香花（芳しい花）なのか毒草なのかを見分ける」基準として掲げた（「関於正確処理人民内部矛

第4章　言論の自由は最重要の人権である

盾的問題（1957年2月27日）」『毛沢東選集』第5巻（北京：人民出版社）
1977年、393頁）。

（13）　鄧小平は、「改革開放」政策をいっそう促進すべきという見地から、資本主
　　　　義か社会主義かという「判断の基準は、主として、①社会主義社会の生産力
　　　　の発展に有利であるかどうか、②社会主義国家の総合国力の増強に有利であ
　　　　るかどうか、③人民の生活水準の向上に有利であるかどうか、であるべきで
　　　　ある」と論じた（「在武昌、深圳、珠海、上海等地的談話要点（1992年1月18
　　　　日―2月21日）」『鄧小平文選』第3巻（北京：人民出版社）1993年、372頁）。

（14）　李歩雲・周元青「法律与自由」『紅旗』1981年第22期、16～17頁。

（15）　「同“大陸与台湾”学術研討会主席団全体成員的談話（1985年6月6日）」（前
　　　　掲書注（13）、125頁）。

（16）　「圧倒一切的是穏定（1989年2月26日）」（前掲書注（13）、284～285頁）。

（17）　「論人民民主専政（1949年6月30日）」『毛沢東選集（第2版）』第4巻（北京：
　　　　人民出版社）1991年、1475頁。

（18）　葉子「有絶対的言論自由嗎？」『紅旗』1981年第7期、34頁。

（19）　杜鋼建氏の研究業績をみれば、一目瞭然である。すなわち、彼も、1991年以
　　　　前は人権や憲政についてほとんど何も発言していない。1992年以降、人権や
　　　　憲政についての彼の研究業績は激増する（鈴木敬夫訳「現代中国の人権論（四）
　　　　―杜鋼建「人権主義についての若干の問題に関する考察」―」『法学研究』（北
　　　　海学園大学）第31巻第1号（1995年7月）87～92頁（原著者紹介））。

（20）　杜鋼建氏の価値相対主義および「新仁学」人権論については、すでに、鈴木
　　　　敬夫氏の膨大な紹介と研究が存在する。代表的なものとして、鈴木敬夫編訳・
　　　　前掲書注（3）、鈴木敬夫「中国の憲政と人権―杜鋼建の新仁学人権論素描―」
　　　　『札幌学院法学』第17巻第2号（2001年3月）1～58頁、鈴木敬夫「良心の自由
　　　　について―杜鋼建著『新仁学―儒家思想与人権憲政―』（2000年）を読む―」『札
　　　　幌学院法学』第22巻第1号（2005年11月）1～40頁を挙げておく。

（21）　杜鋼建・前掲論文注(3)、6～12頁（邦訳として、鈴木敬夫編訳・前掲書注(3)、
　　　　146～159頁）。

（22）　同上、11～12頁（邦訳として、同上、157～158頁）。

（23）　杜鋼建「価値寛容主義与東亜社会経済改革和法文化発展」『蘭州学刊』1993
　　　　年第1期、38頁（邦訳として、同上、116頁）。

（24）　同上、39～40頁（邦訳として、同上、119～120頁）。

（25）　杜鋼建「《論語》四道与新仁学四主義」『天津社会科学』1993年第6期、51頁、
　　　　56頁（邦訳として、同上、215～216頁、235～236頁）。

（26）　同上、52～54頁（邦訳として、同上、220～226頁）。

（27）　杜鋼建氏は、中国憲法においていまだ規定されていない思想の自由を明確に

113

要求している。「思想の自由権制度を確立することは、現代世界憲法の発展の重要な趨勢である。我が国の憲法も、未来の発展の中で、このような時代の進歩的潮流に適応しなければならない。そのため、将来の憲法改正の際、思想の自由を明確に憲法に書き入れ、相応してこの分野の条文および規範を改正し強化すべきことを提案する」（杜鋼建「思想自由権的制度和理論比較研究」〔憲法比較研究課題組編『憲法比較研究文集2』（北京：中国民主法制出版社）1993年、370頁）。

(28) 杜鋼建「完善権力運行機制、切実防止以権謀私」『中国改革』2002年第5期、29頁。

(29) 例えば、劉莘・呂艶浜「政府信息公開研究」『政法論壇』2003年第2期、150頁、154頁等。

(30) 董和平「言論自由的憲法権利属性及其効能」『法律科学』1993年第2期、16頁。

(31) 新聞出版署政策法規司編『全国新聞出版系統"三五"普法読本』（北京：中国書籍出版社）1998年、11頁。

(32) 「三つの代表」重要思想とは、共産党が、中国の①先進的生産力の発展の要求、②先進的文化の前進の方向、③最も広範な人民の根本的利益、を代表するという理論を指す。2000年2月に江沢民国家主席・共産党総書記（当時）が提起し、その後、2002年11月の共産党第16回全国代表大会において共産党規約に、さらに、2004年3月の憲法部分改正において憲法前文に、それぞれ書き加えられた。

(33) 杜鋼建「論表現自由的保障原則」『中外法学』1995年第2期、20頁。この論点に関連して、杜鋼建「人権絶対論与人権相対論―当代美国関於人権的法哲学論辯―」『法学研究』1992年第2期、81〜87頁をも参照。

(34) 憲法監督について論じた研究成果は、中国においてはもちろんのこと、日本においても数多く公表されており、枚挙にいとまがない。さしあたり、王振民『中国違憲審査制度』（北京：中国政法大学出版社）2004年、莫紀宏主編『違憲審査的理論与実践』（北京：法律出版社）2006年、李忠『憲法監督論（第2版）』（北京：社会科学文献出版社）2002年、鹿嶋瑛「中国における憲法保障―現行82年憲法下における憲法監督制度を中心に（一）（二・完）―」『法学研究論集』（明治大学大学院）第20号（2004年2月）1〜25頁、第21号（2004年9月）1〜18頁、胡錦光・韓大元『中国憲法の理論と実際』（成文堂）1996年、107〜119頁（第6章）、121〜141頁（第7章）、143〜180頁（第8章）等を参照。

(35) 杜鋼建「新憲政主義与政治体制改革」『浙江学刊』1993年第1期、20〜21頁。この論点について、杜鋼建・前掲論文注（28）、29〜30頁をも参照。

(36) この二つの挙措について、それぞれ、本書第2章「国際人権条約への中国的対応」、同第3章「「人権」条項新設をめぐる「同床異夢」―中国政府・共産

第4章　言論の自由は最重要の人権である

党の政策意図、法学者の理論的試み─」を参照。

（37）　例えば、杜鋼建「依人権準則治国与新国家哲学─国際人権公約与中国憲法修
　　　改─」『百年』第1期（1999年1月）45頁（邦訳として、杜鋼建著／石塚迅訳・
　　　解題「人権準則に基づく国家統治と新しい国家哲学─国際人権規約と中国憲
　　　法の改正─」『季報・唯物論研究』第76号（2001年5月）88頁）。

（38）　杜鋼建「中国における司法の独立をめぐる諸問題」『立命館法学』第201・
　　　202号（1988年）175〜205頁は、日本で公刊された初めての杜鋼建氏の論稿
　　　である。

（39）　鈴木賢「中国における裁判の独立の実態と特徴的構造」『社会体制と法』第8
　　　号（2007年6月）48〜65頁。中国における司法の独立については、日本にも
　　　優れた研究成果が数多く存在する。上記の鈴木賢論文の他、田中信行「中国
　　　の司法改革に立ちはだかる厚い壁」『中国研究月報』2007年4月号（第710号）
　　　23〜40頁も示唆に富む。

（40）　杜鋼建・前掲論文注（35）、21頁。

（41）　杜鋼建・前掲論文注（38）、184〜188頁。

（42）　鈴木賢・前掲論文注（39）、61〜62頁。

（43）　楊興峰「要不要制定保障言論自由的法律？」『民主与法制』1980年第9期、6頁。

（44）　杜鋼建・前掲論文注（35）、17〜21頁。

115

第5章　人民代表大会の権限強化か
違憲審査制の導入か
――周永坤の憲政観――

問題の所在

「立憲主義（constitutionalism）」と「民主主義（democracy）」はそれぞれきわめて曖昧で多義的な語である。そうであるにもかかわらず、この曖昧で多義的な二つの語が、これまで中国の現状を分析しその将来を展望するにあたってのキーワードとされてきた。とりわけ、「民主主義」についていえば、中国の民主主義・民主化に対する日本の中国政治研究者および一般メディアの関心はきわめて高い。中華人民共和国が政治的に民主化するかどうかが、これまでの日本における中国国内政治研究の核心的テーマであったといっても過言ではないだろう[1]。「民主主義」・「民主化」を定義せずに短絡的に用いる研究については、一部で懸念が表明されているが[2]、今後もこの状況に大きな変化はないと思われる。

これに対して、「立憲主義」という語は、中国研究においては法学者専用の語という趣があり、日本の一般メディアにおいても「民主主義」に比べてその登場の頻度ははるかに少なかった。ところが、近年、この「立憲主義」という語が、なお研究の場に限定されてはいるものの、中国および日本において俄然脚光を浴びはじめている。その背景としては、次の三点を指摘することができる。

第一に、中国国内において立憲主義研究がブームとなっていることである。現在までのところ、「立憲主義」は、中国においては「憲政」とほぼ同義とされる[3]。現行の『1982年憲法』の制定以降、早くから一部の憲法学者

116

第5章　人民代表大会の権限強化か違憲審査制の導入か

は中国における「憲政」の真の実現を唱えてきたが[4]、1997年9月の中国共産党第15回全国代表大会において「法律に基づき国を治める［依法治国］」、「社会主義法治国家の建設」が提起され、1999年3月の憲法部分改正でそれらの表現が憲法に明記されるにいたり、法学者は猫も杓子も「憲政」と「法治」について著作・論文を公表するようになった。すでに、研究成果は星の数ほど公表されており、まさに「百家争鳴」の観を呈している。

　第二に、東西冷戦の終結が「立憲主義」の「普遍化」・「グローバル化」といえる状況を現出させたことである[5]。体制転換を果たした「東」側世界、すなわち旧ソ連・東欧諸国は、ほぼ一様に新しい憲法を制定し「立憲主義」の政治体制を採用した。さらに、「南」の発展途上国、すなわちアジア、アフリカ、ラテンアメリカ諸国における立憲主義の受容可能性が活発に議論されるようになった[6]。このことは、ややもすれば、従来、研究にあたりその特殊性または独自性を過度に強調する傾向に陥りがちであった中国法、とりわけ中国憲法の研究について[7]、それを相対化して把握・理解することを可能にした。

　第三に、中華民国史研究において、1945年から1949年にかけての「憲政」模索・実施の時期の政治・社会状況、あるいは「憲政」概念そのものに研究の関心が集まっていることである。そして、すでに、同時期の国民政府や立法院についての研究には、一定の蓄積がみられる[8]。これらの研究は、「戦後復興の一つの象徴である憲政実施過程が政権内部からの分析を欠いたまま「国民党政権＝反動政権」といった理解の下で一方的に否定されてきたこと」を問題視し、従来の「革命中心史観」の克服を訴えている[9]。

　以上のような状況は、近現代中国の立憲主義（憲政）[10]を立体的に把握・理解するかつてない好機をもたらしている。すなわち、東西冷戦の終結により現代中国の立憲主義について「ヨコ」との比較研究が可能となり、歴史学における「革命中心史観」克服の動きにより現代中国の立憲主義について「タテ」との比較研究が可能となり、さらに、そうした比較研究について、なお様々な制約は存在するものの、中国の研究者との間で、比較的自由な意

117

見交換が可能となったのである。

　さらに考慮すべきは、こうした近現代中国の立憲主義を研究するにあたり、歴史学研究者の側から政治学・法学研究者へ向けて「共同戦線構築」の呼びかけが繰り返しなされていることである[11]。とりわけ、中華民国「憲政」期の司法権や裁判に関する研究はまだかなりの程度手つかずで残されており、あたかも法学研究者のためにその席が空けられているかの如くである。ところが、こうした呼びかけに対して、日本の中国法研究者はこれまでどちらかといえば慎重な態度を維持していた。この理由についてここで詳細は論じないが、いずれにせよ、結果として、中華民国法は日本の中国法研究においてきわめて手薄な分野となっていることは否定できない[12]。

　筆者はこの呼びかけに応えたい。ただ、「近現代中国の立憲主義」というテーマはあまりにも大きすぎて、到底筆者の手に負える代物ではない。また、档案を用いた研究手法に習熟していない筆者が、中華民国「憲政」期の司法権を分析することは現時点においてはなお多くの点で困難を伴う。

　そこで、本章においては、まず、立憲主義が民主主義と相互補完の関係に立ちながらも時として微妙な緊張関係にも立つという点を指摘したい。その上で、次に、中華人民共和国の現行の国家・政治体制下において、そうした緊張関係がどのように現出する可能性があるのか、現出しうる緊張関係について法学者はそれをどのように把握・理解しようと努めているのか、について、人民法院の人民代表大会に対する活動報告、違憲審査制の導入をめぐる議論等を手がかりに順次検討していきたい。というのも、日本の歴史学研究者および政治研究者の一部は、立憲主義と民主主義をしばしば渾然一体のものとして把握・理解する傾向にあるが、両者は異なる概念であり、この概念定義の混乱は今後の中国立憲主義の解析にとって決してプラスにはならないと考えるからである。また、立憲主義と民主主義との相剋という問題を考えることで、（全国）人民代表大会の権限強化、三権分立制の導入可能性等、中華人民共和国の今後の政治体制改革の具体的内容をどのように評価するかについても、一定の示唆を提供することができるはずだからである。

第1節　立憲主義と民主主義

　本章の冒頭で指摘したように、「立憲主義（constitutionalism）」と「民主主義（democracy）」のいずれもそれを定義することがきわめて困難な語であり、法学、政治学を問わず多くの論者もそのことを率直に認めている。ここでは、「立憲主義」と「民主主義」の関係について、筆者の問題意識を示すにとどめたい。

　民主主義あるいは民主政の原語である「デモクラシー（democracy）」という語は、ギリシャ語のデモス（民衆）とクラチア（支配）、すなわち「民衆（＝多数者）の支配」という語に由来している。この民主主義（国民主権）は、君主主権に対抗する語としてシンボリックな意味あいを有していた。

　これに対して、立憲主義とは、国家権力の濫用を制約し国民の権利・自由を保障する思想あるいは仕組みを指す。1789年8月の「フランス人権宣言」は、第16条において「権利の保障が確保されず、権力の分立が定められていないすべての社会は、憲法をもたない」と謳っているが、これこそが立憲主義の思想の端的な表現である。

　両者は、密接に結びついているとされる。憲法学者の芦部信喜氏は、その理由について、「①国民が権力の支配から自由であるためには、国民自らが能動的に統治に参加するという民主制度を必要とするから、自由の確保は、国民の国政への積極的な参加が確立している体制においてはじめて現実のものとなり、②民主主義は、個人尊重の原理を基礎とするので、すべての国民の自由と平等が確保されてはじめて開花する、という関係にある」と述べた上で、「民主主義は、単に多数者支配の政治を意味せず、実をともなった立憲民主主義でなければならないのである」と強調する[13]。

　ところが、話はそう簡単なものではない。近代市民革命においては、権力の制限とは、主として、君主の権力の制限を意味していた。その役割を期待されたのは議会であり、国民の人権の保障は議会の制定した法律を通じてな

された。この段階においては、民主主義が強調され、立憲主義は後景に退いていた。しかしながら、20世紀に入り、ドイツ・ワイマール憲法体制の崩壊等、「民主主義の限界」が露呈されるに伴い、議会に代わる新たな人権保障の担い手が必要となった。また、「民主主義の暴走」、すなわち議会権力の専横に対する歯止めも必要となった。この段階において、これまで後景に退いていた立憲主義が、違憲立法審査権という制度を伴って再浮上するのである。憲法学者の阪口正二郎氏は、「立憲主義のグローバル化」を論じるにあたり、そこで復権している「立憲主義」とは、「権力は縛られるべきだ」という単純な発想を超えて、「権力＝多数者によっても侵しえないものとしての「人権」という観念と、それを担保するための違憲審査制という装置を内容として持ったものである」と明言している[14]。

　近代市民革命当時と現代において、その状況が異なる点に注意しなければならない。近代市民革命においては、君主の権力を制限しそれに対抗するために立憲主義と民主主義（国民主権）がそれぞれ必要とされた。それに対して、現代においては、民主主義を補完するもの、あるいはそれをも制限するものとして立憲主義（違憲審査制）が浮上しているのである。このことは、深刻な問題を我々に提起する。すなわち、憲法は、民主主義（国民主権）に立脚し、選挙で選ばれた国民の代表が法律を制定することを前提としている。ところが、その法律の合憲性が、国民から選出されたわけではない裁判官によって確定されることになれば、その限りで国民はその代表者を通じて国政を決定することを否定されることになる。民主主義に立脚する憲法の下で、違憲審査制はなぜ正当化されうるのか、という問題である[15]。この問題は突きつめていけば、立憲主義と民主主義との両立可能性という根源的な問題にまでたどり着く[16]。

　法学以外の中国研究の分野において、上述したような問題意識はどの程度共有されているのであろうか。

　この点、歴史学研究において、それはなお十分に意識されていないのではないか、というのが筆者の正直な印象である。例えば、金子肇氏は、「一国

第5章　人民代表大会の権限強化か違憲審査制の導入か

の統治形態を論ずる場合、国家意思の形成・決定・遂行に関わる制度的な構成を統一的に取り上げなければならないが、その分析の核心は、何よりも三権分立の態様、とりわけ立法権と執行権の関係如何という点にある」と述べた上で、中華民国「憲政」期の立法院の検討へと進んでいる[17]。また、最近の歴史学研究者の論文の中には、「司法」の概念についての基礎的な理解に欠けると思われるようなものも散見される。ただし、これは日本の歴史学研究者の認識不足のみに帰する問題ではない。当時の中国の政治・社会状況においては、強大な執行権（総統・行政院）をどのように牽制・制約するかが、「憲政」実施にあたっての最大の関心事であった。そして、執行権を制約する役割を期待されたのが立法院であったというのであれば、その構図はまさに上述した近代市民革命期の西欧のそれと類似したものであり、そこに司法権の出る幕はない。この時期、民法、刑法、民事訴訟法、刑事訴訟法、会社法といった主要な法律はすでに一通り制定・公布されていたが、それらの実効性にはなお疑問符がついていた[18]。民事訴訟や刑事訴訟さえままならない状況下において、執行権さらには立法権の暴走に対する歯止めとして司法権に期待すること自体に無理があったのだろう[19]。

　とはいっても、立憲主義と民主主義との緊張関係という視点はやはり重要である。その意味で、水羽信男氏が、リベラリズムを「個人の自由を平等かつ実質的に保障するために、個人の諸権利を確立し拡充する思想・運動」と定義した上で、リベラリズムと民主主義との衝突可能性を指摘していること[20]、また、中村元哉氏が、『1936年中華民国憲法草案（五五憲草）』、『1947年中華民国憲法』の起草段階において、「法律の留保」を憲法に規定するか否かをめぐって起草者間に意見の相違があったことを紹介していること[21] は、注目に値する。いずれの研究も、「民主主義（立法権）の暴走」をも視野に入れているからである。

121

第2節　民主集中制における人民代表大会と人民法院

　それでは、立憲主義と民主主義との緊張関係は、中華人民共和国（以下、中国と略称）の現行の国家・政治体制下においては、どのように現出しているのであろうか。

　周知のとおり、中国の国家・政治体制は、憲法上、「民主集中制の原則」を採用している（第3条第1項）。「民主集中制の原則」には、次の三つの内容が含まれる。第一に、人民と人民代表大会との関係である。中華人民共和国のすべての権力は、人民に属し（第2条第1項）、人民が国家権力を行使する機関は、全国人民代表大会および地方各級人民代表大会である（同第2項）。全国人民代表大会および地方各級人民代表大会は、すべて民主的な選挙により選出され、人民に対して責任を負い、人民の監督を受ける（第3条第2項）。第二に、人民代表大会とその他の国家機関との関係である。人民代表大会は、人民を代表して国家権力を行使する機関として、その他の国家機関、すなわち国家の行政機関（人民政府）、裁判機関（人民法院）、検察機関（人民検察院）等を選出する。国家の行政機関、裁判機関、検察機関等は、人民代表大会に対して責任を負い、その監督を受ける（同第3項）。第三に、国家機関内部の関係および中央と地方の関係である。中央と地方の国家機構の職権の区分は、中央の統一的な指導の下で、地方の自主性と積極性を十分に発揮させるという原則に従う（同第4項）[22]。

　本章との関係において、次の二点に注意しておきたい。

　一つは、広義でいえば、中国も憲法体制においては「民主主義」を採用していることである。「治者と被治者の自同性」を目指すという点においては、ファシズムも共産主義も徹底した民主主義なのである[23]。畑中和夫氏は、中国の人民代表大会制度は直接的には旧ソ連のソビエト制につながり、さらには、その起源を近代立憲主義の二つの源流の一つ（『1793年フランス憲法』）にもつものとして捉えることができると述べる。そして、現行憲法

が、「全国人民代表大会代表は、選挙母体および人民と密接な関係を保持し、人民の意見と要求を聴取し反映させ、人民への奉仕に努めなければならない」（第76条第2項）、「全国人民代表大会代表は、選挙母体の監督を受ける。選挙母体は、法律が規定する手続に基づき、その選出した代表を罷免する権限を有する」（第77条）と規定していることを挙げ、人民代表大会制度は人民主権に直接基礎をおくものであると評価している[24]。

　もう一つは、憲法上、三権分立が否定されていることである。すでにみたように、人民代表大会は、行政機関、裁判機関、検察機関等を選出し、その活動を監督するという全権的な国家権力機関である。人民代表大会制度の下では、各機関相互間での業務の分業はありえても、西欧的な三権分立や司法権の独立を観念する余地はない。また、現行憲法は、裁判機関（人民法院）に違憲立法審査権を付与していない。現行憲法上、憲法実施の監督権限は全国人民代表大会およびその常務委員会に、憲法の解釈権限は全国人民代表大会常務委員会にそれぞれ付与されている（第62条第2号、第67条第1号）。これもまた、「民主集中制の原則」からの当然の論理的帰結とされる。強調しておきたいことは、「民主主義の暴走」に対する制度的な歯止めは現行中国憲法においては存在しないということである。

　このように、憲法の規定からみれば、中国の人民代表大会は圧倒的に強大な権力を有している。中国の憲法学者の周永坤氏は、「人民代表大会の憲法・法律上の権力がすべて真に実現することになれば、人民代表大会はきわめて恐るべき機構となる[25]」と危惧する。ところが、現在のところ、そうした人民代表大会の暴走（権力濫用）の危険性については、一部の法学者の議論の段階にとどまり、現実にはそれほど切実な問題とはなっていない。なぜなら、人民代表大会が、憲法・法律に規定された権力・権限を実際には十分に享有・行使しえていないからである[26]。それでは、人民代表大会を凌駕する権力・権限を享有・行使しているのは誰か。いうまでもなく、それは、中国唯一の執政党であり、国家と人民を指導する中国共産党である[27]。この共産党の権力の濫用をいかに防止するか、恣意的な権力行使をいかに規

範化するか、より具体的にいえば、共産党と国家機構とをいかに分離するか（「党政分離」）、これこそが中華人民共和国成立以降、とりわけ「文化大革命」終結以降の中国の政治体制改革の最大の課題であり[28]、日本の中国政治研究者は、この問題を政治的民主化と関連させつつ論じてきた。

　こうしてみてくると、筆者は、西欧近代市民革命期、中華民国「憲政」期と現在の中国の状況をパラレルに論じる余地があるように思う。君主の権力を制御する役割を期待された西欧近代議会。総統・行政院の権力を制約する役割を期待された中華民国「憲政」期の立法院。それでは、共産党の権力濫用を防止し恣意的な権力行使を規範化する役割を期待されている国家機関はどこか。やはり、その筆頭として挙げられるのが人民代表大会なのである[29]。現代中国において、人民代表大会は、「もつべき権力・権限をもっていないがゆえに」、そして「もつべき権力・権限をもってほしいがゆえに」、各方面から期待を集め、また警戒心を抱かれることもないのである。

第3節　人民代表大会の権限強化か違憲審査制の導入か

　現在の中国において、あるいは中国研究において、政治的民主化・民主主義の担い手として人民代表大会が期待を集めている以上、「民主主義」を補完しあるいはその暴走を抑制するものとしての「立憲主義」を論じることは、無意義な試みなのであろうか。筆者はそうは思わない。すでに述べたように、「立憲主義」は「民主主義の限界」に際して再浮上しうるものである。人民代表大会がこのまま共産党の権力制御に対して無力であり続けた場合、あるいは逆に人民代表大会がその権力を濫用するような事態が生じた場合、現行憲法下の人民代表大会制度を修正する何らかの制度的枠組みが必要となってくる。すでに、中国の一部の法学者はそうした可能性について論じはじめている。また、実際の状況として、1990年代後半以降、人民代表大会の活動が徐々に活発化してきており、このことが人民代表大会と他の国家機関との間に様々な軋轢を生じさせており、法学者たちの関心を集めている。

第5章　人民代表大会の権限強化か違憲審査制の導入か

　本節では、筆者と近接した問題意識をもち、近年、立憲主義と民主主義との相剋という問題について積極的に発言している憲法学者・周永坤氏の所説に着目しつつ、人民代表大会の権限強化の是非について、司法権との関わりから論じていきたい。

1.　一府両院報告の否決は喜ぶべきことか憂うべきことか

　すでに述べたように、現行憲法は、「一府両院」（人民政府、人民法院、人民検察院）が人民代表大会に対して責任を負い、その監督を受けると規定している。人民代表大会およびその常務委員会の一府両院に対する監督は、憲法・法律上、「立法・執法監督」、「活動監督」、「人事監督」等、きわめて多岐にわたる[30]。近年、人民代表大会はこれら監督機能を徐々に積極的に行使するようになり、一部の地方においては、人民代表大会が一府両院の活動報告を否決したり、共産党の用意した人事案を覆すといった事態まで出現している[31]。

　その中でも、中国社会に衝撃を与えたのは、2001年2月に、瀋陽市人民代表大会が、瀋陽市中級人民法院の活動報告を否決した事例である[32]。中華人民共和国成立以来、省人民政府所在地の市（省都）の人民代表大会において、一府両院の一つである人民法院の活動報告が否決された初めての事例であったからである。瀋陽市では、当時、大型のスキャンダルが相次いで発覚していたという背景も手伝って、この事例に対して、中国のメディアおよび憲法学界はおおむね肯定的評価を与えた。例えば、『中国青年報』は、「人民代表大会が次第に真の権力機関になりつつあることを示している」（許崇徳氏）、「中国民主政治の象徴的事件である」（韓大元氏）といった憲法学者たちのコメントを掲載している[33]。

　ところが、周永坤氏は、これは「喜ぶべきこと」ではなく、むしろ「憂うべきこと」として、懸念を表明するのである。彼は、人民政府の活動報告については、その必要性を肯定するが、人民法院の活動報告については、憲法に根拠がなく司法の独立の原則にも反するためにこれを取り消すべきである

125

と主張する。以下、その理由をみておきたい。

　まず、周永坤氏は、憲法の規定に着目する。現行憲法は、第92条において「国務院は、全国人民代表大会に対して責任を負い、かつ活動を報告する。全国人民代表大会の閉会期間においては、全国人民代表大会常務委員会に対して責任を負い、かつ活動を報告する」と、第110条第1項において「地方各級人民政府は、同級の人民代表大会に対して責任を負い、かつ活動を報告する。県級以上の地方各級人民政府は、同級の人民代表大会の閉会期間においては、同級の人民代表大会常務委員会に対して責任を負い、かつ活動を報告する」とそれぞれ規定している。人民政府の人民代表大会に対する活動報告は、『1954年憲法』、『1975年憲法』、『1978年憲法』にも規定が設けられていた。それゆえ、十分に憲法上の根拠を有している。ところが、これに対して、人民法院の人民代表大会に対する活動報告に関する規定は、事情がかなり異なっている。現行憲法は、第133条において「最高人民法院は、全国人民代表大会および全国人民代表大会常務委員会に対して責任を負う。地方各級人民法院は、それを選出した国家権力機関に対して責任を負う」と規定している。憲法第133条には、「活動を報告する」という文言が存在しないのである。人民法院の人民代表大会に対する活動報告は、以前の三つの憲法には規定が設けられていた。それなのに、現行『1982年憲法』においては、「責任を負う」としか規定されていない。この点について、彼は、「責任を負う」という表現と「責任を負い、かつ活動を報告する」という表現とには、明らかにその意味において違いがあるはずである、と述べ、現行憲法の制定者が司法活動と行政活動の性質の違いを意識して、「活動を報告する」という文言を設けるべきではないと考えたのではないか、と制憲者意思解釈を展開している。そして、このことは、司法の独立の観点において、現行憲法の制定者が以前の三つの憲法の制定者に比べ進歩していることを示しており、共産党第11期中央委員会第3回全体会議以降の「思想解放」運動および法制追求の結果であると論じている[34]。

　現行憲法には、人民法院の人民代表大会に対する活動報告が明記されてい

ないが、個別法である『人民法院組織法』（1979年7月公布、以降数次の部分改正）が、第9条第1項において「最高人民法院は、全国人民代表大会および全国人民代表大会常務委員会に対して責任を負い、かつ活動を報告する。地方各級人民法院は、同級の人民代表大会およびその常務委員会に対して責任を負い、かつ活動を報告する」と規定している。人民法院の人民代表大会に対する活動報告に、憲法上の根拠はないが法律上の根拠があることについてどのように考えるべきか。周永坤氏は、一般法をもって憲法の規定を「改正」または「補充」することは適切ではないと主張する。なぜなら、第一に、全国人民代表大会は最高国家権力機関であるが、このことは、人民代表大会の権力が無限であることを意味するわけではないからである。人民代表大会の権力も、何よりもまず憲法の範囲内で行使されなければならない。また、第二に、「憲法至上」が貫徹されなければならないからである。憲法は、前文においてそれは「国家の根本法であり、最高の法的効力をもつ」と、第5条第3項において「すべての法律、行政法規および地方的法規は、憲法に抵触してはならない」と規定している。つまり、彼にいわせれば、現行の『人民法院組織法』の当該規定が憲法に違背しているのである[35]。

　さらに、上述したような憲法上の理由以外に、人民法院の活動報告を停止すべき理由として、周永坤氏は、三点の法理上の理由を挙げる。第一に、人民法院の内部構造との矛盾である。人民法院の内部構造は、法律に基づき裁判権を行使する裁判官の活動の需要に適応し、高度に分散したものでなければならない。権力の集中は司法の公正に対する最大の脅威となる。第二に、法治国家における司法機能との矛盾である。人民法院院長の人民代表大会に対する活動報告は、必然的に人民法院の行政化を推し進めることになる。具体的にいえば、人民法院院長の行政首長化と審級制度の形骸化である。それにより、個々の裁判官の自主的地位を喪失させてしまう。第三に、裁判の専門性との矛盾である。人民法院の裁判の最終性は、人民法院の権威の保障なのである。もし、司法の権威の上にさらにもう一つ権威が増えれば、必然的に司法の権威を損なうことになる[36]。

以上のような周永坤氏の学説は、中国の学術界においてはいまだ少数意見にとどまっている。法学界、政治学界を問わず、学術界は、総じて一府両院の人民代表大会に対する活動報告について積極的な評価を下している。理由はすでに述べたとおりである。すなわち、憲法が採用する人民代表大会制度および「民主集中制の原則」という法制度的・法理論的な理由、および人民代表大会の監督権行使の活発化に対する期待という実践的な理由である。このような法学界の多数説と期待を受けて、2006年8月に『各級人民代表大会常務委員会監督法』が制定・公布された。同法は、第1条において「全国人民代表大会常務委員会および県級以上の地方各級人民代表大会常務委員会が、法律に基づき監督職権を行使することを保障し、社会主義的民主を発展させ、法律に基づいて国を治めることを推進するため、憲法に基づき、本法を制定する」と規定し、「第2章：人民政府、人民法院および人民検察院の特定項目活動報告の聴取および審議」という章を設けている。周永坤氏は、同法制定の後も、自身の立場に変更はないと明言し、人民代表大会の権力が大きくなりすぎることを理由に同法については高い評価を与えていない[37]。

2. 議行合一の原則は徹底的に廃棄されなければならない

　政治学者の林伯海氏は、「我が国は、「議行合一」の人民代表大会制度を実行している。全国人民代表大会および地方各級人民代表大会は国家権力機関である。我が国の司法の独立は、三権分立のモデルに基づいて存在しているのではなく、国家権力機関の監督の下での司法の独立であり、司法機関は、司法権を行使する際、権力機関の監督の下におかれなければならない。…したがって、司法機関が人民代表大会の監督の対象になるのは理の当然であり、決して「司法の独立」を口実に、人民代表大会およびその常務委員会の監督から離脱したり、それを拒絶してはならない[38]」と論じる。

　「議行合一」とは、文字どおり「議（立法権）」と「行（執行権）」の組織上・職能上の合一であり、中国において長期にわたり憲法上の基本原則として位置づけられてきた。周永坤氏は、この「議行合一の原則」を社会主義国

128

第5章　人民代表大会の権限強化か違憲審査制の導入か

家の政権の理論とするのは誤りであると述べ、それに対して全面的な批判を展開する。その理由として次の三点を挙げている。

（一）中華人民共和国の憲法史上、「議行合一の原則」を実際に実行したのは、成立直前に制定された『中国人民政治協商会議共同綱領』と「文化大革命」期に制定された『1975年憲法』においてである。前者は、全国人民代表大会の下に「議、行、軍、審、検」を統率する中央人民政府委員会を設置するという内容であり、後者は、地方各級人民代表大会の常設機関として地方各級革命委員会を設置するという内容であった。つまり、戦時の需要と政府指導者が誤りを犯した時を除いて、中国は議行合一を実行したことがないのである。そして、議行合一の実行が人々にもたらしたのは災難だけであった。

（二）「議行合一の原則」を社会主義憲法の特色として資本主義憲法の三権分立と対照させることは歴史の真実に合致しない。三権分立は、集権と対立する政治文化である。それは、政権の階級属性と無関係である一方で、人の自由とは関連性を有している。社会主義が理論上は議行合一を論じながらも、実践においては一定程度の分業体制を実行したのはなぜか。ひとたび、議行合一を徹底して実行すれば、自由はもはや存在しなくなるからである。中国の「文化大革命」はその典型的事例である。

（三）マルクスの「議行合一の原則」の提唱にはいくつかの条件があった。第一に、当時のパリ・コミューンは戦争という環境におかれていた。第二に、マルクスは、ブルジョア階級の行政の専横とサロン風議会に反対し、人民が議会を通じて政府を制御することに期待をかけていた。第三に、19世紀の民主の思想は、人民主権にその注意が集中し、議会を民主の化身とみなしていた。マルクスもまた民主的に選挙された議会に希望を託していた。第四に、マルクスが政治問題において基本的に依拠していたのは、西欧の伝統的な社会的権力と政治的権力の二分論であった。彼は、権力をプロレタリア階級に掌握させれば、最終的に政治的権力は消滅すると考えていた。また、レーニンが議行合一を主張したのは純粋な功利主義目的によるものであった。レーニンにとって、議行合一は政権奪取の便宜上の措置にすぎず、理想

129

の政府に関する理論ではなかった。それゆえ、政権を掌握した後、レーニンはためらうことなくこの理論を放棄したのである[39]。

　周永坤氏は、「…「議行合一」が代表するのは集権モデルであり、権力分立が代表するのは分権モデルである。それらと人類の自由および解放との関係についていえば、議行合一は人の自由および解放と対立するモデルであり、権力分立は人の自由および解放と調和がとれている。なぜなら、人の自由および解放の条件の一つは、政治権力に対するコントロールだからである[40]」と結論づけている。

　「議行合一の原則」に対する批判の声は、憲法学界に限っていえば、徐々に主流を占めつつある。おそらく、「議行合一の原則」批判をめぐって、他の憲法学者と周永坤氏との違いは、人民代表大会の絶対優位性、「民主集中制の原則」をどう評価するかの点にあると思われる。例えば、韓大元、胡錦光両氏は、「理論と実践の両面からいって、議行合一の原則は、いずれも中国の人民代表大会の組織原則ではなく、歴史的伝統もなければ、現実的土台もない」として、「議行合一の原則」に批判を加えるものの、他方で、「民主集中制の原則を、いかにしてよりいっそう健全にするかということが、人民代表大会制度を発展させる上で、きわめて重要な理論的、実践的意義を有している」とも述べている[41]。

　これに対して、周永坤氏の所説に通底する特色は、人民代表大会制度そのものへの懐疑、その裏返しとしての司法権に対する強いこだわりに表現される。

　「議行合一の原則」に対する批判の中でも、彼は、司法権の位置づけに論及している。すなわち、マルクス主義の議行合一の理論は、議会（立法権）と政府（行政権）の二種類の権力にのみ関連するもので司法権は含んでいない。そうであるにもかかわらず、中国法学界は、人民法院が人民代表大会に対して責任を負うという現行制度をいわゆる議行合一の枠組みの中に押し込め、司法をも「合一」させてきた。この理論上の誤りは、司法権の矮小化と弱体化という深刻な結果をもたらすこととなった、と指弾している[42]。

130

第5章　人民代表大会の権限強化か違憲審査制の導入か

　司法権の地位の向上および権限の強化のために、周永坤氏は、「人民法院は、法律の規定に基づき独立して裁判権を行使し、行政機関、社会団体および個人の干渉を受けない」という現行憲法第131条の規定の改正建議にまで踏みこんでいる。彼は、人民法院の行政化の傾向を防止し司法権の独立を確実なものとするために、同条の表現を「中華人民共和国の裁判官は、独立して裁判をし、法律にのみ服従する」と改正すべきである、と主張する。その要点は以下の二つである。

　第一に、人民法院の行政化の傾向を防止するためには、裁判所［法院］の独立よりも個々の裁判官［法官］の独立を明記した方がよい。司法の独立の趣旨は、裁判官の裁判権が裁判権以外の権力から掣肘を受けないという点にあるだけでなく、司法権が人民法院内部の権力、すなわち、人民法院の首長の行政権力や他の裁判官の権力から独立しているという点にもあるからである。

　第二に、現行憲法のような列挙式の干渉禁止という方法では、反対解釈に基づき「裁判権に対する合法的干渉」の余地を残すことになる。「行政機関、社会団体および個人の干渉」の中に軍事機関や国家主席は含まれないが、これら機関も裁判に干渉してはならないはずである。それゆえ、概括式の干渉禁止という方法を採用するべきである[43]。

　同論文において、周永坤氏は人民法院と人民代表大会との関係については多くを論じていない。しかし、二つめの論点である概括式干渉禁止の建議から、人民代表大会の人民法院に対する監督もできるだけ慎重でなければならないという彼の隠れた主張を読み取ることができる。

3.　人民代表大会制度の下での違憲審査の可能性

　人民代表大会の権限強化に疑問を呈し、人民代表大会に対する司法権の牽制を必要不可欠のものと考えるのであれば、違憲立法審査権の導入は避けては通れない論点である。

　違憲審査制の導入を含む憲法保障・憲法監督の問題は、現行『1982年憲

131

法』の起草・制定当初から今日に至るまで、憲法学界において熱心に議論され、具体的な制度の構想をめぐっても多種多様な提案がなされてきた。現在、何らかの憲法監督機構を設置することが急務であるという一点においては、憲法学者の間で共通認識が形成されているものの、その具体的内容については、現行の人民代表大会制度をどのように評価するかと直接に関連する問題であるだけに、その意見には分岐がみられる[44]。

　周永坤氏は、違憲審査制の導入を積極的に提唱する憲法学者の一人である。彼は、（一）憲法および法律の権威と安定の擁護、（二）法秩序の統一性・連続性・実効性および政令の統一の擁護、（三）人民代表大会制度の権威の擁護、（四）公民の憲法的権利の保障、（五）規範の制定をもって私利を図る行為の制止、（六）社会の転換の円滑な実現の保証、を理由に、違憲審査制導入の意義を強調する。そして、「法律道具主義」の考え方が後退し、憲法の部分改正で「中華人民共和国は、法律に基づいて国を治めることを実行し、社会主義法治国家を建設する」（第5条第1項）、「国家は、人権を尊重し保障する」（第33条第3項）という条項を新設した今こそ、違憲審査制導入の好機であると説く。

　現在、違憲審査制の制度構想をめぐっては、人民代表大会による監督機能の強化を重視する立場と人民代表大会に対する牽制を重視する立場とで学説が大きく分かれている。多数説は、細部において多少の違いはあるものの前者であり、全国人民代表大会あるいはその常務委員会の下に何らかの憲法監督委員会を設置することを提案する。しかし、周永坤氏は、「違憲審査制度は、人民代表大会制度そのものの改革にかかわる問題であり、そのカギは、憲法の形式をもって人民法院に違憲審査権を付与することにある」と断言し、後者の立場に立つことを明らかにする。具体的には、まず、最高人民法院に独立した憲法法廷を設置するか、単独の憲法裁判所を設置して、それを違憲審査制度の頂点とし、同時に、中級以上の人民法院に違憲審査権を付与するという「混合型」の違憲審査制度を構築する。次に、憲法は、違憲審査を明定すると同時に、違憲審査の範囲と効力についても相応の規定を設け、

132

裁判官の違憲審査権を制限する。さらに、人民代表大会の人民法院に対する
「反牽制」の制度を設ける。

　周永坤氏は、階級闘争のイデオロギーの中で、違憲審査制をブルジョア階
級の専売特許であり人民代表大会制度と対立するものとして把握・理解して
きたことこそが誤りであり、司法に違憲審査制を付与することは、人民代表
大会制度とは何ら矛盾しないと述べる。「人民代表大会制度に対する誤解の
中で最も有害なのは、「人民」に対する誤解である。我々は、事実上、意識
的・無意識的に「人民主権」を「人民代表大会主権」と理解してきた[45]」。
立憲主義と民主主義は接合可能であるという彼の立場は、違憲審査制の導入
をめぐる議論においても一貫しているといえる[46]。

小括

　以上考察してきたように、立憲主義と民主主義との緊張関係という論点
は、現代中国においても、人民代表大会と人民法院との関係をどのように把
握・理解するかという問題と絡みつつ、憲法学界の中で議論の俎上に上がり
つつある。そして、近年、それは単なる「机上の議論」にとどまらず、具体
的な制度・機構改革および法整備等において、避けては通れない実践的な課
題となりつつある。今後も、様々な理論的場および実践的場において、この
論点は意識的・無意識的に頭をもたげることになろう。また、この論点は、
現代中国に特有の問題ではなく、地域・時代を問わず普遍的に存在するもの
である。現代中国においては、それが人民代表大会と人民法院との関係に集
中的に表現されているにすぎない。とすれば、それは、今後、現代中国の立
憲主義について「ヨコ」と「タテ」の比較研究を進めるにあたり、きわめて
重要な視点となるはずである。

　「立憲主義か民主主義か」という問いに唯一の正しい解はない。個々の論
者によりその解答は様々である。周永坤氏は、立憲主義（人民法院）と民主
主義（人民代表大会）は両立可能であると考えているが、もし、立憲主義（人

133

民法院）と民主主義（人民代表大会）とが対立する場合には、人民代表大会を含むあらゆる権力から個人の人権を確保するために人民法院は積極的にその役割を果たすべきであるという立場、すなわち「民主主義よりも立憲主義を」という立場に立っている[47]。ただし、現代中国において、人民法院がそうした役割を十分に果たしうるためには、司法とりわけ裁判官の独立、違憲審査制の導入が不可欠である。このように、個々の論者は、それぞれの時代の状況と国・地域の状況を勘案しつつ、自らの信念に基づいて、「立憲主義か民主主義か」という問いに解を出していくほかない。

　現代中国の状況についていえば、立憲主義と民主主義との緊張関係を、人民法院と人民代表大会との関係に単純に置き換えることができない最大の要因に、共産党の存在がある。「立憲主義（人民法院）か民主主義（人民代表大会）か」を論じるのであれば、その前にあるいはそれと並行して、「党政分離」の課題に取り組まなければならない。具体的には、人民法院については共産党からの司法の独立、人民代表大会については選挙制度およびその運用の改革が論じられなければならない。国家権力を凌駕する「もう一つの権力」があるという状況をふまえれば、現時点において望ましい選択は「立憲主義か民主主義か」という二者択一ではなく、「立憲主義も民主主義も」という選択、すなわち何とか両者の接合を図り「もう一つの権力」と対峙していくことなのかもしれない。

　最後に、もう一点指摘しておきたいのは、一般大衆の法意識の問題である。一国がいかなる国家・政治体制を採用するかにあたっては、知識人の啓蒙だけでなく、一般大衆の法意識が大きく影響する。現在、中国の一般大衆は立法（人民代表大会）による権利保障に期待しているのだろうか、それとも司法（人民法院）による権利保障に期待しているのだろうか。中国のメディアが人民代表大会の監督権行使に肯定的なのは、一般大衆の司法に対する不信を示しているのだろうか。陳情［信訪］の増加をどのように評価すればよいのだろうか[48]。周永坤氏は、「一般大衆は人民代表大会に期待している。人民法院に期待するという私の見解は少数の知識人の見解にすぎない。

第5章　人民代表大会の権限強化か違憲審査制の導入か

一般大衆は、具体的な問題が生じた際、人民法院を訪ねるが、もちろん現在はそれよりも陳情［信訪］の方が多い[(49)]」と述べるが、それは本当だろうか。このような一般大衆の法意識についても、「ヨコ」と「タテ」の比較研究が可能であろう。

周永坤氏は、現在、司法の腐敗に対する一般大衆の批判の声が日増しに高まっているがゆえに、司法改革に深刻な「情緒化傾向」が現出していると指摘し、こうした「情緒化傾向」は、司法の公正と独立にマイナスの影響を与える恐れがあると憂慮する[(50)]。「世論」と法治、何も中国に限った問題ではない。

[注]

（1）　例えば、唐亮『変貌する中国政治―漸進路線と民主化―』（東京大学出版会）2001年は、国家と社会の関係の変化、中間層の形成、マス・メディアの変容、「知る権利」の拡大、村民委員会の選挙制度改革、人民代表大会の権限強化等、様々な実証研究を通じて、中国政治の民主化の可能性について論じている。また、毛里和子『現代中国政治（新版）』（名古屋大学出版会）2004年、国分良成『中華人民共和国』（ちくま新書）1999年等も、中国の民主主義・民主化の問題をその著作の中心的テーマとして位置づけている。

（2）　例えば、唐亮・前掲書注（1）に対する書評として、高原明生『アジア経済』第43巻第12号（2002年12月）89～90頁、毛里和子『アジア研究』第48巻第3号（2002年7月）105～107頁を参照。

（3）　周永坤「関於立憲主義的訪談―答石塚迅先生―（2008年7月30日）」『平民法理（周永坤）』（http://guyan.fyfz.cn/b/585748）。

（4）　杜鋼建「従専政到憲政―紀念現行憲法頒行十周年―」『浙江学刊』1992年第3期　36～40頁、李歩雲著／西村幸次郎・永井美佐子共訳「憲政と中国」『阪大法学』第46巻第3号（1996年8月）187～228頁等を参照。

（5）　長谷部恭男『憲法とは何か』（岩波新書）2006年、56頁、阪口正二郎『立憲主義と民主主義』（日本評論社）2001年、2～3頁。

（6）　例えば、「シンポジウム：非西欧諸国における人権概念の受容と変容」『比較法研究』第59号（1998年2月）1～81頁、「特集：アジアの憲法問題」『憲法問題』第11号（2000年5月）5～140頁等を参照。

（7）　木間正道『現代中国の法と民主主義』（勁草書房）1995年、9頁。

（8）　例えば、金子肇「戦後の憲政実施と立法院改革」（姫田光義編著『戦後中国

135

国民政府史の研究—1945-1949年—』（中央大学出版部）2001年、133〜148頁）、同「国共内戦下の立法院と1947年憲法体制」『近きに在りて』第53号（2008年5月）2〜15頁、中村元哉『戦後中国の憲政実施と言論の自由1945-49』（東京大学出版会）2004年、同「中華民国憲法制定史にみる自由・人権とナショナリズム—張知本の憲法論を中心に—」『近きに在りて』第53号（2008年5月）16〜28頁等。

(9)　中村元哉・前掲書注（8）、1〜2頁、19〜26頁。

(10)　本章初出論文が収録された石塚迅・中村元哉・山本真編著『憲政と近現代中国—国家、社会、個人—』（現代人文社）2010年の「序」において、「狭義における憲政」を「立憲主義」と同義のものとして把握することを編者の共通理解として提示しているが（7〜8頁）、筆者は、「立憲主義」と「憲政」とを等号で結ぶことについてなお若干の違和感を覚えている。日本の憲法学においては、「憲政」よりも「立憲主義」の方がなじみのある語であり、また、「民主主義」と対応させる上でも、本章においては「立憲主義」という語を用いる方が適当であると考える。それゆえ、本章の第1節において「立憲主義」について筆者なりの理解を示した上で、「立憲主義」と「憲政」とをできるだけ区別して用いたい。

(11)　金子肇・前掲論文注（8）「国共内戦下の立法院と1947年憲法体制」3頁、中村元哉・前掲論文注（8）、18頁。

(12)　この点については、高見澤磨氏が繰り返し指摘している（高見澤磨「現代中国法研究の現状と課題」『中国—社会と文化—』第9号（1994年6月）275頁）、同「中国法」（北村一郎編『アクセスガイド外国法』（東京大学出版会）2004年、319〜320頁）。

(13)　芦部信喜著／高橋和之補訂『憲法（第7版）』（岩波書店）2019年、17頁。

(14)　阪口正二郎・前掲書注（5）、2頁。

(15)　松井茂記『日本国憲法（第3版）』（有斐閣）2007年、90頁。

(16)　立憲主義と民主主義との関係、司法審査の民主的正当性については、以下の文献を参照。阪口正二郎・前掲書注（5）、長谷部恭男『憲法学のフロンティア』（岩波書店）1999年、1〜18頁（第1章）、59〜71頁（第4章）、同『比較不能な価値の迷路—リベラル・デモクラシーの憲法理論—』（東京大学出版会）2000年、89〜97頁（第6章）、99〜112頁（第7章）、135〜148頁（第9章）、同『憲法と平和を問いなおす』（ちくま新書）2004年、17〜42頁（第Ⅰ部）、43〜110頁（第Ⅱ部）、同・前掲書注（5）、67〜86頁（第3章）、長谷部恭男・杉田敦『これが憲法だ！』（朝日新書）2006年、9〜57頁（第1章）、樋口陽一『個人と国家—今なぜ立憲主義か—』（集英社新書）2000年、84〜96頁、松井茂記『二重の基準論』（有斐閣）1994年、同・前掲書注（15）、90〜98頁。

第5章　人民代表大会の権限強化か違憲審査制の導入か

(17)　金子肇・前掲論文注（8）「戦後の憲政実施と立法院改革」（姫田光義編著・前掲書注（8）、133頁）。ただし、金子氏も「議会専制」がはらむ問題性については強くこれを意識している（金子肇「権力の均衡と角逐—民国前期における体制の模索—」（深町英夫編『中国政治体制100年—何が求められてきたのか—』（中央大学出版部）2009年、31〜43頁）。

(18)　鈴木賢「現代中国法にとっての近代法経験」『社会体制と法』第4号（2003年6月）17〜18頁。

(19)　周永坤・前掲注（3）。

(20)　水羽信男『中国近代のリベラリズム』（東方書店）2007年、5〜6頁、同「毛沢東時代のリベラリズム—「百花斉放・百家争鳴」をめぐって—」（日本現代中国学会編『新中国の60年—毛沢東から胡錦濤までの連続と不連続—』（創土社）2009年、84〜87頁。

(21)　中村元哉・前掲論文注（8）、16〜26頁。

(22)　胡錦光・韓大元『中国憲法』（北京：法律出版社）2004年、325〜326頁（胡錦光執筆部分）、高見澤磨・鈴木賢・宇田川幸則『現代中国法入門（第7版）』（有斐閣）2016年、78〜79頁（鈴木賢執筆部分）。

(23)　長谷部恭男・前掲書注（5）、80頁。

(24)　畑中和夫「人民代表大会制度の比較憲法的検討」（王叔文・畑中和夫・山下健次・西村幸次郎編著『現代中国憲法論』（法律文化社）1994年、47〜52頁）。

(25)　周永坤・前掲注（3）。

(26)　通山昭治氏は、こうした人民代表大会の現状を、「政治的美称」ならぬ「法律的美称」であると表現している（通山昭治「現段階における中国国家システムの基本問題—中国人大の司法に対する監督「強化」を素材として—」『社会体制と法』創刊号（2000年6月）90頁、92〜93頁）。

(27)　中国共産党の地位と指導性については、現行憲法の前文および第1条第2項に叙述されている。

(28)　「党政不分」の弊害については、鄧小平も早くからこれを指摘していた（「党和国家領導制度的改革（1980年8月18日）」『鄧小平文選（第2版）』第2巻（北京：人民出版社）1994年、321頁）。

(29)　共産党と人民代表大会との関係の変化に着目した代表的な研究として、加茂具樹『現代中国政治と人民代表大会—人代の機能改革と「領導・被領導」関係の変化—』（慶應義塾大学出版会）2006年を参照。

(30)　人民代表大会の監督の内容については、蔡定剣『中国人民代表大会制度（第4版）』（北京：法律出版社）2003年、372〜383頁、林伯海『人民代表大会監督制度的分析与構建』（北京：中国社会科学出版社）2004年、99〜106頁が詳しい。

137

(31) 唐亮・前掲書注（1）が「第6章：疑似議会制民主主義の発展」（191〜228頁）において多くの事例を紹介している。

(32) 事案の概要・経過については、加茂具樹・前掲書注(29)、291〜292頁、唐亮・前掲書注（1）、206頁等を参照。

(33) 「瀋陽人大不通過案：吹皺一池春水—専家指出，這是中国民主政治的標志性事件—」『中国青年報』2001年2月16日。

(34) 周永坤・朱応平「否決一府両院報告是喜是憂」『法学』2001年第5期、7〜8頁。

(35) 同上、8〜9頁。

(36) 同上、10〜11頁。

(37) 周永坤・前掲注（3）。

(38) 林伯海・前掲書注（30）、94頁。

(39) 周永坤「議行合一原則応当徹底抛棄」『法律科学』2006年第1期、59〜60頁。

(40) 同上、61頁。

(41) 胡錦光・韓大元『中国憲法の理論と実際』（成文堂）1996年、277〜284頁。この他、「議行合一の原則」を批判する憲法学の論著として、蔡定剣・前掲書注（30）、91〜92頁をも参照。

(42) 周永坤・前掲論文注（39）、54〜55頁、60〜61頁。

(43) 周永坤「関於修改憲法第126条的建議」『江蘇警官学院学報』2004年第1期、62〜65頁。

(44) 憲法監督について論じた研究成果として、本書第4章「言論の自由は最重要の人権である—杜鋼建の憲政観—」の注（34）で挙げた文献を参照。

(45) 周永坤「試論人民代表大会制度下的違憲審査」『江蘇社会科学』2006年第3期、120〜127頁。その他、周永坤「政治文明与中国憲法発展」『法学』2003年第1期、23〜29頁（邦訳・解説として、周永坤著／石塚迅訳・解題「政治文明と中国憲法の発展」『東京立正女子短期大学紀要』第32号（2004年3月）119〜139頁）をも参照。

(46) 周永坤「周永坤訪談録（2007年8月15日）」『平民法理（周永坤）』（http://guyan.fyfz.cn/b/578221）。周永坤氏は、同「違憲審査的民主正当性問題」『法制与社会発展』2007年第4期において、違憲審査の民主的正当性を立証するアメリカの様々な理論を紹介している（78〜89頁）。ただし、これら理論はそれぞれに弱点をも抱えている。注（16）で挙げた文献を参照。

(47) 周永坤氏と同じ立場に立つと思われるのが憲法学者・杜鋼建氏である。杜鋼建氏は20世紀の中国の憲政主義思潮を「民主主義的憲政主義」と表現し、それに批判を加えた上で、「憲政の本義は自由の実現にある」として「人権主義的憲政主義」を提唱している。杜鋼建氏の「憲政」観およびその制度構想について、本書第4章「言論の自由は最重要の人権である—杜鋼建の憲政観—」

第5章　人民代表大会の権限強化か違憲審査制の導入か

を参照。

（48）　陳情［信訪］制度の特徴と問題点については、松戸庸子「信訪制度による救
　　　　済とその限界」『中国21』（愛知大学）第30号（2009年1月）109～130頁を参照。

（49）　周永坤・前掲注（3）。

（50）　周永坤・前掲論文注（34）、11頁。刑事法学者の王雲海氏も、同様の問題意
　　　　識をもって司法に対する「世論監督」を憂慮している（王雲海「刑事法」（西
　　　　村幸次郎編『現代中国法講義（第3版)』（法律文化社）2008年、88～90頁))。

139

第6章　岐路に立つ憲政主張

問題の所在

　本章では、少々欲張って三つの問いを設定したい。そうはいっても、この三つの問いは、相互に複雑に関連しあっている。

　第一の問題意識は、憲法学を専攻する筆者は、中国現代史研究会2012年度総会・研究集会のシンポジウム「中華世界における「憲政／民主」の歴史と現在[1]」にどのようにコミットできるのか、というものである。

　シンポジウムの要領では、「今回のシンポジウムでは、昨年の「中国における「議会」の可能性」の問題意識を引き継ぐ形で、中国大陸および台湾における、統治のあり方をめぐる連続性と断絶性に着目し、中華世界における「憲政」「民主」の可能性について、改めて検討を行いたい」とそのねらいが語られている。現代中国（中華人民共和国）における人権、言論の自由、情報公開等を研究してきた筆者に報告で期待されていたのは、①現代を語る、②中華人民共和国を語る、③法学の視点から語る、というあたりにあったのだろうと思う。

　しかしながら、憲法学者が、「憲政」「民主」の可能性を「展望」することは難しい。法制度・法政策の現状とその問題点を指摘すること、または、ある問題についての中国法学界の学説・議論を整理・分析すること、もしくは、その両方が、法学者がせいぜいなしうることである。ところが、その後者、すなわち中国の法学者の議論の整理・分析に対して、地域研究の学会・研究会の場において、しばしば次のような疑問・批判が提起される。「報告

で紹介・検討されたアカデミックな法学者たちの議論が、実際の政治や社会にどのような影響力をもっているのか[2]」。このたぐいの疑問・批判は、「法学者の学説など、とるに足らないものではないか」という意味において、中国の法学者に向けられたものであると同時に、「彼らの議論を紹介することに意義があるのか」という意味において、筆者にも向けられたものでもある。

そもそも、憲法学者は（中国の憲法学者も筆者も）、「憲政」「民主」の可能性を「展望」しなければならないのであろうか。

第二の問題意識は、近年、中国の憲法学者・知識人と一般大衆との間で、「憲政」をめぐる認識のギャップが拡大しつつあるのではないか、という筆者の素朴な印象からくるものである。

中国において、憲政研究は、中華人民共和国成立以降、様々な紆余曲折を経つつも、近年になって、量的にも質的にも充実する傾向にある[3]。ところが、憲政の研究が充実する一方で、憲政の主張は一般大衆に十分に届いていないのではないか、という印象を筆者はもっている。「十分に届いているかどうか」を実証することはきわめて難しい。一般大衆（中国公民）の憲法意識がどのようなものであるかについては、2000年に入って以降、いくつかの実証研究の成果が憲法学の分野から公表されるようになった[4]。研究成果の多くは、アンケートで得たデータをもとにして、一般大衆の憲法「知識」の程度を確認し、また、彼（女）らが憲法に対して抱いているイメージを素描した上で、一般大衆の憲法意識を高めるためにいくつかの提言をするという内容で構成されている。それら調査報告によれば、総じて約7割前後の人が憲政（立憲主義）の含義をそれなりにイメージできているものの、他方において、中国憲法の実効性については半数以上の人が否定的評価を下している。そうした調査結果を受けて、憲法学者の多くは、宣伝・教育を通じて一般大衆の憲法意識を高めることと憲法を実効的なものとするために違憲審査制度を速やかに構築することの二点を提言している。

この提言が、中国における憲政の実現・定着にあたり、きわめて重要であることはいうまでもない。ただし、それは、憲政の実現・定着のための必要

条件にすぎず、十分条件であるとはいえないのではないだろうか。もしも、中国の憲法学者たちが、憲政を通じた社会変革・社会改良に取り組むのであれば、一般大衆の憲法「知識」の有無・多少に一喜一憂するだけでは不十分ではないだろうか。

　また、一般大衆は、中国の社会変革・社会改良にあたり、憲政（立憲主義）にどれほどの期待をかけているのであろうか。憲政（立憲主義）は、中国の社会変革・社会改良の重要な契機になりえるのであろうか。かつて、筆者は、1970年代末から1980年代後半にかけて中国の知識人・学生に大きな影響を与えた民主派知識人胡平氏の「言論の自由を論ず」という論文を翻訳し公刊した[5]。砂山幸雄氏による同翻訳書への書評の中で、次のようなコメントが筆者の心に強く残っている。「訳者によれば、「政治的民主化を欠く経済発展を徹底的に批判し、言論の自由こそが最優先の実現課題であることを強調する」胡平氏のスタンスは、今なお「まったくぶれていない」（150頁）。かつての「言論の自由」への強烈な渇望を追体験することが困難になった今日、どのようにその価値を人びとの心に根づかせることができるのか、「ぶれない」だけでは足りないのではないだろうか——30年前の記念碑的文章を読みつつ、そんな思いもまた禁じ得なかった[6]」。

　ぶれない主張が、結果として、一般大衆の願望と乖離・遊離することも往々にしてありうる。憲法学者はどうだろうか。中国の憲法学者の憲政主張は、中国の一般大衆の心をつかめているのだろうか。つかめていないのであれば、それはなぜなのか。

　第三の問題意識は、筆者が、2010年11月に中村元哉氏、山本真氏とともに編集・刊行した『憲政と近現代中国—国家、社会、個人—』（現代人文社）（以下、『憲政と近現代中国』と略記）の再考である。

　同書の「序」において、編著者3名は、「憲政」の概念を広義、狭義、最狭義の三つに区別・整理した。すなわち、①文字どおり憲法に基づく政治（憲法政治）（広義における憲政、形式的意義における憲政）、②国家権力の濫用を制約し国民の権利・自由を保障する法規範、すなわち立憲主義的意味の憲法に

基づく政治（狭義における憲政、実質的意義における憲政）、③国家権力の濫用を制約し国民の権利・自由を保障する具体的内実（例えば、違憲審査制、公と私の分離等）を具えた憲法に基づく政治（最狭義における憲政）の三つである。その上で、可能な限り、狭義の意味で「憲政」という語を使用することを編著者3名の間での緩やかな共通理解とした。同書では、こうした憲政理解を前提としつつ、さらに、同書全体で大きく二つの課題を設定した。第一に、近現代中国（中華民国、中華人民共和国）は憲政（立憲主義）を受容したといえるのか、もし受容したのであればどの段階で、またはどの範囲まで受容したのかという問いであり、第二に、「中国的（中国型）憲政」が設定可能なのかという問いである[7]。また、筆者の小論部分では、立憲主義と民主主義との間の緊張関係について指摘した上で、中国の現行の国家・政治体制におけるその現出可能性、および法学者のそれに対する把握・理解の如何について、人民法院の人民代表大会に対する活動報告、違憲審査制の導入をめぐる議論等を手がかりに順次検討した[8]。

　こうした同書の研究の視角と方法、課題の設定、および筆者の小論に対して、各方面から有益なコメントをちょうだいした[9]。「憲政」概念を整理したことや、憲政（立憲主義）と民主主義との緊張関係・相剋を問うことを課題の主軸に据えたことについては、一定の好感が示された。その一方で、様々な疑問・批判も提起された。例えば、このような研究手法だと「立憲主義的価値の実現如何という理論的高みから課題を設定し、歴史を裁断しがちになるのも否めないのではなかろうか[10]」、同書は憲政の実施・運用には正面から向きあっていないのではないか、民主主義と立憲主義との緊張関係を人民代表大会と人民法院との関係に置き換えるのは現実の状況と遊離しており無理があるのではないか[11]、等々。

　筆者は、以前より、近現代中国の立憲主義（憲政）を立体的に把握・理解するためには、学際的・国際的な「対話」が重要であると考えてきた[12]。本論文は、筆者にとって、かかる「対話」のささやかな一環である。

第1節　憲法を変えるのか、憲法で変えるのか？

「憲政」を狭義で、すなわち「立憲主義」とほぼ同義で把握・理解した上で、中華人民共和国（以下、中国と表記）における「憲政」の変遷を概観しておきたい。『憲政と近現代中国』の編著者3人の中でも、筆者の憲政理解は、最狭義のそれに最も近いかもしれない。最狭義の憲政理解に立てばもちろんのこと、狭義の憲政理解に立ったとしても、1949年10月の成立以降の中国は今なお「憲政＝立憲主義」を受容していないとみるべきであると筆者は考えている。

中国は、成立の段階で、公的には西欧的な近代立憲主義を明確に全否定した。毛沢東は、中国成立直前の時期に、「西側のブルジョア階級的文明、ブルジョア階級的民主主義、ブルジョア階級共和国の構想は、中国人民の心の中で一斉に破産してしまった[13]」と断じていたし、また、中国共産党も、1949年2月に『国民党の六法全書を廃棄し解放区の司法原則を確定することに関する指示』を発布し、中華民国の憲法体制との断絶を明言していた。1970年代後半以降、民主化運動がしばしば発生し、政治的民主化の実現や人権の確立が提起されたが、これに対して、中国政府・共産党および法学界は、西欧的な近代立憲主義への再度の拒否回答を示した。

しかしながら、1989年の「天安門事件」以降、中国政府・共産党の姿勢に微妙な変化も現れ始めた。民主活動家・民主派知識人から提起された民主・人権要求、および民主化運動弾圧に対する西欧諸国や国際的な人権NGOの批判の高まりの中で、中国政府・共産党および法学界は、「法治」や「人権」という語を公認し、それらをスローガンとして積極的に提示するようになった。「社会主義法治国家の建設」は1999年3月の憲法部分改正で、「人権の尊重と保障」は2004年3月の憲法部分改正で、それぞれ国家の責務として憲法にも明記された。さらに、中国政府は、1997年10月に『経済的、社会的及び文化的権利に関する国際規約（社会権規約・A規約)』に、1998年10月に『市

民的及び政治的権利に関する国際規約（自由権規約・B規約）』にそれぞれ署名した（2001年2月に全国人民代表大会常務委員会は『社会権規約』の批准を決定）。

　そうはいっても、中国憲法の条文および理論と西欧的な近代立憲主義との間には、なお埋めがたい溝が存在していることは否めない。第一に、中国憲法は、国家権力だけでなく個々人にも憲法の擁護・遵守義務を課している（憲法の名宛人の問題）。立憲主義とは、国家権力の濫用を制約し国民の権利・自由を保障する思想あるいは仕組みを指す。端的にいえば、憲法は国家権力を縛るものであり、それゆえ、公権力を行使する者に憲法遵守義務が要求されるのである。ところが、中国憲法は、前文（第13段）で憲法の最高法規性を謳う一方で、「全国の各民族人民、すべての国家機関および武装力、各政党および各社会団体、各企業・事業組織は、憲法を根本的な活動準則とし、さらに憲法の尊厳を擁護し憲法の実施を保証する責務を負わなければならない」とする。さらに、個々人の憲法遵守義務は第53条において「公民の基本的義務」の一つとして再掲される。第二に、中国憲法は、個々人の価値の相対性の保障に消極的ないし否定的である。中国憲法は前文（第7段）において「四つの基本原則（社会主義の道、人民民主主義独裁、共産党の指導、マルクス・レーニン主義と毛沢東思想・鄧小平理論等）」を憲法の指導思想として提起し、その「堅持」を「中国の各民族人民」の法的義務[14]とすることで、個々人に特定のイデオロギーを強制している。加えて、第1条第2項では社会主義の破壊の禁止を、第24条では社会主義精神文明の建設の強化が国家の任務であることをそれぞれ規定している。これら条文が存在するため、西欧諸国のような思想の自由は当然のことながら憲法に規定されていない[15]。

　筆者の研究に対しては、これまでしばしば、「法治の実質化で民主を実現する方途があるのではないか。憲法のあるべき姿を回復することにより、人権保障の実質化が図れるのではないか」という疑問が提起されてきた。しかしながら、中国憲法の「あるべき姿」がそもそも立憲主義とは相容れないのである。

　「言論の自由を規定した自国の憲法を中国は順守すべきだ」。2010年10月、

ノーベル平和賞委員会は、民主派知識人の劉暁波氏にノーベル平和賞を授与する際に、このように述べて中国政府を批判した。この批判もやはり正鵠を射ていない。確かに、「憲法があるにもかかわらず」、現在の中国では、様々な形で人権が抑圧・侵害されている。近年、市民や人権派弁護士が、憲法や法律を武器にして、本来享有するべき人権を要求する社会運動を起こすケースも散見される[16]。しかしながら、一方で、上述したような立憲主義的意味の憲法とは異質の「憲法があるがゆえに」、人権・自由が抑圧・侵害される場合もあるのである。例えば、「天安門事件」では、市民・学生の側が憲法に基づく言論、出版、集会、結社、行進、示威の自由（第35条）の行使を主張し、さらにそのいっそうの保障を要求したのに対し、中国政府・共産党の側は、少数の者が「公然と憲法に違反し、共産党の指導と社会主義制度への反対を煽動」した[17]、と市民・学生を断罪し、憲法第89条第16号に基づいて首都北京に『戒厳令』を布告した[18]。つまり、市民・学生と政府・共産党の双方が、自らが憲法の擁護者であり相手方こそが憲法に違反していると主張したのである。また、「天安門事件」以降、陸続と制定された言論・表現の自由関連立法（『集会行進示威法』（1989年10月公布）、『社会団体登記管理条例』（1989年10月発布、1998年10月改正）、『出版管理条例』（1997年1月発布、以降数次の部分改正）等）は、明文をもって「憲法に確立された基本原則に反対」するような表現行為を禁じている。これに反した場合は、行政罰の対象となるだけでなく、国家安全危害罪として刑事罰を科される場合すらある。なお、「憲法に確立された基本原則」が上述した「四つの基本原則」等を指していることは明らかである。

　こうした中国憲法を立憲主義的意味の憲法に転変させるためには、やはり、憲法全面改正が筋であろう。そうであるからこそ、「天安門事件」では、民主化要求と連動する形で、憲法全面改正の主張が体制の内外において提起されたのである。また、2008年12月に、中国内外の学者、弁護士、記者、労働者、農民、企業家、共産党退職官吏ら303名が、「08憲章」と称する宣言文を連名でインターネット上に発表して中国内外の注目を集めた[19]。

第6章　岐路に立つ憲政主張

「08憲章」は、自由、人権、平等、共和、民主、憲政を「我々の基本的理念」として掲げ、それら理念の実現に向けて19項目の具体的な主張を「我々の基本的主張」として提起している。そのトップで主張されているのは、憲法の全面改正である。「1.　憲法改正：前述した価値理念に基づいて憲法を改正し、現行憲法の中の主権在民原則に適合しない条文を削除し、憲法を真に人権の保証書および公権力への許可証にし、いかなる個人、団体および党派も違反してはならない実施可能な最高法規とし、中国の民主化に法的な基礎を打ち立てる」。

　これに対して、中国法学界の近年の潮流は、憲法の改正ではなく、憲法の解釈によって、中国憲法の権威を確立し、中国憲法を立憲主義的意味の憲法に近づけようとするものである。民主活動家・民主派知識人とは異なり、中国国内にあり、かつ体制に深くコミットしている法学界主流派にとって、憲法の全面改正を声高に叫ぶわけにはいかないのであろう。

　憲法解釈論重視を提唱する急先鋒が、中国憲法学研究会会長も務める韓大元氏である。韓大元氏は、憲法解釈の重要性について、次のように述べる。「憲法テキストがすでに存在し、社会の構成員によって公認され、社会共同体の基本的価値が「合法的」に憲法テキストの中に組み込まれている以上、学者は、憲法テキストについての研究を通じて憲法に含意された価値を発見し、憲法を解釈することで社会発展において直面する諸問題を解決すべきである。もし、我々学者が、憲法問題において、改革、革命、急進の学術的傾向を強調しすぎると、憲法テキストの存在する社会的基礎が非常に脆弱なものになってしまうと思う。それゆえ、憲法学のプロフェッショナル精神においては、「革命」式の学術的傾向を提唱すべきではなく、「真正の憲法の方式をもって憲法学の対話を展開する」ことで、過度の革命意識、改革意識、急進意識を克服すべきである。すでに形成された憲法規範は、我々が学術活動を進めるにあたっての最低ラインであり、自国の憲法を研究するにあたっての基本的出発点でもある[20]」。韓大元氏は、自らのこうした立場を「保守主義」と称しているが、彼の主張は中国憲法学界において広く支持を集めてい

147

る[21]。

　現行の中国憲法体制をどのように評価するのか、換言すれば、憲法を変えるのか、それとも憲法で変えるのか、これが、中国における憲政主張の一つめの分岐である。

第2節　「民主」よりも「憲政」を

　『憲政と近現代中国』においても強調したように、民主主義（民主）と立憲主義（憲政）は異なる概念であり、両者は相互補完の関係に立ちながらも、時として微妙な緊張関係に立つ。民主主義は、権力の民主化による真の多数者支配の実現を目指すのに対して、立憲主義は、民主化された権力も含めて権力からの個人の自由を確保しようとする。両者は、もともと目指すべき方向性も違うのである。

　憲法の制定は、主権の発動という意味においては、本来、直接民主主義の発露の最たるものである。そして、憲法改正権は、形を変えた憲法制定権である。頻繁な憲法改正に消極的・批判的な法学者たちは、総じて民主主義（民主）そのものに懐疑の眼差しを向ける。法哲学者の季衛東氏は、「民主」の前提としての「憲政」を強調し、ポピュリズムに対する強い警戒感をにじませる。「つまり、中国が政治体制改革をさらに一歩推し進める場合には、ある種の低俗化、単純化された民主観を退けねばならず、ポピュリズムと情念化した大衆世論が民主化の進展を歪曲させることを防ぐべきであり、それ故に民主と手続を密接に結合させるべきであり、公正な法律形式を備えた民主があってこそ、はじめて「よいもの」であると真に称することができるのである」。「この意味において、中国は法治を通じて民主に向かうべきであり、しかも、政治体制改革の初期段階にあっては、「大衆路線」式、世論指向的、「蜂の巣をつついた」式の民主を強調するよりも、むしろ、まずもって法治ないし憲政をより多く強調した方がよいであろう[22]」。

　民主主義（民主）に対する立憲主義（憲政）の優位ないし優先を主張する

148

のは、「保守主義」の法学者にとどまらない。憲法学者の杜鋼建氏は、憲法全面改正論者であり、その点においては、韓大元氏のいうところの「急進主義」のカテゴリーに属するが、彼はより明快に「民主主義（民主）よりも立憲主義（憲政）を」と主張する。杜鋼建氏は、20世紀の中国の憲政主義（Constitutionalism）思潮は「民主主義的憲政主義」と表現することができ、さらに、それは、立憲の旗幟の下で民主立憲制や代議立憲制を追求した旧民主主義的憲政理論と、多数階級の少数階級に対する専政（独裁）を唱道し、このような専政（独裁）を憲政とみなし民主主義と同視した新民主主義的憲政理論（新民主主義的専政（独裁）理論）に分けることができる、と述べる。そして、こうした「民主主義的憲政主義」について、杜鋼建氏はいずれも「幻想性を具えていた」と批判する。すなわち、「旧民主主義者と新民主主義者は、ともに憲政を民主政治と同視し、民主政治を目下実現すべき、またはすでに実現したものとみなして」おり、「民主、憲政および自由の三者の関係がいかなるものであるかについて、はっきりした正確な認識を欠いていたのである」。「憲政の本義は、自由の実現にある」と杜鋼建氏は強調する。「憲政とは、現行の国家権力を憲法の軌道に組み入れ、当局者の権力の運用を法治の拘束の下におくことにほかならない。憲政とは、当局者の権力を奪取して人民に与えることではない。憲政とは、人民の自由が当局者の権力の侵犯を受けないことを保障することである」。今日の中国人についていえば、憲政の当面の急務は、人民を「国家の主人公」とすることではなく、人民を「自由民」とすることなのである。「民主主義者は、憲政に対して過度の期待を抱いており、…憲政が直接達成しうる目標が自由であることを忘れているのである」。民主ではなく自由・人権を達成すべき直接の目標として要求するこのような「新しい憲政主義」を、杜鋼建氏は「人権主義的憲政主義」と命名している[23]。

　ここで強調される「憲政」とは、狭義における憲政である。現在、憲政を狭義で理解・把握することは、すでに、中国の憲法学界・法哲学界の共通認識になりつつある。例えば、法哲学者・憲法学者の李歩雲氏は、1993年に公

表した論文の中で、憲政を次のように定義している。「憲政とは、国家が、現代文明を充分に体現する憲法に基づいて統治を行ない、一連の民主原則および制度を主要内容とし、法治の励行を基本的保証とし、最も広範な人権を充分に実現することを目的とする政治制度である。…民主は憲政の基礎であり、法治はその重要な条件であり、人権保障は憲政の目的である[24]」。また、同じく法哲学者・憲法学者の周永坤氏は、2002年11月に開催された共産党第16回全国代表大会において、共産党が「社会主義政治文明の建設[25]」を政策目標として標榜したことを、憲政推進の好機と捉える。彼は、憲法規範性の向上、権力牽制体制のさらなる改善、公民の基本的権利の保障（とりわけ、重要なのは、財産権、言論の自由、選挙権）、憲法保障体制の改善を中国憲法の課題として挙げている[26]。日本で長く教鞭をとっていた季衛東氏の憲政理解に至っては、日本におけるオーソドックスな立憲主義理解とほとんど何ら変わりない。「憲政とは、憲法を至上とする原則の下に、司法審査の制度布置によって、人権を適切に保障させ、権力を濫用する政府の行為を制限するのであり、国家活動を全て法治の軌道に次第にのせることを意味するのである[27]」。ここでは、司法審査制と人権の保障が憲政の中心に据えられている。

　民主主義（民主）か立憲主義（憲政）か、これが、中国における憲政主張の二つめの分岐である。次節では、憲法学者の憲政主張と一般大衆の希求との距離という視点から、この分岐についてもう少し掘り下げてみたい。

第3節　憲政主張と一般大衆との距離

　これまでみてきたように、近年、中国憲法学界の主流は、「民主主義（民主）の暴走」の危険性を指摘し、立憲主義（憲政）の実現を中国の政治・社会変革の最優先課題として位置づける。また、立憲主義（憲政）の実現・定着にあたっては、憲法改正よりも憲法解釈をもって対処すべきと、その主張および研究をシフトさせつつある。このような「民主主義（民主）よりも立

憲主義（憲政）を」、「憲法改正よりも憲法解釈で」という中国憲法学界の姿勢および具体的主張は、一般大衆にどのように受け止められているのだろうか。

憲法学者の上官丕亮氏が2002年11月から12月にかけて行った公民の憲法意識のアンケート調査によれば、「あなたは、中国憲法がその作用を発揮するためのカギは何だと思うか」という問いに対して、「Ａ：党と国家が重視する」17.78％、「Ｂ：憲法を全面的に改正する」13.49％、「Ｃ：公民の資質を向上させる」20.08％、「Ｄ：専門の監督機構を設置する」27.07％、「Ｅ：裁判所が憲法を直接適用する」2.30％という回答結果が出ている。憲法解釈重視の立場といえるＤとＥを合わせれば30％近くに達する一方で、憲法全面改正を望む意見も依然として根強く存在する。ちなみに、このアンケートでの調査地域は、江蘇省、上海市、浙江省であり、対象となった人々の学歴は専門学校卒・大卒以上が合わせて44.06％を占めている[28]。

「民主主義（民主）よりも立憲主義（憲政）を」という立場に対しては、法学界内部からも重い問題提起がなされている。例えば、民商法学者の喬新生氏は、「中国の法学者が最も気にかけているのは、法律が広範な民衆の理想と願望を代表することができるかどうかではなく、法律が法学者の理想と願望を代表することができるかどうかである…。…このような立法上のエリート主義は、法律の専門家たちが民衆から学ぶことを妨げている。彼らの両眼は上を向き、自己の正義の理念を売りさばき、あるいは、正義の大旗を掲げて民衆のいわゆる「多数者の暴政」に抵抗し、少数の企業家の用心棒を務めている[29]」と辛辣な批判を展開している。

中国の憲法学者たちは、こうしたアンケート調査結果や法学界内部からの批判をどうみているのであろうか。もし、中国の憲法学者たちが、自らの立場および具体的主張について、一般大衆[30]の理解・支持を得たいと考えているのであれば、いくつかの中心的論点について一般大衆にていねいに訴えかける必要があるのではないだろうか。

1. なぜ、「私有財産権」なのか？

私有財産権の保障は、言論の自由の保障と並んで、近代立憲主義の中核をなす。だからこそ、私有財産権の法的な位置づけをめぐっては、中華人民共和国成立以降、とりわけ「改革開放」政策がスタートして以降、政府・共産党レベル、学術レベルを問わず、様々な思惑が交錯し、激しい議論が繰り返されてきた。かつて、憲法学者たちは、1970年代末に、「ブルジョア階級「人権」の実質は、ブルジョア階級の私有財産権と自由搾取権を確認し擁護することであ」り、それは「欺瞞」である、と私有財産権を激しく断罪した[31]。ところが、その後、「改革開放」政策推進の大号令の下で、市場経済への移行、私営企業の保護・地位向上が図られたことは周知のとおりである。2004年3月の憲法部分改正において「私有財産の不可侵」と「私有財産権の保護」が憲法に明記されたこと（第13条）、そして、2007年3月に『物権法』が制定されたことは、その法分野における一つの到達点であった。この間、憲法学者たちは、私有財産権問題を市場経済体制の構築と完備の核心に位置づけ、かなり前のめりになり、私有財産権の保護の強化、および憲法におけるその保障の明記に向かって主張・研究を展開した[32]。こうした憲法学者の主張・研究は一般大衆の共感を得られるようなものだったのであろうか。

日本の憲法学においては、私有財産権は基本的人権として憲法の保護を受ける一方、社会・福祉国家の実現という政策目的により精神的自由に比して強い制約に服する、と一般に理解されている。経済的自由権をある程度制限し、富の再配分を図ることで、実質的な平等を実現するのである。私有財産権の保護の強化は、貧富の格差の拡大・固定化という弊害ととなりあわせである。資本主義体制のこうした弊害を克服するところにこそ、社会主義体制の優越性があるはずであった。

中国の憲法学界が、貧富の格差の是正との関連で私有財産権の保障と制限を省察する機会は少なくとも二度あった。

一度目は、1997年から1999年にかけて、知識人界で展開された「自由主

義・新左派論争」である[33]。「自由」と「公正」・「平等」をめぐって、「自由主義」と「新左派」との間で激しい議論がなされたのだが、憲法学者たちは、基本的にこの論争にはノータッチであった。

　二度目は、2005年8月から2006年にかけての「物権法違憲論争」である[34]。法哲学者の鞏献田氏が、2005年8月に、「物権法草案」は憲法違反であるとする公開書簡を全国人民代表大会常務委員会宛に送付し、インターネット上にこれを公開した。鞏献田氏は、公開書簡の中で、「物権法草案」は、私有財産の保護を核心としており、「社会主義の公共財産は神聖不可侵である」（憲法第12条第1項）という憲法の原則を廃除しようとするものである、と断じ、草案の採択は、よりいっそう私有化プロセスの加速と貧富の格差の拡大をもたらし、共産党政権の物質的基礎を破壊するにちがいない、と指弾した。「自由主義・新左派論争」とは異なり、「物権法違憲論争」は、法律そのものの合憲性に疑義が呈されたため、法学界も否応なしに論争に巻き込まれた。物権法の早期制定を目指し、さらにその先の統一民法典制定をも展望する民法学界の主流派は、一致結束して公開書簡に反駁した。その際、「法盲」、「文革（文化大革命）式」といったかなり感情的・刺激的な言葉も用いられている。他方、憲法学界は、現行『1982年憲法』の部分改正の変遷や全国人民代表大会およびその常務委員会の制度構造から、「物権法草案」の合憲性を根拠づけた。残念ながら、ここでも、「なぜ、私有財産権が必要なのか」、「私有財産権の保障の強化は、貧富の格差の拡大・固定化につながらないか」という根源的な問いに対する回答が、憲法学者たちの口から発せられることはなかったのである。

　私有財産権に関して、中国の（民法学者はもちろんのこと）憲法学者の立場は、リベラリズム（公正的自由主義）というよりもリバタリアニズム（自由至上主義）に近い、というのは言葉がすぎるだろうか。

2．なぜ、「司法権の独立」なのか？

　「フランス人権宣言」は、第16条において「権利の保障が確保されず、権

力の分立が定められていないすべての社会は、憲法をもたない」と謳う。この条文は、しばしば立憲主義思想の端的な表現として様々な場で紹介・引用される。憲法学者の阪口正二郎氏は、近年、とりわけ冷戦の終結以降、「立憲主義」という思想が、西欧諸国を超えて、他の多くの諸国に採用されていくプロセスを「立憲主義のグローバル化」と呼び、さらに、「立憲主義のグローバル化」を論じるにあたり、そこで復権している「立憲主義」とは、「権力は縛られるべきだ」という単純な発想を超えて、「権力＝多数者によっても侵しえないものとしての「人権」という観念と、それを担保するための違憲審査制という装置を内容として持ったものである」と述べる[35]。

　中国においては、言論の自由と私有財産権の保障と並んで、権力の分立の実現も憲政（立憲主義）を指向する憲法学者たちの最大の関心事であり続けてきた。また、今日、「権利あるところに救済あり」や「救済なければ権利なし」という命題は、すでに憲法学者たちの共通認識になりつつある。どのような権力の分立が望ましいのか。権力の分立を通じてどのように人権の保障を実効的なものにするのか。中国の憲法学者たちが、権力分立の実現のカギとみなすのが司法権の独立であり、人権の実質的な保障の装置として待望するのが（司法による）違憲審査制である。

　現行の中国憲法は「民主集中制の原則」を明示する（第3条第1項）。「民主集中制の原則」の下で、人民代表大会は、行政機関、裁判機関、検察機関等を選出し、その活動を監督するという全権的な国家権力機関であるため（同条第3項）、各機関の間で、それぞれ業務の分業はありえても、西欧的な三権分立や司法権の独立をそこに観念する余地はない。憲法第131条は、「人民法院は、法律の規定に基づき独立して裁判権を行使し、行政機関、社会団体および個人の干渉を受けない」と規定するものの、そこで標榜されているのは「司法権の独立」ではなく「裁判の独立」である。そして、その「裁判の独立」さえも、裁判委員会や政法委員会が明に暗に介入することにより、様々な形で歪められている[36]。人民代表大会制度（第2条）および「民主集中制の原則」からの当然の帰結として、司法に違憲審査権の行使は認められてい

154

ない（第62条第2号、第67条第1号参照）。

　中国の憲法学者たちは、こうした現行の制度およびその運用の改善を憲政（立憲主義）の実現・定着の最重要課題とみなし、実に多種多様な主張・研究を展開してきた。

　ところが、憲法学者たちの司法権・違憲審査制に対する期待ほど、一般大衆の司法権に対する期待は高くないようにみえる[37]。一般大衆の司法の公正への不信には、その制度から来るものと、その運用・実態から来るものがある。制度についてはすでに概述した以上のことをここで展開するつもりはないが、運用・実態について、もう一言だけ触れるとしたら、その最も深刻な問題は、公務員の汚職・腐敗であろう[38]。司法は、公務員の汚職・腐敗問題にメスを入れない・入れられないばかりか、自らが汚職・腐敗にまみれているとして、世論の厳しい批判を受けている。毎年開催される全国人民代表大会および地方レベルの人民代表大会では、それぞれのレベルの人民法院長が一年間の活動を報告し、人民代表大会の審議・表決を経ることになっている（『人民法院組織法』第9条第1項）が、表決ではしばしば批判（反対・棄権）票がかなりの数を集める。2001年2月には、遼寧省の瀋陽市において、人民代表大会が人民法院の活動報告を否決するという前代未聞の事態が発生した。この背景には、当時、瀋陽市で、副市長、政治協商会議副主席、人民検察院長、人民法院副院長等が逮捕されるという大型スキャンダルが相次いで発覚するという事情があり、メディアはこの人民代表大会による人民法院の活動報告の否決をおおむね肯定的に評価した。

　司法の公正に対する不信の裏返しといってよいのが、一向に減少しない「信訪」である[39]。「信訪」とは、一般大衆が、手紙、電話、電子メール、訪問等の方法を用いて、中央・地方レベルの党政機関に、建議・意見を提出したり、苦情申立・請求を行ったりするもので、それは、日本語でいうところの直訴や陳情に近い。問題解決の達成率がきわめて低いにもかかわらず、年間50万人が「信訪」を行うともいわれる[40]。訴訟、さらには確定判決に対して「信訪」が行われることもめずらしくない。

155

周永坤氏は、人民代表大会による人民法院の監督を強化することは、司法権の独立や司法の権威の確立に不利であるとし、これに懸念を示す[41]。同様に、「信訪」についても、その制度を速やかに縮小・廃止し、裁判所を唯一かつ最終的な紛争解決のルートにすることで、司法の権威が向上するはずであると説く[42]。こうした憲法学者の主張と一般大衆の希求していることとの間にはやはり距離があるといわざるをえない。

3. なぜ、「憲政」なのか？

近代立憲主義は、「国家と個人の二極対立」をその基本的な構図とする。中間団体をいったん徹底的に解体して、国家に権力を集中した上で、その国家権力を様々な形で制限して、個人の人権の保障を図る。「国家権力は個々人にとって危険なものとなりうる」という発想が立憲主義思想の根底にある。

ところが、こうした構図や発想は、中国の一般大衆にはなじみの薄いものである。

まず第一に、様々な研究が指摘するように、中国の一般大衆は、中央政府に対してきわめて強い信頼を寄せている。例えば、社会学者の園田茂人氏が、2005年から2006年にかけて天津・重慶・上海・広州の各市で行った調査によれば、「党や政府は国家や人民にとって何が最善かを知っている」、「言論の自由に比べて社会の安定のほうが大切だ」という文言に対して、中間層と労働者のそれぞれおよそ60％から70％が、「まったくそう思う」または「ややそう思う」と答えている[43]。また、園田氏が2006年に行った別の調査によれば、中間層・労働者の地方政府に対する不信感が40％前後に上るのに対して、中央政府に対するそれはわずか10％前後にとどまっている[44]。「信訪」がいっこうに減少しないのも、一般大衆が「中央政府ならなんとかしてくれる」と考えているからにほかならない。

第二に、「国家と個人の二極対立」を前提とするオーソドックスな立憲主義観が内包する問題性である。「民主主義（民主）よりも立憲主義（憲政）を」という選択は、権力からの個人の自由を確保しようとするものであり、

権力の民主化を実現するものではない。「国家と個人の二極対立」、公的領域と私的領域との区分を徹底的に追求するだけでは、国家は個人にとっていつまでも他者のままではないだろうか。個人はいつまでも個人のままであって「市民」にはなりえないのではないだろうか[45]。

杜鋼建氏は、「それでもかまわない」と開き直る。彼は、人権の思想的淵源を儒教の仁学思想に見出し、儒学の政道を「新憲政主義」として提唱する。「「新憲政主義」とは、筆者が新仁学を研究する中で、儒家の政道思想に基づいて提起した憲政理論である。儒家の政道論は、国家の政治管理構造は治者と被治者という二つの部分から構成されなければならない、と考えている。「人を治める者は人に食（やしな）われ、人に治められる者は人を食（やしな）う」といわれる。この政治分業は、国家が存在するという条件の下では避けることのできないものである。儒家は賢人政治を信奉するが、民主政治に幻想を抱いていない。国家が存在するという条件の下では、民衆は常に被治者階級であって、統治階級にはなりえない。筆者は、この基本的な政治的観点について、何の疑いももっていない[46]」。こうした憲政観・民主観は、現在の中国一般大衆にとって受け入れられるものなのだろうか。

2012年に、王立軍重慶市副市長（当時）のアメリカ総領事館（成都）への駆け込み（2月）、薄熙来重慶市共産党委員会書記・共産党中央政治局委員（当時）の失脚（3月～4月）、薄熙来の妻たる谷開来の殺人容疑での身柄拘束（4月）および執行猶予付き死刑判決（8月）という一連の事件・政変（重慶事件）が中国内外に衝撃を与えた。中国思想史を専攻する「新左派」の代表的論客である汪暉氏は、薄熙来の下で進められた重慶市の「改革」と「実験」を、「一種の公開政治」であり、また「民衆の参与に開かれた民主のテスト」であったと高く評価する。その目指すところは、中国に様々な格差をもたらした新自由主義改革に歯止めをかけ、「都市農村の総合計画を重視し、再配分と公平正義を強調」するものであった、と彼は述べる。汪暉氏は、「重慶事件」は、「密室政治のお芝居に近いもの」であると批判し、「重慶事件」が口実となり、新自由主義の潮流が息を吹き返した、と嘆く[47]。こうした汪

暉氏の主張に対しては、すでに中国経済研究者の梶谷懐氏がその問題点をいくつか指摘しており(48)、筆者も汪暉氏の主張に諸手を挙げて賛同するわけではない。しかしながら、重慶市の「改革」と「実験」が、たとえ、建前にすぎず実態を伴っていなかったとしても、富の再配分と公平公正を強調し、たとえ、ポピュリズムであったとしても、民衆の広範な参与を謳っていたという点、あるいは、重慶市の「改革」と「実験」をそのように肯定的に評価(誤解?)する汪暉氏のような知識人が存在しているという点は、やはり重要である。「公開政治プラス大衆路線は中国の政治改革の基本課題である。公開政治の前提においてのみ、民主が新たな不平等関係を合法化する方向に行かせないようにできる。すなわち、民衆が平等に参与する民主があってこそ、民主が少数の権力者や独占利益によって操作されないようにできるのである(49)」と汪暉氏は主張する。この主張は、「民主主義(民主)よりも立憲主義(憲政)を」という憲法学者たちの主張と一定程度対照をなしているといえるが、憲法学者たちからこうした主張に対する反論の声は聞こえてこない。

第4節　社会変革としての憲政主張と 解釈論としての憲政主張

すでに概観したように、現在、中国において、憲法学者の憲政主張と一般大衆の意識・願望との間には一定の距離があることは確かである。しかしながら、憲法学者たちはその距離を縮めるよう努力しなければならないのであろうか。換言すれば、中国の憲法学者たちの使命とは何か。

憲法論のあり方をめぐる議論は日本においてもなされてきた。「研究」と「運動」を峻別すべきなのか、「研究」と「運動」は峻別できるのか、である。法学の中でもとりわけ憲法学は、よりよい人権保障のあり方と政治の枠組みを思考する学問であるため、この問題が尖鋭に表出する。

憲法学者でありなおかつ「九条の会」の呼びかけ人の一人としても有名な

奥平康弘氏は、かつて、「憲法研究者のけじめ」として、憲法研究者は、「憲法解釈論」（厳格な規範解釈を経由した上での違憲論）と「運動論としての憲法論」（ある立法を阻止するためという運動上の違憲論）を明確に区別しなければならない、と主張した。そして、どんな憲法研究者も、自分がどちらのレベルの憲法論に従事しているのかをまず内心において識別した上で、運動論のレベルでは、可能な限り、そのことを相手方（運動の担い手＝一般大衆）にも識別してもらうよう努めなければならない、とした。さらに、裁判所で通用する憲法解釈を提供することにとどまるか、それとも、自分の専門知識を活用して運動の世界へと参入するかどうかは、その人「個人」の問題、しかも「限りなくただの市民に近い」ところにある個人の問題である、と論じた[50]。

　これに対して、同じく憲法学者の市川正人氏は、「憲法論には、憲法規範に違反していないか否かというレベルだけでなく、憲法の趣旨・精神により適合するか否か（憲法上望ましいか否か）というレベルもある」と主張する。市川氏によれば、「憲法の趣旨・精神により適合する（憲法上望ましい）」という主張は、さらに、憲法の趣旨・精神を活かした法律解釈という形をとる場合と、憲法の趣旨・精神からみて望ましい立法政策の提唱という形をとる場合とに分かれる。市川氏は、具体的事例を証左として挙げつつ、そのいずれもが成り立ちうると結論づける。前者についていえば、「裁判官が、法律の文言の枠の中で立法者の意思を重要な指針の一つとしつつも、憲法の精神を導きの糸として、法体系、各法律の構造、問題となる法的な概念の歴史、社会の現実等を考慮に入れつつ法律解釈を行うことには、権力分立や民主主義との関連で何ら問題はない」し、「法律の解釈基準としての憲法の機能を明らかにすることは、それには憲法についての専門的な知識を必要とするだけに、憲法学の重要な課題」である。後者についていえば、「適切な憲法政策論を構築するのには、憲法についての「専門知識を活用」することがまさに必要とされるのであるから、憲法政策論の構築は総体として憲法研究者の役割の一つであるとみるべき」であり、「憲法政策論を展開するかどうかは、憲法研究者の選択の問題」である[51]。後者についての市川氏の主張

は、憲法政策論は「運動」でありそれは憲法研究者が「市民」として行っているだけであるとする奥平氏の立場とは明らかに異なっている。

中国の現況に目を転じよう。中国でも、日本と同程度に、あるいはそれ以上に、憲法は政治と密接に連関するものであり、それゆえ、中国の憲法学者たちも、憲法と政治との距離をどのようにとり、憲法の学術性と政治性をどう区別するかという問題について苦慮してきた。

市川氏の整理をふまえた上で、中国の現況について、問題を二点指摘しておきたい。

第一は、第3節で言及したが、「違憲審査制の機能不全」という問題である。市川氏のいう憲法論の「憲法規範に違反していないか否か」というレベルと、「憲法の趣旨・精神により適合するか否か」というレベルのうち「憲法の趣旨・精神を活かした法律解釈」が、これに関連する。すでに述べたように、韓大元氏らは、憲法解釈によって憲法の権威を確立することを模索する。しかしながら、現行の中国憲法体制下では、憲法解釈の主体としてその中心的役割を担うことが期待される司法権には、違憲審査権が付与されていない。憲法実施の監督権限と憲法解釈権限を付与されているのは、全国人大およびその常務委であるが、全国人大およびその常務委がこれら権限を行使して公民の基本的権利の事後的救済を図った事例は一つもない。このような現行憲法の体制および運用の下では、憲法学界がいくら憲法解釈論の精緻化に努めても、それら学説は抽象的さらには空理空談的なものとなってしまうのである(52)。

第二は、「現行憲法の評価」という問題である。市川氏のいう憲法論の「憲法の趣旨・精神により適合するか否か」というレベルの「憲法の趣旨・精神を活かした法律解釈」と「憲法の趣旨・精神からみて望ましい立法政策の提唱」の両方が、これに関連する。中国の場合に即していえば、ここでは、中国における憲法解釈論が「憲法の趣旨・精神により適合するか否か（憲法上望ましいか否か）」というレベルをも扱うのか、もし、扱うのであれば「憲法の趣旨・精神により適合する（憲法上望ましい）」とは何か、が問われ

160

ることになる。この点、憲法学者の多くが現行日本国憲法に愛着を示す日本とは異なり、中国の憲法学者の現行中国憲法に対する評価が割れているのはすでに指摘したとおりである。少なくない憲法学者が現行中国憲法そのものに問題があると考える中で、はたして「憲法の趣旨・精神により適合する（憲法上望ましい）」法律解釈・立法政策提唱は可能なのであろうか。この点、翟国強氏は、「憲法的権利の規範体系そのものの妥当性がなお完備されることが待たれる中国においては、一定の価値立脚点に基づく外部の観点から、憲法的権利の体系に対して批判的な研究を行うことは、依然として代替しえない重大な意義を有している」と認めつつも、「しかしながら、もし、学術研究が、イデオロギーによって「牽かれながら」あるいは「追われながら」危険な状態へ歩むのを避けようとするならば、現在のところ、中国の憲法的権利に関する研究は、やはり憲法的権利の規範そのものへと適切に戻るべき」であるとして、現行憲法を前提とした憲法解釈論に強いこだわりをみせている[53]。

　中国の憲法学は、社会変革・社会改良への強い関心を示しながらも、「天安門事件」以降、いわゆる「運動」とは一定の距離をおいてきた。例えば、中国国内の著名な憲法学者が「08憲章」に署名した例を筆者は目にしていない。積極的に社会変革・啓蒙に関わろうとする憲法学者もいるにはいるが、きわめて稀である。「研究」と「運動」との関係をどのように把握・理解するのか、これが、中国における憲政主張の三つめの分岐である。

小括

　以上、駆け足ではあるが、現在の中国における憲政主張の特徴と課題についてみてきた。最後に、「問題の所在」において設定した三つの問いに戻り、筆者なりの回答を示し結びに代えたい。順序は「問題の所在」のそれと逆になる。

　まず、第三の問題意識についてである。

立憲主義と民主主義との緊張関係という問題は、現代中国に限らず古今東西起こりうる理論的・実践的問題である。この問題に対する筆者の基本的主張は、『憲政と近現代中国』から大きく変化していない。すなわち、個々の論者が、それぞれの時代の状況と国・地域の状況を勘案しつつ、自らの信念に基づいて、「立憲主義か民主主義か」という問いに解を出していくほかない。筆者自身の立場は、一般論でいえば、あるいは、日本の現況に即していえば、「民主主義よりも立憲主義を」である。

　しかしながら、中国の現況に即していえば、立場は自ずと異なってくる。共産党という「国家権力を凌駕する「もう一つの権力」」があるという状況をふまえれば、現時点において望ましい選択は「立憲主義か民主主義か」という二者択一ではなく、「立憲主義も民主主義も」という選択、すなわち何とか両者の接合を図り「もう一つの権力」と対峙していくことなのかもしれない[54]」。現代的な立憲主義の中核に位置づけられる、司法による違憲審査制が未確立であればなおさらである。この点、中国の憲政が「立憲主義のもつ近代的課題と現代的課題に、同時に直面」しているという翟国強氏の指摘は示唆に富む。すなわち、現在の中国においては、法律による人権保障（議会による人権保障）と法律からの人権保障（司法による人権保障）の双方が必要とされなければならないと翟国強氏は説くのである[55]。

　民主主義も立憲主義も十分に実現・定着していない中国について、立憲主義と民主主義との緊張関係という問題を論じる場合、よりていねいな議論が必要となろう。なぜなら、両者が形式的にも実現していない段階で、「立憲主義か民主主義か」という二者択一を乱暴に迫ることは、劣位する一方の端的な否定につながってしまうおそれがあるからである。また、ていねいに議論するためにも、個々の事例（例えば、違憲審査制の民主的正当性、「議行合一の原則」の是非等）に即して「立憲主義か民主主義か」を理論的に考察するレベルと、立憲主義的制度改革（司法権の強化・独立、違憲審査制の導入）と民主主義的制度改革（人民代表大会の活性化・権限強化）のどちらを優先して推進するかを提言するレベルは、意識的にある程度区別して論じることが必要で

あろう。

　次に、第二の問題意識についてである。

　憲法学者の憲政主張と一般大衆の希求するところに距離があるのは、憲法学者たちの主張が、民主主義（民主）よりも立憲主義（憲政）に傾斜し、公正・平等よりも自由に傾斜しているからである。しかしながら、この距離の発生は、ある意味自然であり、仕方のないことなのかもしれない。すでに述べたように、民主主義は、権力の民主化による真の多数者支配の実現を目指す。民主主義（民主）が「多数者支配」、「権力の掌握」と結びつくものである以上、一般大衆は、民主主義（民主）により大きな関心を抱き、時としてそれに魅惑される。そうした「民主主義（民主）の暴走」の危険性を指摘し、個人・少数者の人権の確保を力説する憲法学者たちの立憲主義（憲政）の主張は、なかなか一般大衆にはイメージしづらい。

　問題は、こうした現状を憲法学者たちがどのように受け止めているかである。たとえ、「エリート主義」と批判されようと、一般大衆と距離をおき超然とすることで、憲政研究の水準を向上させるという道もあろう。他方、憲法学者たちが社会変革・社会改良を目指すのであれば、立憲主義（憲政）だけでなく民主主義（民主）も論じ、一般大衆に訴えかけていく必要があるのではないだろうか。すなわち、民主主義（民主）をも加味した立憲民主政（リベラル・デモクラシー）の理論構築である。

　鄧小平は、「文化大革命（文革）」のようなポピュリズム型民主主義（大民主）を忌避した。温家宝国務院総理（当時）も、「重慶モデル」を「文革」の比喩で語ったといわれる。政治指導者だけではない。「物権法違憲論争」においては、中国民法学界は鞏献田公開書簡を「文革式」と一刀両断し、憲法学者の一部もこれに同調した[56]。政治闘争のために「文革」のロジックを援用する政府指導者と、法学者が同じ地平に立っていてよいのであろうか。「文革」の教訓を汲みとろうとするのであれば、法学者（憲法学者）たちがなすべきことは、ポピュリズム型でもなく大衆動員型でもない、立憲主義と結びつきうる民主主義を構想することではないだろうか[57]。

最後に、第一の問題意識についてである。

中国の憲法学者たちが、あるいは彼（女）らの言説・研究動向を検討対象とする筆者が、中国の「憲政」「民主」の可能性を「展望」しなければならないのか、という問いに対する筆者の回答はかぎりなく「ノー」に近い。よりよい社会を構想しその実現のために、一般大衆（市民）の運動へと参入していくこと、あるいは、積極的に憲法政策論を展開していくこと、これらをなすかなさないかは、結局のところ、個々の憲法学者の選択に委ねられるべきである。ただし、中国の憲法学者たちも、奥平氏がいうように、自分がどのレベルの憲法論に従事しているのかを、その都度内心において識別した上で、運動論のレベルでは、可能な限り、そのことを一般大衆にも識別してもらうよう努める必要があろう。そのことで、一般大衆や法学以外の分野の研究者も、憲法学者の憲政主張が、知識人が論壇やメディアで発信している「主張」と同じ土俵のものなのか、あるいはそうではない憲法学者の手による「研究」なのかを一定程度区別することができるであろう。前者と後者では、その企図するところが異なるのであるから、政治や社会に対する影響力も自ずと異なってくるはずである。

［注］

(1)　同シンポジウムでは、三品英憲氏による趣旨説明の後、金子肇「近代中国における〈民主〉の制度化と〈憲政〉」、松田康博「台湾における『憲政』の展開過程―独裁か民主化か？　中華民国か台湾か？―」、石塚迅「岐路に立つ憲政主張」という3本の報告がなされ、これら報告に対して、中村元哉氏、若松大祐氏がコメントを寄せた。趣旨説明、3本の報告論文、2本のコメント、総括は、「特集：中華世界における「憲政／民主」の歴史と現在」『現代中國研究』第31号（2012年10月）1〜70頁に収録されている。

(2)　日本現代中国学会第59回全国学術大会（2009年10月18日）における石塚迅報告「民主政と社会主義憲法」に対して、村田雄二郎氏から寄せられた質問。同様に、中村元哉氏が、日本現代中国学会第60回全国学術大会（2010年10月16日）において、歴史学の視点・方法から、「現代中国の世界認識―憲政論の視角から―」という表題で、中国の憲法学者である韓大元氏の議論を分析したが、そこでもやはり、コメンテーターの砂山幸雄氏から、「知識人の論

第6章　岐路に立つ憲政主張

争の中で法学者の参加が限定的であるのはなぜか。法学者は不毛な論争が嫌いだからなのか、それとも、法学者は、政治との距離が文学者や哲学者に比べて近すぎるので、その発言が慎重になるからなのか」という疑問が提示されていた（なお、中村氏の研究報告については、中村元哉「現代中国の憲政論と世界認識」『現代中国』第85号（2011年9月）49～58頁を参照）。

（3）　周永坤著／石塚迅訳「紆余曲折の中国憲政研究60年―『人民日報』掲載論文を手がかりに―」（石塚迅・中村元哉・山本真編著『憲政と近現代中国―国家、社会、個人―』（現代人文社）2010年、133～157頁）。

（4）　例えば、韓大元・王徳志「中国公民憲法意識調査報告」『政法論壇』2002年第6期、106～119頁、上官丕亮「当前我国公民的憲法意識有喜有憂―関於公民憲法意識調査報告―」『東呉法学』2003年巻（ハルビン：黒竜江人民出版社）2004年、395～410頁、韓大元・秦強「社会転型中的公民憲法意識及其変遷―紀念現行憲法頒布25周年―」『河南省政法管理幹部学院学報』2008年第1期、1～16頁、張暁琴「公民憲法意識与公民意識関係分析―以寧夏公民憲法意識調査為基礎―」『北方民族大学学報（哲学社会科学版）』2009年第5期、133～136頁等。

（5）　胡平著／石塚迅訳『言論の自由と中国の民主』（現代人文社）2009年。

（6）　砂山幸雄「「言論を罪に問う」ことがもたらす退廃の告発」『東方』第344号（2009年10月）23頁。

（7）　石塚迅、中村元哉、山本真編著・前掲書注（3）、7～11頁。

（8）　石塚迅「現代中国の立憲主義と民主主義―人民代表大会の権限強化か違憲審査制の導入か―」（石塚迅、中村元哉、山本真編著・前掲書注（3）、158～177頁）（本書第5章「人民代表大会の権限強化か違憲審査制の導入か―周永坤の憲政観―」）。

（9）　書評としては以下のものがある。水羽信男「中国近現代史で"民主主義"を疑う」『東方』第364号（2011年6月）28～31頁、金子肇『現代中国』第85号（2011年9月）132～136頁、鈴木賢「憲政を通して中国近現代史を眺める試み」『アジア法研究』第5号（2011年12月）183～188頁。

（10）　金子肇・前掲書評注（9）、134～135頁。

（11）　鈴木賢・前掲書評注（9）、185～187頁。

（12）　石塚迅、中村元哉、山本真編著・前掲書注（3）、12～13頁。

（13）　「論人民民主専政（1949年6月30日）」『毛沢東選集（第2版）』第4巻（北京：人民出版社）1991年、1471頁。

（14）　憲法前文の法的効力の有無については、学説上争いがあるが、憲法学界の多数説は、憲法前文の全文が憲法全体の不可分の構成部分として、憲法の具体的条項と同等の法的効力を有することを認めている。議論の詳細については、

胡錦光・韓大元『中国憲法の理論と実際』（成文堂）1996年、42〜52頁を参照。

(15) もちろん、こうした憲法のあり方、規定内容について、憲法学者は慎重に言葉を選びながらも様々な批判を提起している。例えば、憲法学者の張千帆氏は、「憲法は何を規定してはならないか」と題する論文の中で、中国憲法も人権尊重を実現すべき最高の目標としている以上、それは社会契約の一種であると明言した上で、「憲法は一般の法律ではないので、公民の義務を規定すべきではない。憲法は国家の政策ではないので、経済政策の詳細を規定すべきではない。憲法は政治綱領ではないので、過多の積極的権利を規定すべきではない」と論じている（張千帆「憲法不應該規定什麼」『華東政法学院学報』2005年第3期、25〜33頁）。

(16) 阿古智子「現代中国における維権（権利擁護）運動―その実態と影響―」『国際問題』第590号（2010年4月）15〜25頁、同「中国における「法治」―葛藤する人権派弁護士と市民社会の行方―」（石井知章・緒形康編著『中国リベラリズムの政治空間』（勉誠出版）2015年、243〜264頁）等。

(17) 「必須旗幟鮮明地反対動乱」『人民日報』1989年4月26日。

(18) 「国務院関於在北京市部分地区実行戒厳的命令（1989年5月20日）」『人民日報』1989年5月21日。

(19) 「08憲章」の邦訳については、劉暁波著／横澤泰夫・及川淳子・劉燕子・蔣海波訳『天安門事件から「08憲章」へ―中国民主化のための闘いと希望―』（藤原書店）2009年、209〜227頁。

(20) 韓大元「中国憲法学的専業精神与専業化」『愛思想』（http://www.aisixiang.com/data/44877.html）、韓大元著／洪英訳「中国の最近の憲法学の動向について（2007年11月19日）」『早稲田大学比較法研究所講演記録集』第10号（2008年3月）351〜352頁。

(21) 例えば、若手憲法学者の翟国強氏も、「もし、体制内の観点からみたならば、このような「現行の憲法の不備を批判し、完全無欠な憲法を制定することを願う」ような学説は、憲法の権威を確立するのに不利であり、その上、憲法解釈を運用して、憲法的権利の条項そのものの瑕疵を消去することを軽視してしまっている」と、憲法改正に傾斜したこれまでの憲法研究方法論を批判している（翟国強「新中国憲法権利理論発展評述―以方法論為視覚―」『北方法学』2010年第3期、31頁（邦訳として、翟国強著／野口武・吉川剛訳「中国の憲法権利理論について―方法論の視角から―」『中国21』（愛知大学）第35号（2011年11月）76頁））。

(22) 季衛東著／吉川剛訳「中国の法治はいずこに向かうのか」『中国21』（愛知大学）第35号（2011年11月）27〜31頁。

(23) 杜鋼建「新憲政主義与政治体制改革」『浙江学刊』1993年第1期、17〜21頁。

杜鋼建氏の憲政（立憲主義）観については、本書第4章「言論の自由は最重
　　　要の人権である―杜鋼建の憲政観―」を参照。

（24）　李歩雲著／西村幸次郎・永井美佐子共訳「憲政と中国」『阪大法学』第46巻
　　　第3号（1996年8月）188頁。

（25）　さらに、「政治文明」という語は、2004年3月の憲法部分改正で憲法前文（第
　　　7段）に挿入された。

（26）　周永坤「政治文明与中国憲法発展」『法学』2003年第1期、26〜29頁（邦訳と
　　　して、周永坤著／石塚迅訳・解題「政治文明と中国憲法の発展」『東京立正
　　　女子短期大学紀要』第32号（2004年3月）124〜132頁）。

（27）　季衛東著／吉川剛訳・前掲論文注（22）、31頁。

（28）　上官丕亮・前掲論文注（4）、395〜397頁、409〜410頁。

（29）　喬新生「学者新論―中国法学的根在哪里―」『人民網』2004年2月25日（http://
　　　www.people.com.cn/GB/guandian/1035/2357480.html）。

（30）　近現代中国において、「大衆（群衆）」は、「人民」と並んで、政治的色彩が
　　　きわめて濃厚な概念であるが、本章では、「政府・共産党官吏ではない、知
　　　識人（学者）ではない、一般の人々」という意味において「一般大衆」とい
　　　う語を用いる。

（31）　肖蔚雲・羅豪才・呉擷英「馬克思主義怎様看“人権”問題」『紅旗』1979年
　　　第5期、45〜46頁。

（32）　例えば、林来梵「論私人財産権的憲法保障」『法学』1999年第3期、14〜20頁、
　　　韓大元「私有財産権入憲的憲法学的思考」『法学』2004年第4期、13〜17頁等。

（33）　「自由主義・新左派論争」については、緒形康「現代中国の自由主義」『中国
　　　21』（愛知大学）第9号（2000年5月）87〜110頁、同「中国現代思想1991〜
　　　2003」『現代中国』第78号（2004年8月）3〜18頁、砂山幸雄「中国知識人は
　　　グローバル化をどう見るか―「文明の衝突」批判から自由主義論争まで―」『現
　　　代中国』第76号（2002年10月）3〜16頁等を参照。

（34）　「物権法違憲論争」については、但見亮「物権法草案違憲論争の諸相」『中国
　　　研究月報』2007年11月号（第717号）3〜22頁が詳しい。

（35）　阪口正二郎『立憲主義と民主主義』（日本評論社）2001年、2頁。

（36）　中国における司法権の独立については、本書第4章「言論の自由は最重要の
　　　人権である―杜鋼建の憲政観―」107〜109頁を参照。

（37）　季衛東「1990年代中国の市民の政治意識」『神戸法学雑誌』第48巻第2号（1998
　　　年9月）210〜212頁。

（38）　中国における「腐敗」の背景、構造、対策の難しさを論じたものとして、王
　　　雲海『中国社会と腐敗―「腐敗」との向きあい方―』（日本評論社）2003年。

（39）　「信訪」の諸相について、毛里和子・松戸庸子編著『陳情―中国社会の底辺

から―』（東方書店）2012年に収録の各論文を参照。

(40) 2004年に国家信訪局長が公表した数字である（松戸庸子「信訪制度による救済とその限界」『中国21』（愛知大学）第30号（2009年1月）109頁、127頁に引用されている）。

(41) 周永坤・朱应平「否决一府両院報告是喜是憂」『法学』2001年第5期、7〜11頁。

(42) 周永坤「信訪潮与中国糾紛解決機制的路径選択」『暨南大学学報（哲学社会科学版）』2006年第1期、39〜45頁。

(43) 園田茂人『不平等国家中国―自己否定した社会主義のゆくえ―』（中公新書）2008年、164〜168頁。

(44) 同上、155〜156頁。

(45) 立憲主義と民主主義の「断絶」と「逆接続」については、阪口正二郎・前掲書注（35）の「第8章：ささやかな問題提起―結びに代えて―」（277〜293頁）から多くの示唆を得ている。

(46) 杜鋼建「《論語》四道与新仁学四主義」『天津社会科学』1993年第6期、55頁（邦訳として、鈴木敬夫編訳『中国の人権論と相対主義』（成文堂）1997年、231頁）。

(47) 汪暉著／丸川哲史訳「重慶事件―密室政治と新自由主義の再登場―」『世界』2012年7月号（第832号）251〜259頁。

(48) 梶谷懐「汪暉、重慶事件を語る（上）（2012年6月15日）」(http://kaikaji. hatenablog.com/entry/20120615/p1)、同「汪暉、重慶事件を語る（下）（2012年6月21日）」(http://kaikaji.hatenablog.com/entry/20120621/p1)（いずれも、「梶ピエールのブログ」(http://kaikaji.hatenablog.com/) より）。

(49) 汪暉著／丸川哲史訳・前掲論文注（47）、263頁。

(50) 奥平康弘「試論・憲法研究者のけじめ―とくに教育法学者に教えをこう―」『法学セミナー』第369号（1985年9月）8〜11頁。

(51) 市川正人「憲法解釈学の役割・再考―「厳格憲法解釈」の意義と限界―」『ジュリスト臨時増刊：憲法と憲法原理―現況と展望―』（有斐閣）1987年、30〜39頁、同「憲法論のあり方についての覚え書き―憲法の趣旨・精神の援用をめぐって―」『立命館法学』第271・272号（2000年第3・4号）上巻、57〜79頁。

(52) こうした現状を少しでも打破すべく、韓大元氏は、『憲法解釈手続法』の制定を提言し、「専門家建議稿」を公表している（韓大元《憲法解釈程序法》的意義、思路与框架」『浙江社会科学』2009年第9期、15〜22頁）。

(53) 翟国強・前掲論文注（21）、31頁（邦訳として、翟国強著／野口武、吉川剛訳・前掲論文注（21）、78頁）。

(54) 石塚迅・前掲論文注（8）（石塚迅、中村元哉、山本真編著・前掲書注（3）、173〜174頁）（本書第5章「人民代表大会の権限強化か違憲審査制の導入か―周永坤の憲政観―」）。

（55） 翟国強・前掲論文注（21）、35～37頁（邦訳として、翟国強著／野口武、吉川剛訳・前掲論文注（21）、84～88頁）。

（56） 例えば、張千帆「憲法的用途与誤用—如何看待物権法中的憲法問題—」『法学』2006年第3期、34～36頁等。

（57） 筆者は、「信訪」についての理論的・制度的研究が、中国において、立憲主義と民主主義を接続させる嚆矢となるかもしれないと指摘した（本書第9章「政治的権利論からみた陳情」）。

第2部：附記・解説

（一）

　第2部には、「立憲主義（憲政）」に関する論文三本を収めている。

　第4章の旧稿は、「言論の自由は最重要の人権である―杜鋼建の人権観と中国の立憲主義―」という表題で、角田猛之編『中国の人権と市場経済をめぐる諸問題』（関西大学出版部、2010年）に寄稿したものである。同書は、2007年11月24日に関西大学主催により開催された日中共同シンポジウム「中国における人権理論と市場をめぐる新たな動向」における報告とコメントを中心に編まれたものである。筆者が、同シンポジウムの基調報告を行った杜鋼建氏の憲法観・人権観にかねてから強い関心をもち、また、個人的にも杜鋼建氏と研究交流を続けていたということで、編者の角田氏から同書への寄稿依頼をちょうだいした。

　第5章の旧稿は、「現代中国の立憲主義と民主主義―人民代表大会の権限強化か違憲審査制の導入か―」という表題で、『近きに在りて』第54号（2008年11月）の「特集：近現代中国のリベラリズム」に寄稿し、その後、加筆修正を施した上で、石塚迅・中村元哉・山本真編著『憲政と近現代中国―国家、社会、個人―』（現代人文社、2010年）に収録したものである。同書は、「近現代中国において憲政がどのように受容され展開されてきたのかを検討することを通じて、近現代中国の政治・社会・思想情勢を読み解くこと」をそのねらいとし、歴史学（政治史、社会史）、法律学の研究者による学際的・国際的な「対話」の重視を斬新さとしてアピールしていた[1]。

170

第2部　附記・解説

　第6章の旧稿は、本書と同じ表題で、中国現代史研究会の会誌である『現代中國研究』第31号（2012年10月）に寄稿したものである。第6章の「問題の所在」ですでに記したように、中国現代史研究会は、2012年度研究集会（2012年3月17日）において、「中華世界における「憲政／民主」の歴史と現在」と題するシンポジウムを設定し、筆者は報告の機会を与えられた。第6章旧稿は、そこでの報告を論文としてまとめたものである。第5章旧稿を収録した『憲政と近現代中国』に対して、様々な疑問・批判もちょうだいしていたので、同論文は、それら疑問・批判に対する応答という意味も有していた。

（二）

　すでにお気づきのように、筆者は、第2部の統一テーマである「憲政」を狭義の意味、すなわち立憲主義と同義で用いている。憲法学では、国家権力の濫用を制約し国民の権利・自由を保障するという立憲主義の思想に基づく憲法、すなわち、「立憲的意味（近代的意味）の憲法」を基本的にその考察対象とする。近代西欧において、憲法を獲得する歴史は同時に立憲主義を追求する歴史でもあった。そうした憲法学における理解を所与のものとして、近現代（とりわけ現代）中国の憲法の現状と課題をこれまで検討してきた筆者にとって、歴史学研究者との「対話」は、これまでの研究内容と研究手法を省察し、自らの研究の立ち位置を再確認するきわめて有意義な機会となった。

　中村氏（中国政治史研究者）、山本氏（中国社会史研究者）との共同研究（『憲政と近現代中国』）において、編著者三名は、かかる研究の方向性を曖昧模糊なものとしないために、同書のキーワードであり共通の分析タームでもある「憲政」についてその理解を示す必要があった。編著者三名は、意見交換を重ね、多義的な概念である「憲政」は、広義、狭義、最狭義の三つのレベルを包含すること、同書では、可能な限り、「憲政」を狭義の意味で使用することを緩やかな共通理解として明示的に確認した[2]。

171

この定義・理解に対しては、歴史学研究者の金子肇氏から、「このような捉え方だと、立憲主義的価値の実現如何という理論的高みから課題を設定し、歴史を裁断しがちになるのも否めないのではなかろうか[3]」と痛烈な批判を受けた。金子氏は、さらに、2019年3月に刊行した専著『近代中国の国会と憲政—議会専制の系譜—』の中で、「「中国憲政史」の枠組みと方法をめぐって日本には二つの考え方がある」と述べ、その一つ、すなわち、「法学的ないしリベラリズム（自由主義）的観点から中国憲政史を理解しようとする立場」の代表例に『憲政と近現代中国』の筆者たちの理解を定位した。そして、自らの立場は、もう一つの考え方、すなわち、「国家史的観点から中国憲政史を構成しようとする立場」であるとし、「「中国憲政史」を国家意思の決定と運営の機制（統治形態）に収斂する国家諸機関の編成、それを規定する憲法・憲法附属法及び下位諸法・諸制度、等々の立案・運用・改変をめぐる動態的な政治史として組み立てたい[4]」と述べた。

　この政治史的な観点に基づく「憲政（史）」の定義からまずもって想起されるのは、「実質的意味の憲法」における「固有の意味の憲法」である。「国家は、いかなる社会・経済構造をとる場合でも、必ず政治権力とそれを行使する機関が存在しなければならないが、この機関、権力の組織と作用および相互の関係を規律する規範が、固有の意味の憲法であ[5]」り、それはいかなる社会にも存在しうる。これに対して、上で述べた「立憲的意味の憲法」は、「固有の意味の憲法の特殊な（立憲的内容をもった）在り方を示す概念[6]」であり、「その最も重要なねらいは、政治権力の組織化というよりも権力を制限して人権を保障することにある[7]」。つまり、筆者と金子氏との「憲政（史）」の理解・把握の差異は、枠組みや方法論というよりも、結局のところ、「憲法」をめぐる理解（憲法観）の差異に帰着するのではないだろうか。そして、そのより根源的なところには、金子氏も明確に意識するように、現在から過去をみる、価値規範を重視する憲法学と、過去から現在へと歩みを進める、価値規範を前面には押し出さない歴史学との違いもあるのだろう[8]。

　いずれにしても、これらは、歴史学研究者との「対話」がなければ、深く

第2部　附記・解説

思考することのなかった問題であり、今後も、引き続き、学際的な「対話」
を大事にしていきたい。

（三）

　第4章と第5章で、それぞれ集中的にその所説を検討した杜鋼建氏と周永
坤氏は、本文で明らかにしたように、「民主主義（民主）よりも立憲主義（憲
政）を」と説くリベラルな公法学者である。筆者は、早くから両氏の論に注
目し、両氏との国際的な「対話」を積み重ねた。すなわち、両氏の論につい
て、ただ著書・論文から推認するだけでなく、訪問・メールを通じて直接に
疑問をぶつけ意見交換し、可能な限り、著書・論文の意図や不明点を確認す
るよう努めたのである[(9)]。
　杜鋼建氏の憲政観について附言しておきたい。杜鋼建氏の憲政観の独自性
は、西欧的な近代立憲主義と中国の伝統的な儒教思想を結合・調和させてい
る点に見出される。確かに、儒教の「天」の思想は自然法・自然権の考え
に、「寛容」の思想は思想・言論の自由の保障へとそれぞれ連なる要素を含
んでいる。また、彼が提起する「人権主義的憲政主義」は、個人の尊重を中
心に据え、「国家と個人の二極対立」を基本的な構図とする近代立憲主義で
あると評価しうる。しかしながら、そうした杜鋼建氏の憲政観は、魅力と同
時に「危うさ」も内包している。「国家と個人の二極対立」構造が儒教の装
いをまとって私たちの眼前に現れた時、事情は一変する。「儒家は賢人政治
を信奉するが、民主政治に幻想を抱いていない。国家が存在するという条件
の下では、民衆は常に被治者階級であって、統治階級にはなりえない」とい
う「政治的観点について、何の疑いももっていない」と杜鋼建氏は論じる
（第6章参照）。杜鋼建氏の憲政観構築の背景に、人民民主主義独裁という名の
下で深刻な人権侵害が生じた苦い記憶があるという点については、筆者も十
分に理解しているつもりであるが、「治者と被治者の自同性」を全面的に排
除するという立論はやや極端ではないだろうか。「儒家憲政観[(10)]」の強調

173

は、賢明なリーダーに権限を集中させ強権的手法をもって政治を行う、いわゆる「開明的専制」の許容と紙一重のものといえるのではないか[11]。実際に、近年、とりわけ、胡錦濤政権、習近平政権以降、中国政府・共産党は、儒教をはじめとする伝統文化・思想を復権させる様々な取り組みを展開してきている。「儒家憲政観」は、それを提起する研究者の意図がどうであれ[12]、治者（中国政府・共産党）の支配の正当性の強化に利用・動員される可能性がある。

　杜鋼建氏の論については一定の留保を付すとはいえ、筆者が、1990年代から2010年前後にかけての中国憲法学界におけるリベラリズム憲法学説に高い評価を与え、そこに、中国憲法の西欧近代立憲主義への接近可能性をみてとっていたのは、確かである。常に、国家・集団が優先されてきた近現代中国の歴史を回顧した時、「個の創出」が何よりも先決であり、それを実現するために、「国家と個人の二極対立」の構造の下で、個人には言論の自由、財産権を手厚く保障し、その制度的装置として司法の独立や違憲審査制を確立しなければならない、という中国のリベラリズム憲法学者の見解は十分に首肯できるものであった。しかしながら、優れた理論と中国の厳しい現実との間には大きなズレがある。優れた理論は、厳しい現実を変革するにあたり、有効な処方箋を提示できていない。多くの憲法学者は、「劉暁波文字獄」等、厳しい現実についてはみてみぬふりである。現在の中国憲法学の「主流」を形成している、あるいは一定の改革志向を具えているリベラリズム憲法学の理論を考察するだけでよいのだろうか。また、その考察にはどれほどの意味があるのだろうか。そうした筆者の迷いと悩みを率直に吐露し、筆者の憲法研究者・中国法研究者としての立ち位置を再確認したのが、第6章である。すなわち、中国の現況に鑑みた場合、望ましい選択は、「立憲主義か民主主義か」という二者択一ではなく、「立憲主義も民主主義も」という選択、隘路ではあるが両者の接合を追求するという選択であるというものである。民主主義をも加味した立憲民主主義の理論・制度の構築について、民主主義（民主）の視点からその可能性を探ったのが、第3部所収の三論文（とり

わけ、第9章）である。

（四）

　1990年代以降、「人権」が中国政府・共産党によって公認され、体制側の
言説として「取り込まれる」中で、「憲政」はこれとは対照的な道をたどっ
ている。「憲政」という語も「人権」という語と同様に、中華人民共和国以
降、1957年の「反右派闘争」を境にして、中国政府・共産党の公式見解、そ
れを代弁する機関紙（『人民日報』）、さらには学術論文からほぼ完全に消失し
た。「憲政」が、『人民日報』記事や法学・政治学の学術論文の中に少しずつ
再登場し始めるのは、1990年代末から2000年代に入ってのことである[13]。
この背景には、憲法部分改正による「法治」条項の新設（1999年3月）、「人
権」条項の新設（2004年3月）があった。この時期、中国政府・共産党の指導
者も「憲法」重視の発言を繰り返していた。ところが、習近平が党と国家の
最高指導者に就任した前後から、状況が暗転する。習近平政権は、「憲法」
重視の姿勢を維持しつつ、「憲政」の全面否定へと舵を切ったのである。
2013年1月、リベラルな論調で有名な『南方週末』紙の新年社説が当局に
よって差し替えを命じられるという事件が起こった。当局が問題視した社説
のタイトルは「中国の夢、憲政の夢」であった。また、共産党は、同年4月
に「目下のイデオロギー領域の状況に関する通達」（9号文件）を発布し、普
遍的価値、報道の自由、市民社会、公民の権利、司法の独立等、いくつかの
語を高等教育の現場において語ってはならない［不要講］、と指示したといわ
れる。きわめつけは、2014年10月に開催された中国共産党第18期中央委員会
第4回全体会議（第18期4中全会）において採択された「中共中央の法律に基
づく国家統治を全面的に推進することに関する若干の重大問題についての決
定[14]」という文書である。同文書の中で、「法治」の語は「依法治国（法に
基づいて国を治める）」も含めれば実に166回も登場するのに対して、「憲政」
はわずか一度も登場しない[15]。

175

周永坤氏の指摘が、今日の、かつこれまでの中国の状況を的確にいいあてているように思う。「認識において、また、実践において、憲法と憲政とを分離させることは、典型的な「東方問題」の一つであるといえる。なぜなら、西欧世界においては、憲政運動は憲法に先んじたため、憲法の成立後に、憲政を否定するような現象は、憲法の存在価値を同時に否認しない限り発生しえなかった。しかしながら、東方はこれとは異なる。東方の憲法は、権力の意志を実現する道具として導入されたものであり、権力の意志は、往々にして、憲法の名を用いて、憲法の拘束を受けることを拒絶してきた。このことは、（権力の合法性を獲得するために）憲法を受け入れると同時に憲政を排斥するという異常な事態を創出させたのである[16]」。

[注]

(1)　石塚迅・中村元哉・山本真編著『憲政と近現代中国―国家、社会、個人―』(現代人文社) 2010年、6頁。

(2)　同上、7～8頁。本書第6章「岐路に立つ憲政主張」をも参照。

(3)　金子肇『現代中国』第85号（2011年9月）、134頁。

(4)　金子肇『近代中国の国会と憲政―議会専制の系譜―』(有志舎) 2019年、9～10頁。

(5)　芦部信喜著／高橋和之補訂『憲法（第7版）』(岩波書店) 2019年、4～5頁。

(6)　野中俊彦・中村睦男・高橋和之・高見勝利『憲法Ⅰ（第5版）』(有斐閣) 2012年、6頁（高橋和之執筆部分）。

(7)　芦部信喜著／高橋和之補訂・前掲書注 (5)、5頁。

(8)　金子氏が、価値規範を全面的に排しているわけではない。金子氏の前掲書注(4)のキーワードである「議会専制」という語自体がもともと価値判断を強く含む語であり、金子氏自身も、その「議会専制」について、「望ましくない状況」という否定的な価値評価を下しているからである。

(9)　周永坤氏は、筆者との訪問・メールを通じての意見交換を自身のブログにおいて公開している（『平民法理（周永坤）』(http://guyan.fyfz.cn/)）。

(10)　憲法学者の林来梵氏は、現在の中国の憲政観はおおよそ次の五種類に分けられる、と述べる。すなわち、「民主的憲政観」、「西欧の憲政観」、「社会主義憲政観」、「儒家憲政観」、「反憲政観」の五つである（林来梵『憲法学講義（第2版）』(北京：法律出版社) 2015年、44～45頁）。

第2部　附記・解説

(11)　「儒教的人権論」の批判的検討について、土屋英雄「序説」（土屋英雄編著／
季衛東・王雲海・王晨・林来梵『中国の人権と法—歴史、現在そして展望—』
（明石書店）1998年、33〜37頁）を参照。「開明的専制」は真の言論の自由で
はないということについては、民主派知識人の胡平氏の論証が説得的である
（胡平著／石塚迅訳『言論の自由と中国の民主』（現代人文社）2009年、37〜
38頁、109〜115頁）。

(12)　筆者は、杜鋼建氏と「対話」を積み重ねてきたが、立憲主義と儒教思想を結合・
調和させた論を展開する杜鋼建氏の「真意」をいまだ図りかねている。かつて、
筆者は、杜鋼建氏の「儒家憲政観」の提起・強調には、戦略的な側面もある
のではないか、と感じていた。第1部や第2部第4章で論じたように、現代中
国では、憲法や人権は政治的に「敏感」な分野であり、それらについて論じ
ることには慎重さが要求される。そのため、中国政府・共産党の憲法観や人
権政策を正面から批判することは避けて、儒教を引用することを通じて婉曲
的にその変革を訴えようとしたのではないか、と。ところが、近年、杜鋼建
氏は、専著『文明源頭与大同世界』（北京：光明出版社、2017年）の中で、
ヨーロッパ人のルーツは中国にある、と大胆な見解を発表する等、法人類学・
法文明論に自身の研究を本格的に傾斜させ始めている。そして、彼のこの大
胆な見解は、いみじくも中国政府・共産党が推し進める「一帯一路」構想と
重なりあっている。

(13)　周永坤著／石塚迅訳「紆余曲折の中国憲政研究60年—『人民日報』掲載論文
を手がかりに—」（石塚迅、中村元哉、山本真編著・前掲書注（1）、136〜
146頁）。

(14)　「中共中央関於全面推進依法治国若干重大問題的決定（2014年10月23日中国
共産党第18届中央委員会第4次全体会議通過）」『中国共産党新聞網』2014年
10月29日（http://cpc.people.com.cn/n/2014/1029/c64387-25927606.html）。

(15)　立憲主義（憲政）との関連で注目される最近の動きとして、2018年3月の憲
法部分改正において、全国人民代表大会の下に設けられる「法律委員会」の
名称が「憲法・法律委員会」に変更されたことが挙げられる（憲法第70条参
照）。2018年6月に採択された『全国人民代表大会常務委員会の全国人民代表
大会憲法・法律委員会の職責問題に関する決定』により、憲法・法律委員会
には、引き続き法律草案の統一審議等の業務を担うという基礎の下、①憲法
実施の促進、②憲法解釈の展開、③合憲性審査の推進、④憲法監督の強化、
⑤憲法宣伝の連携等の業務・職責が追加された。

(16)　周永坤著／石塚迅訳・前掲論文注（13）（石塚迅、中村元哉、山本真編著・
前掲書注（1）、152頁）。

177

第3部　民主主義（民主）

第7章　地方政府の政務公開
——吉林省長春市の事例を中心として——

問題の所在

　国家権力の濫用を防止・制限することにより国民の権利・自由を保障すること、これが西欧近代立憲主義の核心である。その中で、「知る権利」とその具体化としての情報公開制度は、国家権力の濫用を有効に監督・抑制し、また、国民主権・民主主義を実質的に機能させるという点において、きわめて重要な意義をもつ[1]。

　近年、中国においても、情報公開が政府の政策課題として浮上し、それをめぐる動向が中国内外の関心を集めている。まず、中国政府・共産党は、1990年代後半から、「上から」の政治改革・党改革の一環として、「政務公開」を重視する姿勢をみせ始めた。2002年11月に開催された共産党第16回全国代表大会の活動報告においても、「五、政治の建設と政治体制改革」という章の中で、「政務公開を真摯に推進する」ことが確認されている[2]。他方で、2003年春に中国で発生した「SARS（新型肺炎）騒動」と「孫志剛事件」という二つの事例は、沿海都市部の一般市民を中心に、情報公開の重要性を強く意識させた。「SARS騒動」とは、SARSの発生の初動段階で、政府当局がそれに関する情報を意図的に隠蔽・操作したために、SARSの蔓延に拍車がかかり、一般大衆の生命が脅かされたという事例である[3]。「孫志剛事件」とは、出稼ぎ青年が広州市で暫定居住証［暫住証］不携帯のために警察に身柄を拘束され、収容・送還施設で繰り返し殴打された末に死亡したという事例である。警察当局は、当初孫志剛の死因を心臓病としていたが、『南方都

市報』や『北京青年報』といったメディアがこの死因に疑問を呈し、その結果、傷害致死の真相が明るみに出た[4]。この二つの事例において、メディア・一般大衆が厳しく問うたのは、行政による密室での情報操作［暗箱操作］であった。なお、中国において、政務公開と情報［信息］公開とは、微妙に異なる概念であり、この点については、第1節において詳述する。

　日本において、情報公開法制が地方公共団体レベルで先行したように、中国においても、情報公開への取り組みは地方から始まった。2002年11月には、広東省の人民政府所在地の市（以下、省人民政府所在地の市を省都と俗称）である広州市が中国初の情報公開法規といえる『広州市政府情報［信息］公開規定』（以下、『広州市規定』と略称）を発布した。『広州市規定』は、その目的を個人および組織の「知る権利［知情権］」の保障としていること（第1条）、広州市の各級人民政府とその職能部門および法律に基づき行政職権を行使する組織を「公開義務人」と、個人および組織を「公開権利人」と定義していること（第4条）、政府情報は公開が原則で非公開が例外であるとしていること（第6条第1項）、広州市人民政府の自発的公開だけでなく個人の申請に基づく政府行政情報の公開をも規定していること（第13条第1項）、「公開権利人」の権利救済の方途を定めていること（第29条）等の諸点において、きわめて画期的な内容を有する法規である。その後、今日（本章初出論文執筆中の2005年10月当時）に至るまで、太原市（山西省省都）、ハルビン市（黒竜江省省都）、深圳市（経済特区）、上海市（直轄市）、成都市（四川省省都）、重慶市（直轄市）、武漢市（湖北省省都）、杭州市（浙江省省都）、済南市（山東省省都）、長春市（吉林省省都）、鄭州市（河南省省都）等でも相次いで情報公開規定または政務公開規定が制定されている[5]。

　このような政務公開・情報公開をめぐる動向に着目して、日本の中国政治研究者の一部で、中国の「政治的民主化期待論」または「政治的民主化楽観論」ともいうべき分析・展望が提示されている。「民主化の緩やかな前進[6]」、「改革の玉突き連鎖反応[7]」、「モデルなき民主化[8]」等、論者により表現は異なるが、経済の発展によりインターネット利用人口が増加し、その結果、

多様な民意・世論が出現・表出し、やがて政治的民主化に到達するであろうという論理構成はおおむね共通しているように思われる。そこでは、インターネットの普及、政務公開・情報公開の進展、「知る権利」の拡大等が一括りにされ、政治的民主化が進行していることの証左とされている。

こうした一連の研究成果に対しては、すでにいくつかの疑問や反駁も提示されているが[9]、筆者もまた少なからず疑問を抱いている一人である。

まず、政務公開・情報公開の進展、「知る権利」の拡大を政治的民主化進行の証左とするのであれば、政務公開・情報公開、「知る権利」の定義が示された上で、その進展・拡大の状況が検討されなければならないはずであるのに、上述の研究では、それらの定義がまったく示されず、単語のみが一人歩きしているかのような印象を受ける[10]。

次に、上述の研究の中で取りあげられている政務公開・情報公開、「知る権利」の事例の多くは、広州市、深圳市、上海市等、経済が発展した沿海部（東部地区）のものである。深圳市や広州市は、土地使用権の譲渡等、常に中央の政策を先取りし、また、中央も、ある政策について、それを全国的に実施する前に、深圳市や広州市で試験的に実施してきた。さらに、上述した「SARS騒動」、「孫志剛事件」でもみられたように、これら地域の市民意識・権利意識は他の地域と比べて総じて高い。もとより、こうした地域を事例として取りあげる重要性を否定するものではないが、中国の政務公開・情報公開、「知る権利」の現況をより多角的・多層的に解析するためには、それだけでは不十分であり、それ以外の地方都市の状況について考察することが重要な意義をもつと筆者は考える。そのことにより、より冷徹な視点で、中国の政務公開・情報公開、「知る権利」の現段階・到達点を評価することが可能となるのである。

以上のような問題意識に立ちつつ、本章においては、中国の地方行政機関、政務公開と情報公開の異同についてそれぞれ概述した上で、吉林省の省都である長春市を事例として取りあげ、そこにおける政務公開・情報公開がどのような形で「進展」し、現在どのような状況にあり、どのような問題点

を抱えているのかについて順次検討することを通じて、中国の政務公開・情報公開の内実の一端を明らかにしたい。なお、「知る権利」については、複雑な理論的問題をも含むため、その体系的な考察は別の機会に譲り、本章においては、政務公開・情報公開に関連する範囲での言及にとどめることとする。

　吉林省長春市を事例として取りあげるのは以下の二点の考慮に基づく。第一に、長春市が典型的な地方都市であることである。その概況については、第1節で紹介するが、吉林省長春市は、経済が発展した沿海部（東部地区）に属するわけでもないが、かといって、貧困地域の多い内陸部（西部地区）に属するわけでもない。第二に、長春市にある東北師範大学政法学院の王景斌氏（所属は本章初出論文執筆中の2005年当時）と筆者との間に研究交流があったことである。王景斌氏は、行政法が専門であり、1999年には長春市人民政府が新設した長春市人民政府法律顧問に就任した[11]。王景斌氏は、筆者がこのテーマを研究するにあたり、資料の入手、施設の参観にたびたび便宜を図ってくれた。ここに記して謝意に代えたい。

第1節　地方政府の政務公開を分析する際の視点

1．地方政府とは何か～長春市と吉林省

　吉林省の省都である長春市は、総面積が1万8881km²で、総人口は724万人を数える。市の中に、さらに、行政区域として、六つの区（南関区、寛城区、朝陽区、二道区、緑園区、双陽区）、三つの市（九台市、楡樹市、徳恵市）、一つの県（農安県）を抱える「地級市」である。総人口のうち、六つの区に居住するいわゆる市区人口は315万人である（データは2004年の数値。2014年10月に行政区域が変更され、九台市は九台区となった）。産業は、伝統的に自動車産業をはじめとする国有の重工業が主体であり、また、吉林大学と東北師範大学という二つの国家重点大学（教育部管轄）を抱え、二年に一度「中国長春映画祭」

183

が開催される文教都市としても有名である。

　長春市と吉林省の2004年の主要経済指標を整理したものが、〔資料3〕〔資料4〕である。参考として、他の主要な省都、省・直轄市、さらには、全国平均の数値も表示した。まず、吉林省の数値を先に概観すれば、一人あたりGDP、都市住民可処分所得、農民純収入のいずれもほぼ全国平均に近い値であり、全国に31ある省級の行政区域（省22（台湾省は含まない）、自治区5、直轄市4）の中で、吉林省は中位にランクしている。次に、長春市についてみれば、いずれの値も、上海市、広州市、深圳市等の沿海部の都市には遠く及ばないが、同じ東北地方の瀋陽市やハルビン市、内陸部の成都市、重慶市等と比較すれば、ほぼ同程度のレベルであることがわかる。近年、市場経済化の進展の中で、東北三省（遼寧省、吉林省、黒竜江省）の国有企業の多くが不振にあえいでおり、このことが、長春市・吉林省の都市住民可処分所得が他の地域と比較してやや低いことに影響しているのではないかと考えられる。

　ここで、まず、本章の表題に使用している「地方政府」について、定義づけをしておかなければならない。中国において、「地方政府」とは、地方の政府といった一般的意義で用いられる語ではなく、確定的な内包を有する法的概念であるからである。

　現行『1982年憲法』は、「第3章：国家機構」の第5節で「地方各級人民代表大会および地方各級人民政府」についての規定を設けている。まず、第95条第1項で「省、直轄市、県、市、市が管轄する区、郷、民族郷、鎮は、人民代表大会および人民政府を設ける」とし、続いて、第96条第1項が「地方各級人民代表大会は、地方国家権力機関である」と、第105条第1項が「地方各級人民政府は、地方各級国家権力機関の執行機関であり、地方各級国家行政機関である」とそれぞれ規定している。したがって、「地方政府」とは、広義でこれをいえば、権力機関としての地方各級人民代表大会とその執行機関である地方各級人民政府の両方を指し、狭義でこれをいえば、行政機関としての地方各級人民政府のみを指す、と定義することができよう。本章においては、「地方政府」を狭義の意味で用いることとしたい。すなわち、本章

184

第7章　地方政府の政務公開

〔資料3〕長春市の概況（主要経済指標）（2004年）

	戸籍人口 （万人）	GDP （億元）	一人あたり GDP （元）	都市住民 可処分所得 （元/年）	農民純収入 （元/年）
長春市 （吉林省省都）	＊724.00	1,535.00	21,285	8,900	3,906
瀋陽市 （遼寧省省都）	693.90	1,900.70	27,391	8,924	4,347
ハルビン市 （黒竜江省省都）	＊970.23	1,680.50	17,320	8,940	3,623
南京市 （江蘇省）	＊583.60	1,910.00	33,050	11,602	5,533
成都市 （四川省省都）	＊1,059.70	2,185.70	20,626	10,394	4,072
広州市 （広東省省都）	737.67	4,115.81	56,300	16,884	6,625
深圳市 （広東省・経済特区）	597.55	3,422.80	59,271	27,596	

＊は総人口。

〔資料4〕吉林省の概況（主要経済指標）（2004年）

	面積 （万km²）	総人口 （万人）	GDP （億元）	一人あたり GDP （元）	都市住民 可処分所得 （元/年）	農民純収入 （元/年）
吉林省	18.74	2,709	2,958.2	10,932 （14位）	7,840.6 （19位）	2,999.6 （12位）
北京市 （直轄市）	1.68	1,493	4,283.3	37,058	15,367.8	6,170.3
上海市 （直轄市）	0.63	1,742	7,450.3	55,307	16,682.8	7,066.3
重慶市 （直轄市）	8.24	3,122	2,665.4	9,608	9,221.0	2,510.4
遼寧省	14.59	4,217	6,872.7	16,297	8,007.6	3,307.1
黒竜江省	45.46	3,817	5,303.0	13,897	7,470.7	3,005.2
江蘇省	10.26	7,433	15,403.2	20,705	10,481.9	4,753.9
四川省	48.76	8,725	6,556.0	8,113	7,709.9	2,518.9
広東省	17.79	8,304	16,039.5	19,707	13,627.7	4,365.9
全国	960.00	129,988	136,875.9	10,561	9,421.6	2,936.4

※〔資料3〕〔資料4〕ともに、2004年の数値。なお、「全国」とは、面積、総人口、GDPについては、「全国総計」を、一人あたりGDP、都市住民可処分所得、農民純収入については、「全国平均」をそれぞれ指している。
※21世紀中国総研編『中国情報ハンドブック［2005年版］』（蒼蒼社）2005年、324～329頁、392～399頁にもとづき作成。

が検討の対象とするのは、長春市人民政府の政務公開への取り組みである。
なお、特に断りがない限り、本章における長春市または長春市政府とは長春
市人民政府のことを指す。

　本章では、長春市の政務公開への取り組みに加えて、吉林省および中央の
動きをも一定の範囲で視野に入れる。というのも、「地方自治」の保障が憲
法上明記され、都道府県と市町村という二種類の普通地方公共団体が並存す
る日本とは異なり、中国においては、憲法上、「民主集中制の原則」が採用
されていることにより（第3条第1項）、「地方自治」が原理的に否定されてい
るからである。「民主集中制の原則」とは、国家機関相互の関係において
は、人民代表大会が国家権力機関として他の機関（行政機関、裁判機関、検察
機関等）を監督し（第3条第3項）、中央と地方の関係においては、中央が地方
を統一的に指導する（同第4項）ことを意味する。長春市人民政府について
いえば、まず、長春市人民政府は、同級の人民代表大会である長春市人民代
表大会の監督を受け（第104条）、それに対して責任を負い、かつ活動を報告
しなければならない（第110条第1項）。加えて、地方国家行政機関として、中
央の行政機関（最高国家行政機関）である国務院の統一的な指導を受け（第89
条第4号、第110条第2項）、さらには、一級上の地方国家行政機関である吉林
省人民政府の指導を受け（第108条）、それに対して責任を負い、かつ活動を
報告しなければならない（第110条第2項）。このように、「地方自治」という
ものを観念しえない中国においては、長春市の取り組みだけを独立して検討
するわけにはいかないのである。

　長春市の政務公開への取り組みを把握・理解するにあたり、重要な手がか
りとなるのが、地方的法規、地方政府規章、および規範的文書［規範性文件］
である。地方各級人民代表大会と地方各級人民政府の職権については、憲法
と『地方各級人民代表大会および地方各級人民政府組織法』（1979年7月公
布、以降数次の部分改正）（以下、『地方組織法』と略称）がこれを規定してい
る。憲法は省・自治区・直轄市の人民代表大会およびその常務委員会の地方
的法規制定権を規定するだけであるが（第100条、第115条）、『地方組織法』と

『立法法』（2000年3月公布、2015年3月部分改正）は、それに加えて、区を設けている市の人民代表大会およびその常務委員会に地方的法規の制定権を（『地方組織法』第7条第2項、第43条第2項、『立法法』第72条第2項）、区を設けている市の人民政府に地方政府規章の制定権をそれぞれ与えた（『地方組織法』第60条第1項、『立法法』第82条第3項）。規範的文書とは、地方的法規・地方政府規章ではないが、地方政府が個別的な行政管理事項について公式に発する政策方針であり、「通知」とか「意見」という名称で表現される。『立法法』の規定の中で注目したいのは、地方的法規・地方政府規章については、その制定後にそれぞれ当該行政区域の人民代表大会常務委員会公報・人民政府公報、および当該行政区域で発行されている新聞に掲載することが義務づけられている点である（『立法法』第79条、第86条第2項・第3項）。これらの規定に基づけば、少なくとも、『立法法』が施行された2000年7月以降に制定された長春市の地方的法規・地方政府規章、吉林省の地方的法規・地方政府規章は、それぞれ長春市・吉林省の公報に掲載されているはずである。長春市は『長春政報（長春市人民政府公報)』、吉林省は『吉林政報（吉林省人民政府公報)』をそれぞれ発刊している。

2. 政務公開とは何か〜政務公開と情報［信息］公開

次に、本章の表題のもう一つのキーワードである「政務公開」についても、政務公開と情報公開の異同等、その概念の整理をしておかなければならない。

実は、中国においては、今日に至るまで政務公開の概念についての統一的な理解は形成されていない。学術界（法学界・政治学界）においても、実務界においても、「政務公開」という語の用い方は論者によって様々であり、その概念をめぐる議論はなおかなり混乱・錯綜しているといってよい。

この混乱・錯綜は、政務公開の対象情報（政務）をどう捉えるか[12]、あるいは、政務公開の対象機関（義務主体）をどう捉えるか[13]という問題についての議論に起因している。これら議論を整理すれば、政務公開の概念につい

ては、狭義の理解と広義の理解とに大別することができる。狭義では、政務
公開でいうところの政務を政府行政事務に限定する。したがって、政務公開
の対象機関は、国家行政機関である国務院および各級人民政府に限られる。
これに対して、広義では、政務公開でいうところの政務を広く政治に関連す
る各種の事務として理解する。したがって、政務公開の対象機関は、国家行
政機関に限られず、政務公開は、狭義の政務公開（政府行政事務の公開）だけ
でなく、党務公開（政党事務の公開）、村務公開（村民委員会事務の公開）、審務
公開（裁判事務の公開）、検務公開（検察事務の公開）、厰務公開（国有企業事務
の公開）等をも包括する[14]。現在のところ、中国において、政務公開に関す
る研究成果の大多数は、政務公開の概念について広義の理解を採用している
といわれるが[15]、これに対しては、有力な批判も提起されている。例え
ば、劉恒氏らは、村務公開は村民自治・基層民主と、審務公開・検務公開は
裁判・検察の独立と、厰務公開は政企分離（政府と企業の分離）と、というよ
うに、それぞれ別の理念・原則と密接に関連しているため、政務公開とは分
けて考察する必要があると主張している[16]。彼らは、政務公開という概念
は多様な解釈を生じさせる曖昧模糊な概念であるため、今後の立法に際して
は、「政務公開」という語ではなく、「政府情報公開」または「行政公開」と
いった語を用いるべきであると提言している[17]。

　本章では、論点の拡散を避けるために、上述の劉恒氏らの指摘を重視し、
政務公開の概念については原則として狭義説を採用したい。

　それでは、政務公開と情報公開とはどのような関係に立つのであろうか。
情報公開は中国語で主に［信息公開］と表記されるが、この語が中国の学術
界・実務界において登場するのは、「政務公開」という語の使用に比べかな
り遅く、一部の学者の研究を除けば[18]、おそらく2000年に入って以降では
ないかと思われる。

　この「情報［信息］公開」という語をめぐっても、中国において、やはり
統一的な理解はまだ存在しない。漠然と情報公開を政務公開と同等視する研
究も少なくない。しかしながら、近年の情報公開についての研究を注意深く

検討すれば、一つの潮流があることに気づく。それは、日本においては当然視されていることであるが、情報公開を「知る権利［知情権］」と関連させて論じている研究が散見されることである。例えば、劉莘、呂艶浜両氏は、「情報公開の目的は、公民の知る権利の保障にあり、公開のための公開ではない。公開は、永遠に方式・手段・方途であり、決して目的ではない。情報公開の制度が確立されて、初めて公民の知る権利は現実的な保障を有し、さらには、公民の政治に対する十分な参与、権力に対する有効な監督、政府と公民との間の調和関係が有力な保障を得られるのである(19)」と述べている。こうした主張の背景には、政務公開では、公民の「知る権利」を保障し権力を有効に監督するにあたり不十分であるという意識がある。すなわち、「公民が情報公開請求権を享有するということは、行政機関の公開行為が行政対象者の実質的制約を受け、行政機関が過去において公開したいものを公開し、公開したくないものを公開しなかったやり方が恣意的ででたらめなものであり、それが、何よりもまず公民の監督と制約を受けなければならないということを表している。公開すべきか否か、何を公開するのか、これらはもはや行政機関一方が恣意的になしうるものではなく、相手方である公民は多くの選択権を有しているのである(20)」。

　劉莘、呂艶浜両氏の認識に基づけば、政務公開と情報公開の異同を次のように整理することができよう。すなわち、政務公開とは、政府がその政府行政事務を自発的に公開することを指す。それに対して、情報公開は、政府による自発的公開だけにとどまらず、公民の申請に基づく政府行政情報の公開をも包括する。つまり、公民の「知る権利」の保障が情報公開の目的であり、公民が情報公開請求権を享有している点がより重視される(21)。

　この点について、日本の憲法学者の松井茂記氏の主張が示唆に富む。松井氏は、情報公開制度を「国や地方公共団体など「政府」の機関の保有する情報の公開を法的に義務づけ、国民（住民）に政府情報の公開を求める権利を保障した制度」と定義した上で、「それゆえ、政府の側が一定の情報を選択し、国民に提供する「情報提供」（広報など）と「情報公開」は決定的に違

う。前者は、情報の公開が法的に義務づけられてはおらず、国民（住民）には情報の公開を求める権利が保障されていないからである。したがって、どんなに「情報提供」が充実していても、「情報公開」の代わりにはならない[22]」と断じている。松井氏の立場によれば、従来の中国の政務公開はしょせん「情報提供」にすぎないということになるのであろう。情報公開を国民主権・民主主義や「知る権利」等の基本的人権の保障と関連して論じるにあたり、この松井氏の視点はきわめて重要である。中国の学術界においては、「情報提供」と「情報公開」の区別について直接的な論及こそみられないものの、一部の学者が松井氏のような認識を一定程度において共有していることは明らかである[23]。したがって、本章では、この松井氏の指摘を強く意識しつつ、考察・検討を展開していく。

　その意味において、一般市民の申請に基づく政府行政情報の公開を規定した『広州市政府情報公開規定』は画期的な地方政府規章であったといえよう。この地方政府規章が「政務公開」という語ではなく「情報公開」という語を名称に用いている点がそのことを象徴的に示している[24]。

第2節　長春市の政務公開の「進展」

1. 政務公開の前段階

　『長春政報（長春市人民政府公報）』と『吉林政報（吉林省人民政府公報）』をみる限り、長春市と吉林省が政務公開に本格的に取り組み始めるのは1999年になってからである。

　そこで、本節においては、長春市の政務公開への取り組みを検討する前段階として、中央・全国レベルの動きを時系列的に概観しておきたい。

　政務の公開については、1980年代後半に、政治体制改革の一環として体制内部・学術界の一部がすでにこれを提起していた[25]。そうした動きを反映してか、1987年10月に開催された共産党第13回全国代表大会の活動報告にお

いては、「指導機関の活動の開放の程度を向上させ、重大な情況を人民に知らせ、重大な問題は人民の討論を経る」という表現がみられた[26]。また、1987年11月に公布された『村民委員会組織法（試行）』は、村民委員会の財務の公開を義務づけていた（第17条）。

　しかしながら、こうした一連の政務の公開の試みは、1989年6月の「天安門事件」で大きく頓挫した。1992年10月に開催された共産党第14回全国代表大会の活動報告においては、わずかに、「マスメディアの世論監督を重視し、監督メカニズムを逐次改善」することに言及されているだけである[27]。

　中央レベルの政務公開への取り組みは、この後しばらく停滞を余儀なくされたものの、他方、基層レベルの村においては、1990年に入って以降も、村務公開が推進された。1998年4月には、共産党中央辦公庁と国務院辦公庁が、「農村において普遍的に村務公開と民主的管理制度を実行することに関する通知［関於在農村普遍実行村務公開和民主管理制度的通知］」を発し、同年11月に改正・公布された『村民委員会組織法』は、「村民委員会は、村務公開制度を実行する」と明記し（第30条第1項）、その項目についても具体的かつ詳細に規定した（同第2項・第3項）[28]。これに先立って、1997年9月に開催された共産党第15回全国代表大会の活動報告においても、農村の政務と財務の公開について言及されている[29]。こうした村務公開の推進は、村民委員会の選挙改革[30]と相まって展開されたものであり、その背景には、蔓延・深刻化する腐敗の防止、草の根民主の拡大の対外的アピール、基層レベルにおける党の指導の再編成・再強化等、様々な要因が混在している。村民委員会は、憲法上は「地方国家行政機関」ではなく、「基層の大衆的自治組織」と位置づけられており（憲法第111条）、第1節において指摘したように、村務公開の内容の検討・評価にあたっては、村民自治・基層民主といった視点からも論じる必要があろう。

　基層の地方国家行政機関である郷鎮のレベルにおいては、1980年代後半から1990年代初期に、一部の地域が「二公開一監督」という活動を開始していた。「二公開一監督」とは、地域によってその内容が多少異なるものの、主

として、事務処理制度の公開、事務処理結果の公開、行政機関および事務処理人員の監督を指す[31]。こうした活動が、上述の村務公開の影響を強く受けていたことはいうまでもない。「二公開一監督」活動の経験の蓄積および村務公開の進展を基礎として、2000年12月に、共産党中央辦公庁と国務院辦公庁は、「全国郷鎮政権機関において政務公開制度を全面的に推進することに関する通知［関於在全国郷鎮政権機関全面推行政務公開制度的通知][32]」を連名で発布した。これが、郷鎮レベルの政務公開に関して、中央が発布した初めての規範的文書である。同「通知」は、「一、指導思想、基本原則および基本的要求」、「二、主要内容と活動方法」、「三、監督保障制度」、「四、組織的指導」という四つの章から構成される。このうち、「二、主要内容と活動方法」において、郷鎮政務公開の重点が財務公開であることが明示され、公開すべき内容として、以下のような事項が列挙されている。すなわち、①行政管理・経済管理活動の事項：年度業務目標と執行情況、年度財政・予算および執行情況、特定項目経費および使用情況、債権・債務の情況、集団企業の請負・賃貸借・競売等の情況、プロジェクト項目の入札および社会公益事業建設の情況等、②村務公開と対応する事項：郷・村税費の徴収・使用の情況、計画出産の情況、土地徴用および土地補償費の使用の情況、補助金の配分と利用の情況、村宅地の審査・批准の情況、救済物資の放出・優遇優待撫恤の情況、水道・電気代の徴収の情況等、③郷鎮政府各部門および駐在所の公開の事項：業務職責、事務処理根拠、事務処理条件、事務処理手続、事務処理紀律、事務処理期限監督方法および事務処理結果、執収執罰部門の料金徴収、過料の基準および徴収の情況、上級主管部門が公開しなければならないことを明確に要求するその他の事項、である。公開の形式については、政務公開掲示板の設置を義務づけ、その他、会議、ラジオ、テレビ、大衆便利手帳、電子タッチパネル等を通じて、政務を公開するとしている。

　同「通知」は、その最後の部分で、「郷鎮政務公開を推進すると同時に、県（市）級以上の政権機関も、政務公開実行の有効な方途を積極的に探索し、政務公開制度を逐次推進しなければならない」と述べている。このよう

に、中国政府・共産党は、政務公開を基層レベルにおいて先行させ、その実施状況を観察した上で、順次それを上級のレベルに引き上げるという方針を採用したわけである。事実、中国政府・共産党が、県・市レベルの政務公開の実施を指示するのは、これよりもうしばらく先のことである。

　ところが、興味深いことに、中央が2000年12月に郷鎮レベルの政務公開に関する「通知」を発布する一年以上も前に、長春市さらには吉林省は、政務公開への取り組みをすでにスタートさせていたのである。以下、検討対象を長春市に移そう。

　まず、長春市は、1999年6月に「市長公開電話制度[33]」の実施を決定した。市長公開電話制度とは、文字どおり、一般大衆が公開電話（インターネットを含む）の形式を通じて、長春市政府に対して、苦情、通報、建議等の事項を提起することができるという制度であり、具体的な業務部門として、市長公開電話辦公室が新設された。市長公開電話の受理範囲としては、（一）市民の政府およびその業務部門に対する意見および建議の受理、（二）市民の政府公務員の業務効率、業務質量、業務作風、違法違紀問題に対する意見および建議の受理、（三）市民の経済建設、社会事業、都市管理の分野に対する意見および建議の受理、（四）社会生活における政府職権の範囲内に属する関連問題の受理、が挙げられている。ただし、この市長公開電話制度は、「市民第一」を謳い文句にする一方で、当時の共産党の政治的キャンペーンであった「三講」活動（学習を重んじ、政治を重んじ、正しい気風を重んじる）と市長公開電話を連動させたり、市長公開電話辦公室の職責の第一に党の路線・方針・政策の宣伝を掲げたりする等、政治的色彩の濃い内容にもなっていた。ちなみに、市長公開電話の電話番号は、12345である。

2．政務公開の展開

　1999年8月に、長春市は、「長春市県以上政府政務公開工作意見[34]」（以下、「政務公開工作意見」と略称）という規範的文書を発布し、本格的に政務公開への取り組みを始動させた。「政務公開工作意見」の冒頭において、「『吉

林省県以上政府政務公開工作意見』に基づき、長春市の実際に結合させ、『長春市県以上政府政務公開工作意見』を制定する」と述べられていることから、この動きに上級の吉林省の指導があったことは明らかである。「政務公開工作意見」は、「一、政務公開の指導思想」、「二、政務公開の範囲、内容、重点」、「三、政務公開の形式」、「四、政務公開の要求」、「五、保証措置」という五つの章から構成される。

「政務公開の範囲」とは、政務公開の対象機関（義務主体）のことであるが、これについて、「政務公開工作意見」は、市・県（市）区政府、および市・県（市）区政府各部門、直属機構および政府部門の法律に基づく委託を受け行政職能を具える事業単位を挙げている。すなわち、「政務公開工作意見」でいう政務公開とは、狭義の政務公開を指している。

「政務公開の内容」については、「法律・法規および紀律が秘密を保持すべき、および公開に適さないと規定している内容を除き、およそ行政管理の対象者の法定の権利と関連する事項、およそ大衆の利益と関連する事項については、最大限これを公開しなければならない。およそ公開できる権力については、その操作を公開し、意識的に大衆の監督を受け入れなければならない」と述べ、公開すべき十点の事項を列挙している。項目のみを示せば、以下のとおりである。①政府各部門の職責および管理権限の公開、②事務処理の根拠の法律・法規および規章制度の公開、③政府およびその部門が制定・実施した政策・規定、公開に適する文書および政府の重要な業務の公開、④事務処理の条件、基準および要求の公開、⑤事務処理の手続の公開、⑥事務処理の時限の公開、⑦事務処理の結果の公開、⑧大衆に便宜を図る［便民］措置の公開、⑨事務処理の紀律および廉政・勤政制度の公開、⑩責任追究の方法の公開。

「政務公開の形式」については、（一）新聞・雑誌、ラジオ、テレビ等のマスメディアを通じての公開、（二）文書、事務処理便覧、宣伝材料等の形式を通じての公開、（三）プレスブリーフィング、諮問会、説明会、回答会等の会議を通じての公開、（四）事務処理指南、事務処理工程表、看板サービ

ス、デスク表示等の案内手段を通じての公開、（五）公開欄、公開板、壁新聞等の形式を通じての公開、（六）インターネット等の手段を通じての公開、（七）その他の形式を通じての公開、を規定している。いずれの形式も、長春市政府による自発的公開［主動公開］を意味するものであり、公民の申請に基づく公開については言及されていない。それゆえ、「保証措置」についても、（一）組織的指導の強化、（二）監督・考課メカニズムの確立、という二点を挙げるにとどまっている。

　このように、長春市の政務公開への取り組みにおいて、「政務公開工作意見」は、公開の対象機関を明確化し、政務公開の内容および形式を具体的かつ詳細に定めた初めての規範的文書であると位置づけることができるものの、他方で、公民の情報公開請求権を規定するには至っていない、政務公開実施の保証措置も不十分である、といった問題点も内包していた[35]。

　続いて、翌2000年5月に、長春市政務公開指導小組は、「2000年全市政務公開実施意見[36]」（以下、「2000年実施意見」と略称）を発布した。ところが、「2000年実施意見」は、「政務公開工作意見」を再確認したものにすぎず、県（市）・区政府に政務公開指導小組の設置を要求したこと以外、その内容は新味に乏しい。そればかりか、政務公開の当面の具体的目標として、市長公開電話制度の充実と後述する「一站式」事務・「一条龍」服務の実現をも挙げており、あたかも、政務公開の問題が行政効率の向上の問題に矮小化されてしまったかのような印象さえ与えている。当時、真摯に「政務公開工作意見」の要求を実施に移していたために新しい内容を提示する必要がなかったのであろうか、それとも、背伸びして比較的早い時期に政務公開に関する規範的文書を出したものの、その先どうしていいかわからずおろおろしていただけだったのであろうか。

　「一站式」（「一庁式」）事務とは、一カ所で各種の手続を行うことができるということであり、「一条龍」服務とは、ある手続について、一カ所で最初から最後まで行うことができるということである。この「一站式」（「一庁式」）事務、「一条龍」服務の実現のための象徴的施設として、2002年10月に

長春市政務中心（政務センター）が市の西部の緑園区普陽街にオープンした。長春市政務中心の管理については、市政務公開辦公室が責任を負うとされていることから、長春市政府が長春市政務中心の活動を政務公開の重要課題と位置づけていることがわかる。2004年11月に北京で開催された全国政務公開工作経験交流会議においても、長春市政務公開指導小組は、長春市政務中心の開設について、「…「一つの窓口」を実現し、窓口の事務処理権限がはっきりせず、大衆が事務処理にあたり何度も行ったり来たりするという長い間解決されてこなかった難題を解決した[37]」とその意義を自画自賛している。なお、長春市政務中心が開設されたのと同じ年に、市の中心街の南関区解放大路に吉林省政務大庁もオープンしている。

「2000年実施意見」の発布以降、公務活動の管理や公文書の管理に関する文書はいくつか出されたものの[38]、政務公開そのものに関する規範的文書はしばらく発布されることはなかった。長春市政府の政務公開へ向けた模索（？）が続いていたわけである。

他方で、この間、吉林省政府は、政務公開の推進を呼びかける規範的文書を繰り返し発布している[39]。2001年6月には、吉林省の各級政府、政府各部門および法律に基づき行政職能を履行する事業単位の政務公開への取り組みに対する考課・評定と賞罰を具体的に規定した「吉林省政務公開工作考課［考核］試行辦法[40]」が制定された。

こうした吉林省政府の「圧力」を受ける形で、長春市政府は、吉林省政府が「さらによりよく政務公開工作を進めることに関する意見［関於進一歩做好政務公開工作的意見］」を発した直後の2003年7月に、「2003—2004年度"陽光政務"推進年活動実施方案[41]」（以下、「陽光政務実施方案」と略称）を発表した。「陽光政務実施方案」は、活動の主要内容として、①「十公開」制度[42]を定着させる、②建設プロジェクトの入札、政府調達等の行政資源および公共資源の配置の全過程を公開する、③政府の重大な政策決定、重要な決定、重大な事項について、速やかに社会に対して公開・発布する、④マスメディアまたはその他の形式の媒体を通じて、服務承諾および廉政承諾を公開し、

大衆の監督を受け入れる、⑤機関内部の事務についても機関の構成員に対して公開する、⑥大衆が強い反応を示す違法・違紀・違諾行為を真摯に調査・処置し、公開する、⑦「インターネット公開」を強力に推進する、⑧全市において社区公開を実施する、という8項目を挙げている。重要な点は、それらの活動にそれぞれ期限を設け、各県（市）・区の人民政府、各部門に、自己検査およびその結果の提出を命じていることである。ただし、そうした検査・報告の内容を一般大衆に公開するという点については言及されていない。各人民政府・各部門の考課・賞罰に関係させると述べられているだけである。

　以上のように、長春市政府の一連の政務公開への取り組みは、第一に、すべて政府による自発的公開をその内容としていたこと、第二に、実効性の担保については考課・賞罰等、内部の監督メカニズムに依拠していたことという二つの大きな特徴を有していた。この状況に転機をもたらしたのが、「長春市政府情報［信息］公開規定（暫行）[43]」（以下、「長春市規定」と略称）の制定である。

3. 政務公開から情報公開へ～「長春市政府情報公開規定（暫行）」

　2004年6月に長春市政府が発布した「長春市人民政府の2004年全市政務公開工作に関する実施意見［長春市人民政府関於2004年全市政務公開工作的実施意見］[44]」（以下、「2004年実施意見」と略称）において、「今年、「長春市人民政府情報［信息］公開規定」、「長春市人民政府の人民大衆の建議公開募集に関する実施辦法［長春市人民政府関於人民群衆建議公開征集実施辦法］」、「長春市人民政府の公用事業単位の事務処理公開に関する意見［長春市人民政府関於公用事業単位辦事公開的意見］」等の文書が陸続と制定・実施される」ことが明らかにされた。「情報［信息］公開」という語が長春市の規範的文書に登場したのは、おそらくこの時が初めてではないか、と思われる[45]。「2004年実施意見」においては、さらに、「政府情報公開目録・指南」、「インターネット情報公開」等、数カ所において「情報公開」という語が使われている。他方

197

で、「2004年実施意見」は、「政務公開」という語も併用しており、両者の区別は明らかではない。長春市において「情報公開」という語が使用され始めた背景に、2002年11月の広州市を皮切りにすでにいくつかの直轄市・省都において「情報公開」という語を名称に用いた地方政府規章が採択・公布（発布）されていたという事情があったことは容易に推測がつく。

　長春市に先立って、まず、2004年7月に吉林省政府が『吉林省政務情報［信息］公開管理辦法[46]』（以下、『吉林省辦法』と略称）という地方政府規章を採択した。「長春市規定」は、一部を除き、これをほぼ忠実にトレースした内容となっている。なお、付け加えれば、『吉林省辦法』の内容も、2004年1月に採択・公布された『上海市政府情報［信息］公開規定』（以下、『上海市規定』と略称）をかなりの程度において模倣したものである[47]。

　「長春市規定」は、2004年11月に発布された。全22カ条からなり、章立てはなされていない。条文形式を採っており、一見すると地方政府規章のようにみえるが、どうやらそうではなく、規範的文書の一つのようである。というのも、『長春政報』をみる限り、「長春市規定」は、「人民政府令」により公布されたわけではなく、長春市人民政府がこれを各県（市）・区人民政府、各局、各直属機構へ通知したにすぎない。また、『長春政報』において、「長春市規定」は、「地方政府規章」の箇所ではなく、「市政府文書」の箇所に掲載されているからである。

　ただ、地方政府規章であれ規範的文書であれ、「長春市規定」が、長春市の政務公開への取り組みを検討するにあたり、決定的に重要な文書であることは間違いない。以下、その内容を概観しておきたい。

　まず、「長春市規定」は、「公正・透明な行政管理体制を確立し、公民、法人およびその他の組織の知る権利を保障し、政府機関が法律に基づき職責を履行することを監督する」ことをその目的としている（第1条）。「知る権利」の保障を制定目的の筆頭に配置した広州市とは異なり、「公正・透明な行政管理体制の確立」が制定目的の筆頭に配置されているが、それでも「知る権利」明記の意義は大きい。

次に、「政府情報」を「政府機関が製作・掌握する、経済・社会管理および公共サービスと関連する、紙質、フィルム、磁気テープ、磁気ディスクおよびその他の電子メモリー等の媒体に反映された文書資料」と、「政府機関」を「本市各級人民政府およびその業務部門、派出機構およびその他の法律に基づき行政職権を行使する組織」と、それぞれ定義している（第2条）。情報化社会の進展、とりわけインターネットの普及を考慮して、いわゆる「電磁的記録」をも「政府情報」の範囲に含めたのであろう。こうした考慮は、情報公開の申請提出方法、自発的公開の方法等、他の箇所においても散見される。

第3条第1項では、「本規定第8条が列挙した法律に基づき公開を免除するものを除き、およそ経済・社会管理および公共サービスと関連する政府情報については、すべて公開し、または申請に基づき提供する」と述べられている。広州市、武漢市、杭州市等のように、「公開を原則とし非公開を例外とする」という文言はないものの、それとほぼ同様の趣旨に基づく規定であると考えてよい。そして、第1条の「知る権利」の保障、第3条第1項の情報公開の原則を再確認するものとして、第5条が、「公民、法人およびその他の組織は、本規定に基づき、政府機関に関連の政府情報を提供するよう要求する権利を有する」と公民等の情報公開請求権を明定している。

「長春市規定」が、政府情報の自発的公開と申請に基づく公開の双方を射程に入れていることは、第3条第1項の文言からも明らかである。政府機関による自発的公開については、第6条が、長春市の政務公開史上、これまでにない詳細な内容を規定している。（一）管理規範および発展計画の分野、（二）公衆と密接に関連する重大事項の分野、（三）公共資金の使用および監督の分野、（四）政府機構および人事の分野、（五）法律・法規・規章が公開しなければならないと規定するその他の政府情報、という項目が設けられ、それぞれの項目でさらに具体的な内容が列挙されている。これまでも推進してきた自発的公開について、それを義務づけた点に一定の意義があるように思われる[48]。加えて、政府が決定する政策や制定する規定が、公民や法人

の重大な利益に関わったり、重大な社会的影響を有するような場合には、その草案を社会に公開し、十分に公衆の意見を聴取しなければならない（第7条）。自発的公開の方法は、これまでとあまり大きな変化はない。『長春政報』または『長春日報』等の新聞・雑誌、市政府ホームページ、ラジオ・テレビ等の公共メディア、公共閲覧室・政務公開板・電子スクリーン・電子タッチパネル等を通じての公開である（第13条）。その他、政府機関は、政府情報公開指南および自発的公開の範囲に属する政府情報目録を編纂し、それらを随時更新しなければならず（第15条）、また、政府スポークスマン制度を確立しなければならない（第17条）。

　公開を免除する政府情報も明確化した。（一）国家秘密に属するもの、（二）商業秘密に属し、または公開が商業秘密の漏洩をもたらす可能性があるもの、（三）個人のプライバシーに属し、または公開が個人のプライバシーに対して不当な侵害を構成する可能性があるもの、（四）現在、調査・討論・処理の過程にある事項、ただし、法律・法規が本規定とは別に規定を設けているものは除外する、（五）行政執法と関連し、公開後、検査・調査・証拠収集等の執法活動に影響を与える可能性があり、またはその他の組織・個人の財産もしくは生命の安全に危害をもたらす可能性があるもの、（六）法律・法規が公開を免除すると規定しているその他の事項、が公開が免除される政府情報である（第8条）。注意すべきは、『吉林省辦法』が「公開しない［不予公開］」としていた表現が、「長春市規定」では、「公開を免除する［免予公開］」という表現になっている点である。「政府情報は公開が原則である」という立場に立つ時、中国語にしてこのわずか一文字の違いは非常に重要である(49)。

　申請に基づく公開については、第9条が、「公民、法人およびその他の組織が、本規定第6条に基づき政府情報の取得を要求する場合には、封書、電報、ファックス、電子メール等の形式を用いて、政府情報を掌握する政府機関に対して申請を提出することができる」と規定している。実は、この条項には重大な疑問がある。「本規定第6条に基づき」とあるが、第6条とは、上

200

述のとおり政府機関による自発的公開を定めた条項であり、それに基づいて
公開申請を提出することとはいかなることを指すのかよくわからないのである。第6条に列挙された情報についてのみ、公開申請を提出することができる、と理解するのであれば、第9条はあまりに無意味な条項となってしまう。第6条に列挙された情報は、公開申請を提出しなくても、政府機関は自発的公開の義務を負っているからである。この点、「長春市規定」が『吉林省辦法』、さらには『上海市規定』をトレースしていることはすでに指摘した。『吉林省辦法』、『上海市規定』にも、「長春市規定」の第9条と同内容の条項がある。ところが、いずれも、公開申請の提出にあたり、依拠する条項は政府機関による自発的公開を定めた条項ではなく、その一つ前の条項、つまり「長春市規定」でいえば、第5条の公民等の情報公開請求権を定めた条項なのである。「長春市規定」第9条の文言は立法のミスなのであろうか。筆者が参照した『長春政報』は、第1節で言及したように「長春市人民政府公報」である。『立法法』は、地方政府規章については、地方人民政府公報に掲載された規章のテキストを標準のテキストとすることを規定しており（第86条第3項）、『立法法』の施行を受けて、2000年10月に、長春市は「長春市人民政府の『長春政報』が掲載した市政府規章のテキストを標準のテキストと確定することに関する通知［長春市人民政府関於確定《長春政報》刊登的市政府規章文本為標準文本的通知］⁽⁵⁰⁾」を発布している。長春市人民政府のホームページでも「長春市規定」の文言を確認したが、『長春政報』の文言と同じであった。単なる誤植というわけではない。

　申請に基づく公開の手続的流れについては、第10条が六種類の決定を規定
している。すなわち、（一）公開の範囲に属する場合には、速やかに提供
し、または申請人が当該政府情報を取得しうる方式と方途を告知しなければ
ならない、（二）公開を免除する範囲に属する場合には、申請人に公開しな
いことを告知しなければならない、（三）受理機関の掌握の範囲に属さない
場合には、そのことを申請人に告知し、当該情報の掌握機関を確定しうる場
合には、その連絡方式を告知しなければならない、（四）提供を申請した政

府情報が存在しない場合には、そのことを申請人に告知しなければならない、（五）申請内容が不明確な場合には、申請人に申請内容を変更・補正するよう告知しなければならない、（六）提供を要求した政府情報に公開を免除する内容が含まれていたが、区別して処理しうる場合には、政府機関は公開しうる内容を提供しなければならない。回答の期限は、その場で回答できるものを除き、5日（業務日）以内である。また、申請人に情報を提供する場合、提供の期限は、その場で提供できるものを除き、5日（業務日）以内である。ただし、いずれの場合も、政府機関の情報公開機構の責任者の同意を得てさらに期限を最長5日（業務日）延長することができる（第11条）。5日という期間は、他の地域と比べると比較的短い。

　自発的公開または申請に基づく公開において、公民等が提供された情報に誤りがあることを発見した場合には、政府機関は直ちにこれを是正しなければならない（第14条）。この点、広州市や上海市、吉林省では、誤りの是正を要求することを公民等の権利として明記しているが、「長春市規定」に「権利を有する［有権］」という文字はみられない。

　権利救済制度については、市政府辦公庁による政府情報公開行為に対する監督、検査および考課、政府機関が本規定に違反した場合の市政府辦公庁による是正命令および行政処分、さらに、公民等による同級・上級政府の事務部門・監察部門への通報を規定しているにすぎない（第20条）。公民には行政不服審査や行政訴訟の提起が認められていないのである。このことは、「長春市規定」が規範的文書にすぎないこととも関係しているのかもしれないが、権利救済制度としてはきわめて不十分であるといわざるをえない。

　このような「長春市規定」は、政府による自発的公開に加えて公民の申請に基づく公開を規定している点で、これまでの長春市の政務公開への取り組みを次の段階へ引き上げるものであると評価できる。他方で、もう一つの特徴である実効性の担保の不十分性という点については、「長春市規定」においても大きく改善されることはなかった。

第3節　長春市の政務公開の実際

　中国において、法と政治に関連する分野の実際の状況を観察・調査することには、多くの困難と制約が伴う。すでにみてきたように、政務公開は、「共産党の指導」とも関わる政治的に「敏感」な政策課題であるため、その困難性の度合いはひときわ大きい。筆者は、2004年と2005年の夏に、それぞれ長春を訪れ、政務公開について、『長春政報』と『吉林政報』を中心に資料を収集し、関連の研究者と交流の機会をもった。2005年には、実際に長春市政務中心と吉林省政務大庁に足を運んでみた。それらの経験により、長春市の政務公開について、あくまでも「周辺」部分にすぎないものの、その実態の一端を垣間みることができた。

1. 『長春政報』と『吉林政報』

　『長春政報』は、1985年発刊の月刊誌である。従来は、政府機関・共産党の内部向けに発行されていたようであるが、上述したように、『立法法』の制定や長春市の政務公開への取り組みの中で、「長春市人民政府公報」としての位置づけが明確化された。そのことを実際に示す興味深い変化が、表紙に印字されている副題である。2004年第5期まで「長春市人民政府機関報」とされていたものが、2004年第6期以降、「長春市人民政府公報」となっている。『長春政報』には、掲載が義務づけられている「地方的法規」、「地方政府規章」、規範的文書（「市政府文書」と「市政府辦公庁文書」とに区別）以外に、「政府活動報告」、「指導者講話」、「政務動態」、「経験交流」、吉林省の重要な地方的法規・地方政府規章・規範的文書等も掲載されている。また、各号の最後には、「市長公開電話（運行）総述」、「市政府および市政府辦公庁発文目録」、「長春市人民政府大事記」といった項目が設けられている。

　『吉林政報』は、1950年代に発刊され、その後一度停刊となったが、1982年に復刊した。現在は隔週発行［半月刊］である。『長春政報』と同様の理由

から、『吉林政報』の副題も、2003年第24期まで「吉林省人民政府主辦」と
されていたものが、2004年第1期以降、「吉林省人民政府公報」となってい
る。『吉林政報』の変化として、もう一点注目しておきたいのが、その定価
である。2003年第24期まで3元とされていたものが、2004年第1期以降、無
料となった[51]。公共サービスの提供という視点からすれば、歓迎されるべ
き変化である。『吉林政報』の掲載内容も、『長春政報』のそれとほぼ同じス
タイルである。「政務公開専門欄」という項目もあり、各部門や吉林省各都
市の試み等を紹介している。各号の最後には、「政務要聞」、「人事任免」と
いった項目が設けられている。

　『長春政報』と『吉林政報』は、長春市政府と吉林省政府による政府情報
の自発的公開の媒体として、重要な位置づけを与えられているにもかかわら
ず、筆者のみたところ、一般大衆がこれを手にする機会はほとんどないと
いってよい。これは、ただ単に、一般大衆がこのような政府公報に興味を示
さないからだけではなく、長春市がその環境整備を怠っているからでもあ
る。筆者が2005年の夏に長春を訪れた際、両公報は、吉林省図書館におかれ
ていただけで、長春市図書館にはおかれていなかった。長春市図書館が『長
春政報』をおいていないのは問題であろう。また、吉林大学、東北師範大学
の図書館や法学部資料室も両公報を所蔵していなかった。吉林省は、長春市
に比べて多少真剣にこの課題に取り組んでおり、2001年には、『吉林政報』
の宣伝・発行に関する会議も開催している[52]。最近の数号だけではある
が、吉林省政務大庁には、『吉林政報』の無料頒布コーナーも設けられてい
た。この点について、上海市や鄭州市の情報公開規定は、政府庁舎、檔案
館、公共図書館、書店、郵便局等に政府公報の無料閲覧・頒布コーナーを設
けなければならないと規定している。長春市の状況はあまりにお寒い。

　中国の学術界・実務界は、立法の公開を政務公開の重要な成果として高く
評価してきた[53]。確かに、政府による自発的公開をその主要な内容とする
政務公開の趣旨からすれば、『立法法』や情報公開規定によって地方的法
規・地方政府規章・規範的文書の公開が義務づけられたことの意義は小さく

ない。しかしながら、「知る権利」の保障を目的とする情報公開の趣旨からすれば、立法の公開は情報公開の成果ではなく、むしろその前提と考えるべきであろう。長春市の場合、現段階においては、立法の公開について、制度と実践の両面で改善すべき課題はなお多いように思われる。

2. 長春市政務中心と吉林省政務大庁

　中国の省人民政府や市人民政府の庁舎は、日本でいう県庁や市役所に相当するが、その敷居は高く、日本のように用事もないのに気軽に訪ねていけるわけではない。また、婚姻・離婚ならば民政部門へ、転出・転入ならば公安部門へ、というようにそれぞれ出向いて手続を行うが、こうした行政部門は一カ所に集中しておらずその不便さが指摘されていた。この不便さを解消する試みが、長春市政務中心・吉林省政務大庁の建設・業務開始による「一站式」事務・「一条龍」服務の実現であったのである。

　2002年に業務を開始した長春市政務中心は八階建ての立派な建物であった。入口で登記する必要はなく、門衛に呼び止められることもない。「受付にテーブルがある。しかも、そのテーブルが低い。一般庶民の側に椅子がある。一般庶民が椅子に座って相談・各種手続を行い、それに対して、市の職員が立って応対している。以前は逆だった」。筆者に同行して下さった東北師範大学の王景斌氏の感想である。「官本位」の意識が根強い中国において、このような変化の兆候が表れていることは、長年中国の行政法を研究してきた王景斌氏にとっても感慨深かったのだろう。

　市政務中心には、2005年8月の時点において、民政局や公安局はまだ入っていなかったが、工商行政管理局や労働・社会保障局等が窓口業務を行っていた。企業登記、各種許認可、退職、再就業等に関する簡単なパンフレット（事務処理指南）も無料頒布していた。他方で、この市政務中心が長春市の政務公開の基地となりうるかどうかといえば、やや心許ない。三階に「長春市政府政務公開辦公室」があり、筆者は王景斌氏とともに同辦公室を訪ね、副所長にインタビューを実施したが、業務らしい業務を行っているという印象

は受けなかった。同辨公室には一般大衆向けの窓口はなく、公民が情報公開の申請をなすにあたってはきわめて不便である。また、文書閲覧室のようなものも市政務中心にはなかった。

　吉林省政務大庁は、長春市の中心街に位置しているため、敷地面積は市政務中心に比べ狭い。執務室はすべてガラス張りとなっており、やはり、公共サービス意識をうかがわせる。市政務中心と異なるのは、政務公開に関する部分である。五階にある「省政務公開協調辨公室」はおそらく「長春市政府政務公開辨公室」と同様の性格を有するものであろうが（未訪問）、それ以外に、二階に一般大衆向けの「省政府現行文書閲覧室」があった。入室には入口で登記し、文書閲覧の目的を記載する必要があるが、実際の運用は緩やかであり、無目的でも入室し文書を閲覧することができた。その他、二階にコピー室、一階に行政不服申立および法律相談の窓口があった。

　長春市の政務公開のアピールポイントである市長公開電話の開設も市政務中心の業務開始も、政務公開の内容というよりも、むしろ公共サービスの提供、さらにいえば、公共サービス提供のための環境整備にすぎない。それでも、こうした環境整備が、長春市の政務公開・情報公開に対して物質的基礎を提供するものであることは間違いない。

3.「長春市政府情報公開規定（暫行）」の運用状況

　長春市の政務公開・情報公開の実際を観察するにあたり、筆者の最大の関心は、「長春市規定」がどのように運用されているのかという点にあるのだが、当時、「長春市規定」は施行されてからまだ一年余りしか経過しておらず、その運用状況については不明であった。もちろん、中国において、法の運用にはきわめて不透明な部分が多く、施行後月日が経過したからといって、その運用状況がはっきりしてくるわけではない。

　まず、「長春市規定」は一般大衆にとって利用しやすいものなのであろうか。この点、すでに述べたように、市政務中心には専門の情報公開申請受理窓口はなく、直接来訪しての情報公開申請には不便が予想される。他方で、

206

インターネットを利用すれば、比較的簡単に情報公開申請が行える。長春市人民政府、または各区人民政府のホームページにアクセスして、そこに掲載されている「政府情報公開申請表」〔資料5〕に必要事項を記入して送信すればよいのである。

次に、物理的に利用が容易であっても、情報公開を申請するにあたり、心理的な圧迫はないのだろうか。公共サービス意識が向上しているとはいえ、依然として「官本位」の意識が根強い中国においては、公民が情報公開を申請するにあたり、行政当局による有形・無形の事前の圧力、事後の報復が予想されよう。『行政訴訟法』の施行にあたって指摘された問題と同様の問題が情報公開申請についても起こりうる[54]。「長春市規定」は、監督規定を設けているが（第20条）、それがどこまで機能するかはわからない。

上海市、武漢市、杭州市の情報公開規定は、毎年3月末に市政府の情報公開年度報告の公布を義務づけている。このうち、上海市はすでに「2004年政府情報公開年度報告[55]」を作成し、情報公開規定が施行された2004年5月1日から同年12月31日までの詳細なデータを公表している。申請に基づく政府情報公開の部分のみを簡単に紹介すれば、政府情報公開申請の総数は8799件で、申請量の上位五位は市人事局、市公安局、市工商局、市労働保障局、市文化・ラジオ・テレビ局である。このうち、すでに回答がなされたものが8722件で、その内訳は、「公開の同意」が6913件（79.3％）、「部分的公開の同意」が479件（5.5％）、「関連情報の未提供」が1330件（15.2％）、となっている。さらに、「関連情報の未提供」の内訳は、「情報の不存在」が380件、「本部門が掌握しないもの」が471件、「申請内容の不明確」が119件、「公開免除の範囲内」が87件、「その他の原因」が273件、である。政府情報公開事務に関する行政不服審査の申請は38件あり、争議は家屋の取り壊し・立ち退き、社会保障、戸籍政策、建設プロジェクトに集中している。行政訴訟は6件提起されている。

情報隠蔽の印象の強い中国において、上海市がここまで詳細な情報公開年度報告を公表したことは正直いって驚きである。「長春市規定」には、情報

〔資料5〕政府情報公開申請表

政府信息公开申请表

<table>
<tr><td rowspan="11">申请人情况</td><td rowspan="5">公民</td><td>姓名*</td><td></td><td>工作单位*</td><td></td></tr>
<tr><td>证件名称*</td><td></td><td>证件号码*</td><td></td></tr>
<tr><td>联系地址*</td><td></td><td>邮政编码*</td><td></td></tr>
<tr><td>联系电话*</td><td></td><td>传真</td><td></td></tr>
<tr><td>电子邮箱</td><td colspan="3"></td></tr>
<tr><td rowspan="6">法人或其他组织〈/P〉</td><td>名称*</td><td></td><td>组织机构代码*</td><td></td></tr>
<tr><td>营业执照号码*</td><td></td><td>法人代表*</td><td></td></tr>
<tr><td>联系人姓名*</td><td></td><td>联系人电话*</td><td></td></tr>
<tr><td>通令地址*</td><td></td><td>邮政编码*</td><td></td></tr>
<tr><td>电子邮箱</td><td></td><td>传真</td><td></td></tr>
</table>

所所需信息信息描述（本人（单位）承诺所填写内容真实有效）*

所需信息情况
所需信息用途
所需信息载体　□纸质　□电子邮件　□光盘　□磁盘
获取信息方式　□自领　□邮寄　□快递　□电子邮件　□阅看　□传真　□其他
是否申请免除费用　○ 申请　◉ 不申请

[提　交]　[清　除]

说明：

1、申请表应填写完整、内容真实有效。

2、个人提出申请时，请同时提供身份证复印件。

法人或其他组织提出申请时，请同时提供组织机构代码证复印件以及营业执照复印件。

3、依申请公开的政府信息收取的费用请参看资费标准。

4、申请人根据本市有关规定属于低收入者的，如需免除费用，须在本表中提出，并同时提供相关证明。

5、申请人应当对申请材料的真实性负责。

※　中国長春市人民政府法制辧公室ホームページ（http://fzbgs.changchun.jl.cn/index.jsp）より転載（初出論文執筆の2005年当時。現在、フォーマットは変更されている）。

公開年度報告に関する規定はおかれていない。長春市がここまでできるであろうか。長春市も、2005年1月の「政府活動報告[56]」の中で、政務情報公開インフォメーションコーナーの設置、プレスブリーフィングの開催、市長公開電話の受理等について、その数値を一部公表しており、とりあえずは、今後の「政府活動報告」に注目してみたい。

小括

　以上、吉林省長春市の政務公開・情報公開の「進展」と現況について、制度と実践の両面から検討を加え、その問題点を析出してきた。ここで、暫定的な結論と残された課題を提示しておきたい。

　第一に、長春市の政務公開・情報公開の「進展」と現況に対する評価である。長春市の政務公開・情報公開への取り組みの進捗状況は、他の地域に比べて著しく早いわけでも遅いわけでもない。また、情報公開規定の内容も、他の地域と比べれば標準的なレベルはクリアしていると評価してよい。ただ、注意しておきたいのは、松井氏が力説し、中国の学者も少なからず論及している「政務公開と情報公開の相違」、「情報提供と情報公開の相違」について、長春市政府が十分に意識していないのではないか、という点である。このことは、第2節で指摘したように、情報公開規定における権利救済制度の不十分性にも表れている。2004年11月の全国政務公開工作経験交流会議における長春市政務公開指導小組の報告も、依然として、市政務中心と市長公開電話を長春市の政務公開の成果として強くアピールする内容のものであり、当時制定直後であった「長春市規定」は「陽光政務推進年」活動の一環として言及されたにすぎなかった[57]。2005年4月に発布された「2005年全市政務公開工作の実施意見[58]」においても、相変わらず無原則に「政務公開」と「情報公開」という語が併用されており、長春市の認識にまったくといっていいほど変化はみられていない。

　第二に、「長春市規定」の制定等、長春市の政務公開・情報公開への取り

209

組みに民意がどの程度反映されたのか、という問題である。『立法法』は、法律の制定に際して各分野の意見を広範に聴取すべきことを規定している（第83条、第67条第1項）。実際に、広州市や南寧市（広西壮族自治区区都）は、情報公開規定の制定にあたり、その草案を社会に公表し一般大衆の意見を集めた。しかしながら、長春市がこのようなことを行った形跡はみられない。現在のところ、市政務中心は盛況であり、市長公開電話もそれなりに利用されているようであるから、長春市がいうところの政務公開には一定の成果がみられているのかもしれない。しかしながら、「知る権利」の保障を目的とする情報公開に対して、一般大衆はどれほど関心をもっているのであろうか。この点において、長春市政府と一般大衆との間を媒介する役割を期待されるのが法学者・政治学者をはじめとする知識人である。吉林大学、東北師範大学という二つの国家重点大学をはじめとする長春市の研究機関、あるいはそれらに所属する個々の法学者・政治学者は、長春市の政務公開・情報公開に関する政策形成や規範的文書の作成にどの程度関与したのであろうか。筆者は、長春市の政務公開・情報公開に関する彼らの研究成果を目にしたことはない。長春市人民政府法律顧問を務めた行政法学者・王景斌氏も、長春市の政務公開・情報公開についてはノータッチであったという。

これらは、情報公開規定を制定した背景に高い市民意識・権利意識が存在していたことが推測される広州市や深圳市とは対照をなしている。広州市の場合、中山大学行政法研究所が『広州市規定』の制定作業に全面的に携わった。すなわち、『広州市規定』が採択・公布される約半年前の2002年5月に、広州市政府法制辦公室と中山大学行政法研究所が共同で起草小組を立ち上げ、中山大学行政法研究所が初稿の起草を担当したのである[59]。『広州市規定』が制定されてしばらくして後に、その内容および問題点を詳細に紹介・分析した著書が、中山大学法学院院長劉恒氏らによって刊行されている。また、『広州市規定』に比べて内容的にはやや後退したものの、2005年7月に、広東省人民代表大会常務委員会は、『広東省政務公開条例』を採択・公布した。中国において、省レベルでは初の政務公開・情報公開に関す

第7章　地方政府の政務公開

る地方的法規である。一般的にいえば、人民政府が発布する地方政府規章よりも、人民代表大会が採択・公布する地方的法規の方が、その制定過程により民意が反映されることは明らかである。

　長春市は、政務公開と情報公開との異同を十分に理解することなく、また、民意の反映および知識人の参与を考慮に入れることもなく、他の地域に遅れをとるまいと、吉林省の強力な指導の下で[60]、政務公開に取り組み、その後、情報公開規定の制定へ向けてとりあえず突っ走った、というのはいいすぎであろうか。少なくとも、筆者の眼には、「長春市規定」が、長春市の一般大衆にとっていまだ自分たちのものとなっていないように映るのである。

　最後に、もう一点指摘しておかなければならないのは、政務公開・情報公開における共産党の地位の問題である。長春市の政務公開において、共産党は常に政務公開・情報公開の指導主体あるいは監督主体として位置づけられてきた。規範的文書には、必ずといっていいほど、「指導思想」の章が設けられ、その中で「三講」活動や「三つの代表」重要思想[61]等、その時々の共産党のスローガンが掲げられている（さすがに、法的性質が色濃い「長春市規定」には、「三つの代表」重要思想の記述はない）。第2節において概観したように、長春市は、1999年8月に「政務公開工作意見」を発布して、政務公開への取り組みを始動させて以降、政務公開を狭義の意味で把握・理解してきた。政務公開を狭義の意味で把握・理解する以上、当然、党務の公開は政務公開の射程の範囲外である。しかしながら、「共産党の指導」が憲法に明定され、「党政不分（党と政府の未分離）」や「以党代政（党をもって政府に代える）」の弊害[62]が指摘される中国の国家・政治体制の現状を考慮に入れた時、はたして、中国において、政務公開・情報公開の対象機関（義務主体）を人民政府に限るべきという理解が妥当なのであろうか、という疑問が残る。この問題に対しては、「党政分離」の徹底が最も簡明な解決方法なのであろうが、その実現がなしえないのであれば、何らかの形で党務の公開を模索することが必要となろう[63]。

211

[注]

（1） 例えば、佐藤幸治『日本国憲法論』（成文堂）2011年、251～252頁、396頁、松井茂記『情報公開法入門』（岩波新書）2000年、16～17頁、同『情報公開法（第2版）』（有斐閣）2003年、はしがきⅲ頁等。

（2） 江沢民「全面建設小康社会、開創中国特色社会主義事業新局面―在中国共産党第十六次全国代表大会上的報告―（2002年11月8日）」『求是』2002年第22期、14頁。

（3） 「中国、不手際認める」『朝日新聞』2003年4月6日、「北京、感染者8.5倍に修正」、「感染と不信　北京直撃」『朝日新聞』2003年4月21日、「SARS禍、北京一変」『朝日新聞』2003年4月27日、「中国、幕引き狙う」『朝日新聞』2003年6月5日、「「宣伝機関」限界浮き彫り」『毎日新聞』2003年6月17日等を参照。

（4） 孫志剛事件の経緯について、季衛東「違憲審査をめぐる法と政治―中国の制度変遷に関する事例研究―」『ジュリスト』No.1258（2003年12月15日）65頁、土屋英雄「中国の憲法改正―2004年改正の過程、内容、意義―」『レファレンス』第644号（2004年9月）77頁等を参照。

（5） 長春市・吉林省以外で本章に挙げた各省・各都市の情報公開規定または政務公開規定については、それぞれの人民政府のホームページを参照。

（6） 唐亮『変貌する中国政治―漸進路線と民主化―』（東京大学出版会）2001年、11～47頁（第1章）、119～153頁（第4章）、唐亮「政策過程における国民の意見参加―公聴会制度の導入とマス・メディアの役割を中心に―」『中国21』（愛知大学）第14号（2002年10月）61～84頁。

（7） 朱建栄「中国社会の静かなる地殻変動とは何か」『世界』2004年5月号（第726号）288～297頁。

（8） 青山瑠妙「インターネットが導く中国式民主化」『論座』2005年3月号、76～81頁。

（9） 唐亮・前掲書注（6）に対する書評として、高原明生『アジア経済』第43巻第12号（2002年12月）87～90頁、毛里和子『アジア研究』第48巻第3号（2002年7月）102～107頁、朱建栄・前掲論文注（7）に対する反駁論文として、鈴木賢「中国に地殻変動は生じているのか」『世界』2005年2月号（第736号）316～324頁を参照。

（10） 民主化の定義も示されていない。この点の指摘について、高原明生・前掲書評注（9）、89頁、毛里和子・前掲書評注（9）、105～106頁。

（11） 「長春市人民政府関於成立長春市人民政府法律顧問団的通知（1999年9月2日）」『長春政報』1999年第9期、30頁、「長春市人民政府法律顧問団工作規則（試行）（1999年6月30日）」『長春政報』1999年第9期、30～33頁。

（12） 皮純協・劉飛宇「論我国行政公開制度的現状及其走向」『法学雑誌』2002年

第7章　地方政府の政務公開

第1期、9頁。

(13)　劉恒他『政府信息公開制度』（北京：中国社会科学出版社）2004年、28頁。

(14)　例えば、崔文「中国における政務公開」『北京週報』1999年、No.11、22〜23頁、劉俊祥「行政公開的権利保障功能」『現代法学』2001年第5期、141頁、胡仙芝『政務公開与政治発展研究』（北京：中国経済出版社）2005年、13〜15頁等を参照。

(15)　劉恒他・前掲書注（13）、28〜29頁。

(16)　同上、29〜30頁、同趣旨の論述として、皮純協・劉飛宇・前掲論文注（12）、9頁、11頁を参照。

(17)　劉恒他・前掲書注（13）、33頁。

(18)　例えば、憲法学者の杜鋼建氏は、早くから情報公開の必要性を提起していた（杜鋼建「知情権制度比較研究—当代国外権利立法的新動向—」『中国法学』1993年第2期、109〜115頁、杜鋼建「信息公開化—21世紀的挑戦和要求—」『半月談』2000年第1-2期、56〜57頁等）。

(19)　劉莘・呂艶浜「政府信息公開研究」『政法論壇』2003年第2期、148頁。

(20)　同上、151頁。

(21)　劉恒氏らは、政務公開と政府情報公開とを区別するにあたり、政府情報公開を「一種の権利型の公開」であると称している（劉恒他・前掲書注（13）、2頁）。

(22)　松井茂記・前掲書注（1）『情報公開法入門』、12〜13頁。

(23)　劉莘、呂艶浜・前掲論文注（19）、劉恒他・前掲書注（13）の他、劉俊祥・前掲論文注（14）、140頁、皮純協、劉飛宇・前掲論文注（12）、9〜11頁、何建華・袁飛「行政公開的法律思考」『政法論壇』2002年第2期、77頁等を参照。

(24)　ただし、中国実務界において、「政務公開」と「情報公開」の用語の区別が収斂し定着したわけではない。『広州市規定』の発布以降、一般市民の申請に基づく政府行政情報の公開を規定した地方政府規章・規範的文書は各地で制定されており、そのうち大部分は、その名称に「情報公開」という語を用いているものの、太原市、ハルビン市は「政務公開」という語を、重慶市、済南市は「政務情報公開」という語をそれぞれ名称に用いて、ほぼ同内容の地方政府規章・規範的文書を制定している。

(25)　石塚迅『中国における言論の自由—その法思想、法理論および法制度—』（明石書店）2004年、53〜66頁、毛里和子『現代中国政治—グローバル・パワーの肖像—（第3版）』（名古屋大学出版会）2012年、73〜80頁等を参照。

(26)　趙紫陽「沿着有中国特色的社会主義道路前進—在中国共産党第十三次全国代表大会上的報告—（1987年10月25日）」『紅旗』1987年第21期、19頁。

(27)　江沢民「加快改革開放和現代化建設歩伐、奪取有中国特色社会主義事業的更

213

大勝利—在中国共産党第十四次全国代表大会上的報告—（1992年10月12日）」
『求是』1992年第21期、14頁。

(28) 村務公開については、余維良「中国農村的村務公開制度」（周漢華主編『我国政務公開的実践与探索』（北京：中国法制出版社）2003年、81～126頁）、胡仙芝・前掲書注（14）、174～184頁等を参照。

(29) 江沢民「高挙鄧小平理論偉大旗幟、把建設有中国特色社会主義事業全面推向二十一世紀—在中国共産党第十五次全国代表大会上的報告—（1997年9月12日）」『求是』1997年第18期、15頁。

(30) 村民委員会、およびその選挙改革についての研究は、日本においても比較的多く発表されている。代表的なものとして、唐亮・前掲書注（6）、155～189頁（第5章）、菱田雅晴「中国で始まった静かなる民主化“革命”」『世界』1999年4月号（第660号）201～211頁、田中信行「中国の村民委員会はどう変わったのか」『中国研究月報』1999年7月号（第617号）1～27頁、同「中国村民委員会の選挙改革」『中国研究月報』2002年1月号（第647号）1～20頁、同「逆風にさらされる中国農村の基層選挙」『中国研究月報』2005年1月号（第683号）1～18頁等を参照。

(31) 中央紀委弁公庁編『政務公開』（北京：中国方正出版社）2001年、序1頁、胡仙芝・前掲書注（14）、16頁、56頁。

(32) 中央紀委弁公庁編・前掲書注（31）、1～6頁。

(33) 「長春市人民政府市長公開電話工作制度（1999年6月10日）」『長春政報』1999年第6期、23～25頁。

(34) 「長春市県以上政府政務公開工作意見（1999年8月25日）」『長春政報』1999年第8期、24～25頁、31頁。

(35) ただし、「政務公開工作意見」の通知がなされた同じ日に開催された全市県以上政府政務公開動員会議において、李華理長春市副市長（当時）は、「社会主義的民主政治の本質は、人民が国家の主人公となることであるが、もし、政務がはっきりせず、規則が不明確であり、透明度が高くなく、随意性が大きく、人民大衆が情況を知らなければ、国家の主人公としての権利を行使することは不可能であり、人民が国家の主人公となるということは、空理空論となってしまう。知る権利［知情権］がなければ、議政権もなく、監督権もないのである」と「知る権利」に言及した講話を行っている（「李華理副市長在全市県以上政府政務公開動員会議上的講話（1999年8月25日）」『長春政報』1999年第8期、4頁）。

(36) 「2000年全市政務公開工作実施意見（2000年5月16日）」『長春政報』2000年第5期、36～38頁。

(37) 吉林省長春市政務公開領導小組「創新公開載体、増強公開実効、積極探索利

第7章　地方政府の政務公開

民便民新途径」（全国政務公開領導小組辦公室編『推行政務公開　建設法治
政府―全国政務公開経験交流会議文件匯編―』（北京：中国方正出版社）
2005年、56頁）。なお、同書には、「内部発行」の文字が印刷されているが、
北京の最もポピュラーな書店の一つである王府井の新華書店において普通に
販売されていた。

（38）　例えば、「長春市人民政府辦公庁公務活動管理制度（2003年1月22日）」『長春
政報』2003年第1期、32〜33頁、「長春市人民政府辦公庁公文辦理規則（2003
年1月22日）」『長春政報』2003年第1期、34〜35頁等。

（39）　主要なものとして、「吉林省人民政府関於2001年全省政務公開工作的安排意
見（2001年2月18日）」『吉林政報』2001年第5期、25〜26頁、「吉林省人民政
府辦公庁関於做好当前政務公開工作的通知（2001年10月10日）」『吉林政報』
2001年第22期、38〜39頁、「吉林省人民政府関於2002年全省政務公開工作安
排意見（2002年4月29日）」『吉林政報』2002年第10期、30〜33頁、「吉林省人
民政府関於進一歩做好政務公開工作的意見（2003年5月28日）」『吉林政報』
2003年第13期、22〜24頁等。また、2001年6月には、上述した「全国郷鎮政
権機関において政務公開制度を全面的に推進することに関する通知」を受け
て、共産党吉林省委員会と吉林省人民政府は、「郷級以上の人民政府におい
て政務公開制度を全面的に推進することに関する若干の規定［関於在郷級以
上人民政府全面推行政務公開制度的若干規定］」を連名で発布している（「中
共吉林省委　吉林省人民政府関於在郷級以上人民政府全面推行政務公開制度
的若干規定（2001年6月8日）」『吉林政報』2001年第15期、24〜26頁）。

（40）　「吉林省政務公開工作考核試行辦法（2001年6月7日）」『吉林政報』2001年第
13期、25〜27頁。

（41）　「2003―2004年度〝陽光政務〟推進年活動実施方案（2003年7月25日）」『長春
政報』2003年第8期、33〜34頁。

（42）　「十公開」制度とは、吉林省政府が提起したもので、吉林省の各級政府・各
部門が、審査・批准・執法・費用徴収の①事項、②具体的職能単位、③法律
政策根拠、④条件、⑤手続、⑥時限、⑦結果、⑧紀律・廉政制度、⑨責任追
究方法、⑩苦情通報単位・電話、を公開することをその内容とする。

（43）　「長春市市政府信息公開規定（暫行）（2004年11月5日）」『長春政報』2004年第
11期、24〜26頁。

（44）　「長春市人民政府関於2004年全市政務公開工作的実施意見（2004年6月21日）」
『長春政報』2004年第7期、33〜36頁。

（45）　規範的文書以外では、2004年2月に開催された長春市人民代表大会の政府活
動報告において、祝業精市長（当時）が「政府情報［信息］公開」という語
を用いている（祝業精「政府工作報告（2004年2月2日）」『長春政報』2004

215

年専刊、10頁)。

(46) 『吉林省政務信息公開管理辦法』(2004年7月22日)『吉林政報』2004年第20期、32〜34頁。

(47) 『広州市規定』(2002年11月公布)と『上海市規定』(2004年1月公布)は、制定時期が比較的早かったということもあり、他の地域が「情報公開規定」を制定する際のひな形となった。詳細については、本書第8章「情報公開地方法規―二つのひな形―」を参照。

(48) 公民による情報公開の申請がなくても、一定の政府行政情報についての公開が義務づけられる制度は、義務的情報公開制度と呼ばれる。日本の情報公開法においては、このような義務的情報公開制度は設けられていない(松井茂記・前掲書注(1)『情報公開法(第2版)』、1〜2頁)。

(49) この点については、中国の学者の一部も意識してきた。例えば、劉莘、呂艶浜両氏は、「「非公開」とは、「絶対的に非公開」または「公開してはならない」ということではなく、「公開しなくてもよい」ということである。なぜなら、情報公開法は、秘密保護法ではなく、それの非公開に対する規定は、公共の利益とその他の利益との権衡を考慮するという基礎の上に、行政機関の公開義務の免除を許容したものにすぎないからである」と指摘している(劉莘、呂艶浜・前掲論文注(19)、150頁)。

(50) 「長春市人民政府関於確定《長春政報》刊登的市政府規章文本為標準文本的通知(2000年10月13日)」『長春政報』2000年第10期、23頁。

(51) 洪虎「不断創新、服務大局」『吉林政報』2004年第1期、巻首語1頁。

(52) 「全省政報工作会議在長春召開」『吉林政報』2001年第17期、36頁、40頁、「吉林省人民政府辦公庁関於認真做好2002年度《吉林政報》宣伝発行工作的通知(2001年9月1日)」『吉林政報』2001年第17期、41頁。

(53) 皮純協、劉飛宇・前掲論文注(12)、8頁、陳斯喜「我国立法公開的現状与未来」(周漢華主編・前掲書注(28)、50〜80頁)、李岳徳「中国政府信息公開制度現状及其完善」(周漢華主編・前掲書注(28)、308〜310頁)等。

(54) 王晨「人権と行政訴訟―民が官を訴える―」(土屋英雄編著/季衛東・王雲海・王晨・林来梵『中国の人権と法―歴史、現在そして展望―』(明石書店)1998年、240〜241頁)。

(55) 中国上海市人民政府ホームページ(http://www.shanghai.gov.cn/)。

(56) 祝業精「政府工作報告(2005年1月12日)」『長春政報』2005年第2期、4〜13頁。

(57) 吉林省長春市政務公開領導小組・前掲報告注(37)(全国政務公開領導小組辦公室編・前掲書注(37)、55〜59頁)。

(58) 「2005年全市政務公開工作的実施意見(2005年4月21日)」『長春政報』2005年

第7章　地方政府の政務公開

　　　第5期（中国長春市人民政府ホームページ（http://www.changchun.gov.
　　　cn/））。

（59）　劉恒他・前掲書注（13）、192～193頁。

（60）　長春市の政務公開への取り組みが吉林省の強い影響下にあった原因の一つ
　　　に、吉林省が長春市一極集中型の省であることが考えられる。吉林省の総人
　　　口のうち、実にその四分の一がその省都である長春市に居住しており、この
　　　比率は、他の省と比較してかなり高い（〔資料3〕〔資料4〕を参照）。そうし
　　　た地理的条件が、吉林省と長春市の「二人三脚」を可能としたのであろう。

（61）　「三つの代表」重要思想については、本書第4章注（32）を参照。

（62）　「党政不分」、「以党代政」の弊害について、王景斌・石塚迅「現代中国憲法
　　　の「利益関係・構造」に対する調整」『中国21』（愛知大学）第12号（2001年
　　　6月）81～82頁を参照。

（63）　劉恒氏らは、「党務情報は、社会情報の重要な一部分であり、それを公開す
　　　ることは、長期的にみれば、透明な民主社会を建設するにあたり非常に有益
　　　である。したがって、党組織がその他の社団組織と同様に社会公共情報公開
　　　の義務主体の一つとなることは、合理性を有するものである」と述べ、慎重
　　　ないいまわしではあるが、党務公開の必要性に言及している（劉恒他・前掲
　　　書注（13）、34頁）。その他、問題点の指摘として、何建華、袁飛・前掲論文
　　　注（23）、77頁を参照。

217

第8章　情報公開地方法規
――二つのひな形――

問題の所在

　中国政府・共産党が、政務公開・情報公開を政策目標の一つとして提唱するようになってすでに久しい。周知のとおり、情報公開は、国家権力の濫用を有効に監督・抑制し、国民主権・民主主義を実質的に機能させるという点において、きわめて重要な意義をもつ。すなわち、情報公開制度は、それが確立すれば、個人と国家（権力）との関係を根本から転換させる可能性を秘めているのである。政務公開・情報公開の「推進」は、中国において個人と国家（権力）との関係をどのように変容させるのであろうか。あるいは、政務公開・情報公開の「進展」はすでにそうした変容が生じていることの表れなのであろうか。

　この点について、日本の中国政治研究者の一部で、中国の「政治的民主化期待論」または「政治的民主化楽観論」ともいうべき分析・展望が提示されている。経済の発展によりインターネット利用人口が増加し、その結果、多様な民意・世論が出現・表出し、やがて政治的民主化に到達するであろうという論理構成であり、政務公開・情報公開の進展、「知る権利」の拡大等が政治的民主化進行の証左として取りあげられている[1]。筆者はこうした論理構造に疑問を抱き、なおかつそこで用いられている憲法用語の概念定義の緻密さが不十分であると感じ、前章において、中国における政務公開・情報公開の概念定義を試み、吉林省長春市の政務公開・情報公開をめぐる法と政策の変遷・現況を検討した。かかる検討を通じて、吉林省長春市の政務公開・

情報公開は、徹頭徹尾、上（地方政府）からの政策によるものであり、それを政治的民主化の萌芽とみるのは早計ではないかと指摘した。

その後、2007年1月に『中華人民共和国政府情報公開条例』（以下、『政府情報公開条例』と略称）が国務院第165回常務会議において採択され、同年4月に公布された（施行は2008年5月）。多くの立法と同様に、その制定過程は全くの不透明であり、毎度おなじみの自画自賛の事後的説明がなされたにすぎない[2]。情報公開のための条例の制定過程が全く公開されないというのはブラックユーモア以外の何ものでもない。

今後、国務院の各部門が情報公開に関して具体的な実施条例等を制定することが予想されるため、『政府情報公開条例』の内容の本格的な検討については次稿に譲ることとして[3]、本章においては、いわばその露払い的作業として、『広州市政府情報公開規定』（以下、『広州市規定』と略称）と『上海市政府情報公開規定』（以下、『上海市規定』と略称）という二つの情報公開地方法規の内容を比較検討したい[4]。詳しくは後述するが、『広州市規定』は、中国において、初めて公民の申請に基づく政府情報の公開を規定した地方法規（地方政府規章）であり、『上海市規定』は、初めての省・直轄市レベルにおける情報公開の地方法規（地方政府規章）である。興味深いことに、2002年10月に制定された『広州市規定』は、情報公開地方法規のひな形として、太原市、成都市等に模倣されたが、2004年1月に『上海市規定』が制定されると、そのひな形としての地位を『上海市規定』に譲ることになった。なぜ、『広州市規定』ではなく、『上海市規定』が他地域により多く受け入れられる結果になったのか。この理由を探ることで、情報公開地方法規および『政府情報公開条例』制定に際しての各地方政府・中央政府（国務院）の立法者意思、さらには、中国における国家と個人の位相の一端がみえてくるように思う。

なお、用語の概念定義については、前章ですでに詳細に論じているので、多くを繰り返さないが、おおよそ以下のとおりである[5]。まず、「地方政府」は、狭義の地方政府、すなわち行政機関としての地方各級人民政府を指すも

のとする（憲法第105条第1項）。特に断りがない限り、本章における広州市、上海市はそれぞれ広州市人民政府、上海市人民政府の意味で用いる。次に、「地方（的）法規」は、『憲法』（1982年12月公布）、『地方各級人民代表大会および地方各級人民政府組織法』（1979年7月公布、以降数次の部分改正）、『立法法』（2000年3月公布、2015年3月部分改正）に基づき立法権を付与された地方各級人民代表大会および地方各級人民政府が制定・公布する法規を指すものとする。このうち、地方各級人民代表大会およびその常務委員会が制定・公布するものが「地方的法規［地方性法規］」であり、地方各級人民政府が制定・公布するものが「地方政府規章」である。本章において検討の対象とする『広州市規定』と『上海市規定』は、それぞれ広州市、上海市が制定・公布した地方政府規章である。最後に、「政務公開」と「情報公開」については、その概念をめぐる議論がなおかなり混乱・錯綜しているため、概念の統一的理解はなされていないと考えてよい。とりあえず、本章において、「政務公開」とは、公開の対象機関・対象情報に着目した概念であり、それは狭義の政務公開、すなわち各級人民政府の行政情報の公開を指すものとする。これに対して、「情報公開」とは、公開の方法に着目した概念であり、政府による行政情報の自発的公開［主動公開］にとどまらず、公民の申請に基づく行政情報の公開をも包括するものとする[6]。

第1節　分析の視角と先行研究

憲法学者の松井茂記氏は、情報公開制度を「国や地方公共団体など「政府」の機関の保有する情報の公開を法的に義務づけ、国民（住民）に政府情報の公開を求める権利を保障した制度」と定義した上で、「それゆえ、政府の側が一定の情報を選択し、国民に提供する「情報提供」（広報など）と「情報公開」は決定的に違う。前者は、情報の公開が法的に義務づけられてはおらず、国民（住民）には情報の公開を求める権利が保障されていないからである。したがって、どんなに「情報提供」が充実していても、「情報公開」

の代わりにはならない[7]」と述べている。

　すでに述べたように、本章は、中国の情報公開地方法規の二つのひな形として『広州市規定』と『上海市規定』を取りあげ、その内容および問題点を分析することを通じて、中国における個人と国家の位相の一端を明らかにすることを目的としている。それゆえ、本章においては、単なる法制度の紹介にとどまることなく、比較憲法的視点を常に意識しつつ考察を進めたい。

　その意味において、上述の松井氏の指摘はきわめて重要である。松井氏の立場に基づけば、中国において、初めて公民の申請に基づく政府行政情報の公開を規定した『広州市規定』の制定は、「情報提供」から真の「情報公開」への変化を示すという一点において画期的な法規ということになる。中国において、一部の法学者は、すでにこうした松井氏の認識を一定程度において共有している[8]。上述した「政務公開」と「情報公開」の概念の異同もそうした理解を背景としていることは明らかである。しかしながら、中国政府・共産党レベルは、いまだ十分にこうした視点を意識していないようにみえる[9]。意識していないのか、それとも本当は意識しているが何らかの事情で意識していないようにみえるだけなのか。

　中国の情報公開地方法規に関する研究成果は、日本においてはほとんど公表されていない。筆者の研究を除けば、わずかに、唐亮「情報公開の推進過程[10]」、上拂耕生「中国の情報公開制度[11]」がこの分野での先行研究である。政治学者の唐亮氏は、政府スポークスマン制度と情報公開条例を事例として取りあげ、中国の情報公開制度の現段階を評価した上で、中央指導部、地方当局、社会という三つのアクターが情報公開の推進とどのように関わったのかを検討することにより、中国の情報公開の今後を展望している。彼の膨大な資料に基づく実証研究にはいつも頭が下がるが、情報公開地方法規の分析にあたり、いくつかの点で用語の使用および制度の理解に正確さを欠いている。また、彼の研究の興味関心は現在に至るまで一貫して中国の政治体制の変容に向けられており、当該論文もその例外ではない。そのせいか、諸制度の位置づけおよび評価がしばしば筆者のそれとは異なっている。上拂氏

は、行政法学者であり、用語の使用は正確である。ただ、当該論文は、制度の紹介にとどまり、情報公開地方法規の運用状況について若干の疑問が述べられている以外に踏みこんだ分析はなされておらず、なおかつ分析の視点も示されていない。

　中国における研究成果は、いうまでもなく日本におけるそれとは比較にならない。憲法や行政法を専門とする法学者、行政学や公共政策を専門とする政治学者らによって多くの著作・論文が公表されている[12]。その中では、情報公開に関する欧米の法理論または法制度の紹介・検討、それらをふまえた立法提言が大部分を占める。当然といえば当然である。2002年には、中国社会科学院法学研究所の周漢華氏らが『政府情報公開条例草案（専家建議稿）』を発表した[13]。同建議稿は中国政府・共産党の政務公開・情報公開に関する法整備に一定の影響を与えたといわれる。また、最近では、政務公開・情報公開に関する実態面の研究成果も少しずつではあるが増えてきている。ただし、判例評釈は少ない。この背景には、情報公開をめぐる行政訴訟が依然として多くないこととそれに関する判例が十分に公開されていないことの双方があると考えられるが、いずれにせよ、そのことによって情報公開地方法規の運用の実態が不透明となっていることは確かである。

第2節　『広州市政府情報公開規定』

　『広州市政府情報公開規定』は、2002年10月14日に広州市政府常務会議において採択され、11月6日に公布された。施行は、2003年1月1日である。全7章、34カ条から構成されている。

　以下、『広州市規定』の内容を概観した上で、その特徴と問題点を抽出・指摘したい。

　まず、『広州市規定』は、「個人および組織の知る権利［知情権］を保障し、政府の情報公開を規範化し、行政活動の透明度を増大させ、政府機関が法律に基づき職権を行使することを監督する」ことをその目的としている

（第1条）。「知る権利」の保障を立法趣旨の筆頭に掲げている点に注目しておきたい。次に、「政府情報」を「各級人民政府とその職能部門、および法律に基づき行政職権を行使する組織が、公共サービスを管理または提供する過程の中で製作、取得しまたは保有する情報」と定義している（第2条）。「各級人民政府とその職能部門、および法律に基づき行政職権を行使する組織」は「公開義務人」として、「法律に基づき政府情報の公開を履行する義務を負い」、「個人および組織」は「公開権利人」として、「法律に基づき政府情報を取得する権利を享有する」（第4条）。さらに、第6条第1項では、「政府情報は公開が原則であり、非公開が例外である」ことが謳われている。

　公開義務人による自発的公開の内容については、第9条以下において詳細な項目が設けられている。すなわち、①行政区域の社会経済発展戦略・計画、業務目標およびその完成情況、規章・規範的文書、政府の機構設置・職能・設定根拠、政府の行政審査・承認の項目、重大な突発事件の処理情況といった事務処理権［事権］に関する政府情報（第9条第1項）、②政府の年度財政予算報告およびその執行情況、重要な専門的経費の分配・使用の情況、重要な物資の調達の情況、重大な建設プロジェクトの入札の情況といった財政権［財権］に関する政府情報（同第2項）、③政府指導部構成員の履歴・役割分担、公務員の採用・選抜の条件・手続および結果、政府機構改革における人員配置転換の情況といった人事権に関する政府情報（同第3項）である。これに加えて、行政行為の根拠・手続・時限、救済ルートおよびその時限を社会に向けて公開し（第10条）、行政処理にあたりその決定部門、決定手続、決定根拠およびその理由、決定結果、救済ルートおよびその時限を行政処理の対象者に向けて告知しなければならない（第11条）。なお、審議・討論中の政府情報は原則として公開しない事項に含まれるが（第14条第4号）、個人または組織の重大な利益に関わり、もしくは、重大な社会的影響を有する事項については、正式決定の前に「事前公開［預公開］制度」を実施し、決定部門は、決定しようとしている方案とその理由を社会に公布し、十分に意見を聴取しなければならない（第19条）。

自発的公開の方式については、（一）統一的な政府総合ホームページの開設、（二）政府情報専門誌の発行による定期的公開、または新聞・定期刊行誌、ラジオ、テレビ等その他のメディアを利用した政府情報の発布、（三）固定した政府情報公開庁、公開欄、電子スクリーン、電子タッチパネル等の設置、（四）政府プレスブリーフィングの定期的な開催、（五）政府情報公開サービスホットラインの開設、（六）その他公民の知覚・了解に資する形式、が規定されている（第15条）。

公開しない［不予公開］事項も列挙されている。第7条第1項および第14条によれば、（一）個人のプライバシー、（二）商業秘密、（三）国家秘密、（四）第19条が規定する以外の審議・討論の過程にある政府情報、（五）法律・法規が公開を禁止するその他の政府情報、がこれに該当する。

公開権利人の申請に基づく公開について、第13条第1項は、「公開権利人は、公開義務人に対して第9条および第10条の中で列記されていないその他の政府情報の公開を申請する権利を有する」と規定し、情報公開の申請が権利であることを明示している。さらに、公開権利人には、自己情報の公開および是正を要求する権利も認められている（同第2項）。

申請に基づく公開の手続的流れについては、第20条から第26条がこれを規定している。すなわち、公開権利人が、本規定に基づき公開を申請する場合には、書面または口頭で申請をすることができる（第21条）。公開義務人は、申請書を受け取った場合には直ちに公開権利人に対して受理証明書を送達しなければならず、申請書を受け取った日から15日（業務日）以内に公開するか否かの決定を行い、公開決定書を作成して公開権利人に送達しなければならない（第22条第1項）。ただし、客観的事情およびその他の正当な理由により、公開するか否かの決定をなしえない場合には、その期限を30日（業務日）まで延長することができる（同第2項）。部分的公開または非公開の決定の場合には、公開決定書の中でその理由を説明しなければならない（同第3項）。公開の時期は、公開義務人が公開決定をなした日から15日（業務日）を超えてはならない（同第4項）。また、公開を申請した政府情報に公開を禁止また

224

は制限する内容が含まれていても、それを区分して処理することができる場合には、公開してもよい部分については申請人に公開しなければならない（第23条第1項）。

　情報公開実施の監督については、第27条が市人民政府政務公開主管機構による監督を、第28条が市・区人民政府法制機構による評議・考課をそれぞれ規定している。権利救済については、第29条が「公開権利人は、公開、部分的公開もしくは非公開の決定に不服がある場合、法律に基づき、行政不服審査の申請、訴訟の提起もしくは賠償の請求をすることができる」と規定している。

　以上のような『広州市規定』の内容上の特徴としては、次の四点を指摘することができる。

　第一に、『広州市規定』が個人および組織の申請に基づく公開を中国において初めて規定した地方法規（地方政府規章）であるという点については、いくら強調しても強調しすぎることはない。実際に申請に基づく公開がどの程度利用されているかはともかくとして、法規上、従来の自発的公開（＝情報提供）に加えて、申請に基づく公開（＝情報公開）をも規定したことは、やはり決定的に重要であるといってよい。換言すれば、『広州市規定』は、情報公開を「政策」としてではなく「権利」として位置づけた中国初の法規であるといえよう。

　第二に、『広州市規定』は、徹底して「個人」の「知る権利」に軸足をおいている。上述した第1条は、個人および組織の「知る権利」の保障を立法趣旨の筆頭に配置している。また、情報公開の請求権者について、中国の行政法関連立法において多くみられる、中華人民共和国国籍の保有を要件とする「公民」という語を使用せず、「個人」という語を使用している。それに対応して、外国人、無国籍者、外国組織の情報公開申請をもそれを「権利」として認めている（第33条）。筆者の知る限りにおいて、外国人等の情報公開請求権を認めた地方法規は『広州市規定』だけである。

　第三に、『広州市規定』は、「公開権利人」と「公開義務人」という二つの

新しい概念を創出した。この点について、『広州市規定』の草案の説明稿は、次のように説明している。「この一カ条の総則の下、各級政府および職能部門は、同種の情報公開の義務を負担し、公民および組織は、同種の情報を知り、情報を知るために申請を行う権利を享有する。彼らの権利義務関係は対称的なものである」。つまり、「権利主体と義務主体との限界を明確にし、論理上の対応関係を体現する」ために、あえて「行政主体」、「行政機関」、「利害関係人」等の語を用いなかったというのである(14)。

　第四に、『広州市規定』は権利救済制度を重視している。中国においても、個人の「知る権利」、情報公開請求権を実効性のあるものにするためには、権利救済制度の確立が不可欠であると以前より多くの学者が提唱してきた(15)。『広州市規定』が、市の専門機関の監督を規定しただけでなく、情報公開の決定（公開・部分的公開・非公開）に対して、公開権利人に行政不服審査、行政訴訟、国家賠償の途を開いたことは評価に値しよう。

　総じていえば、『広州市規定』は、個人と行政権力との対抗関係において、行政権力を監督・抑制するためのものとして情報公開を位置づけようとしていた。ところが、こうした『広州市規定』の理念は、他の地域の情報公開法規に浸透することはなかった。他の地域が情報公開法規を制定するにあたり模倣したのは、2004年に制定された『上海市規定』であった。

第3節　『上海市政府情報公開規定』

　『上海市政府情報公開規定』は、2004年1月19日に上海市政府常務会議において採択され、1月20日に公布された。施行は、同年5月1日である。全5章、38カ条から構成されている（なお、『上海市規定』は、2008年4月に全面改正された。改正によって条文の配置および内容は大幅に変更されたが（第3部「附記・解説」を参照）、本章では2004年の旧『上海市規定』を考察対象としている。本節で引用される条文番号も旧『上海市規定』のものである）。

　以下、『広州市規定』との比較を意識しつつ、その内容を概観し、その特

226

徴と問題点を抽出・指摘したい[16]。

　まず、立法目的は、「公正・透明な行政管理体制を確立し、公民、法人およびその他の組織の知る権利［知情権］を保障し、彼ら自身の合法的な権利・利益を擁護し、政府機関が法律に基づき職責を履行することを監督する」ことである（第1条）。情報公開の請求権者について、「個人」ではなく「公民」の語が用いられ、「知る権利」は明記されているものの、「公正・透明な行政管理体制の確立」が立法目的の筆頭に配置されている。

　次に、「政府情報」を「政府機関が製作・掌握する、経済・社会管理および公共サービスと関連する、紙質、フィルム、磁気テープ、磁気ディスクおよびその他の電子メモリー等の媒体に反映された内容」と、「政府機関」を「本市各級人民政府およびその業務部門、派出機構およびその他の法律に基づき行政職権を行使する組織」と、それぞれ定義している（第2条）。情報化社会の進展、とりわけインターネットの普及を考慮して、いわゆる「電磁的記録」をも「政府情報」の範囲に含めたのであろう。

　第3条第1項では、「本規定第10条が列挙した法律に基づき公開を免除するものを除き、およそ経済・社会管理および公共サービスと関連する政府情報については、すべて公開し、または申請に基づき提供する」と述べられている。「すべて公開し」の部分が自発的公開を、「申請に基づき提供する」の部分が申請に基づく公開をそれぞれ指している。『広州市規定』のように、「公開を原則とし非公開を例外とする」という文言はないものの、それとほぼ同様の趣旨に基づく規定であると考えてよい。

　政府機関による自発的公開については、第8条において、（一）管理規範および発展計画の分野、（二）公衆と密接に関連する重大事項の分野、（三）公共資金の使用および監督の分野、（四）政府機構および人事の分野、（五）法律・法規・規章が公開しなければならないと規定するその他の政府情報、という項目が設けられ、それぞれの項目でさらに具体的な内容が列挙されている。政府機関が決定しようとしている政策や制定しようとしている規定が、公民や法人の重大な利益に関わったり、重大な社会的影響を有するような場

227

合には、その草案を社会に公開し、十分に公衆の意見を聴取しなければならない（第9条）。

　自発的公開の形式については、『広州市規定』と大差はない。すなわち、政府公報またはその他の新聞・雑誌、市政府ホームページ、政府プレスブリーフィングおよびラジオ・テレビ等の公共メディア、公共閲覧室・資料請求地点・政府情報公告欄・電子スクリーン等を通じての公開である（第21条第1項）。これらに加えて、政府機関は、政府情報公開指南および自発的公開の範囲に属する政府情報目録を編纂し、それらを随時更新しなければならず（第22条）、また、政府スポークスマン制度を確立しなければならない（第25条）[17]。

　公開を免除する［免予公開］事項について、第10条は、（一）国家秘密に属するもの、（二）商業秘密に属し、または公開が商業秘密の漏洩をもたらす可能性があるもの、（三）個人のプライバシーに属し、または公開が個人のプライバシーに対して不当な侵害を構成する可能性があるもの、（四）現在、調査・討論・処理の過程にあるもの、ただし、法律・法規が本規定とは別に規定を設けているものは除外する、（五）行政執法と関連し、公開後、検査・調査・証拠収集等の執法活動に影響を与え、または個人の生命の安全を脅かす可能性があるもの、（六）法律・法規が公開を免除すると規定しているその他の事情、を列挙している。注意すべきは、『広州市規定』が「公開しない［不予公開］」としていた表現が、『上海市規定』では、「公開を免除する［免予公開］」という表現になっている点である。「政府情報は公開が原則である」という立場に立つ時、中国語にしてこのわずか一文字の違いは非常に重要である[18]。

　公民等の申請に基づく公開については、まず、第1条の「知る権利」の保障、第3条第1項の情報公開の原則を再確認するものとして、第7条が公民等の情報公開請求権を明記している。それを受けて、第11条が、「公民、法人およびその他の組織が、本規定第7条に基づき、政府情報の取得を要求する場合には、封書、電報、ファックス、電子メール等の形式を用いて、当該

228

政府情報を掌握する政府機関に対して申請を提出することができる」と規定
している。

　申請に基づく手続的流れについては、第12条が五種類の書面での回答を規
定している。すなわち、（一）公開の範囲に属する場合には、申請人に当該
政府情報を取得しうる方式と方途を告知しなければならない、（二）公開を
免除する範囲に属する場合には、申請人に公開しないことを告知しなければ
ならない、（三）受理機関の掌握の範囲に属さない場合には、そのことを申
請人に告知し、当該情報の掌握機関を確定しうる場合には、その連絡方式を
告知しなければならない、（四）公開を申請した政府情報が存在しない場合
には、そのことを申請人に告知しなければならない、（五）公開申請の内容
が不明確な場合には、申請人に申請内容を変更・補正するよう告知しなけれ
ばならない。これに加えて、第13条は部分的公開を定めている。回答の期限
は、その場で回答しうるものを除き、15日（業務日）以内である（第18条第1
項）。ただし、正当な理由がある場合には、政府機関の情報公開機構の責任
者の同意を得てさらに期限を最長15日（業務日）延長することができる（同
第3項）。

　情報公開実施の監督については、第30条が政府情報公開年度報告の公布義
務を、第31条が監察部門・主管行政機関による監督をそれぞれ規定してい
る。権利救済については、第32条が監察機関または上級の政府機関に対して
の苦情通報、行政不服審査の申請、行政訴訟の提起を、第33条が損害賠償の
請求をそれぞれ規定している。なお、行政不服審査の申請と行政訴訟の提起
との関係について、『上海市規定』は自由選択主義を採用している。

　以上のような『上海市規定』の内容上の特徴としては、次の二点を指摘し
ておきたい。

　第一に、申請に基づく公開を規定する一方で、自発的公開（情報提供）の
充実・徹底を図っている点である。自発的公開の対象となる政府情報の範囲
については、すでに紹介したように第8条が詳細な規定を設けている。注目
に値するのは自発的公開の手法の充実である。政府情報公開指南および自発

229

的公開の範囲に属する政府情報目録の編纂と更新（第22条）、市政府公報の無料配布（第24条）、政府スポークスマン制度の確立（第25条）、政府情報の検索・調査・複写のための公共調査・閲覧場所の設置（第26条）等、『上海市規定』は『広州市規定』にはみられなかった自発的公開に関する規定をいくつか設けている。実際に、上海市は、『上海市規定』第30条の要求するところに従って、2004年以降、毎年、「政府情報公開年度報告」を作成し、上海市人民政府ホームページ上で公表している[19]。

　第二は、「知る権利」と行政効率とのバランスに配慮しているのではないかと思われる点である。第1条の立法目的においては、「公民」等の「知る権利」の保障を第二位に配置しているし、また、『広州市規定』において登場した「公開権利人」、「公開義務人」という語はもはや用いられていない。『広州市規定』とは異なり、個人と行政権力とを対峙させることに消極的であるかのようである。

　このように、『上海市規定』は、公民の申請に基づく公開を規定しているものの、その内容を全体的・総合的に『広州市規定』のそれと比較すれば、両者の間には微妙な温度差が存在することをみてとることができる。

第4節　二つのひな形からみた個人と国家の位相

　2002年10月に『広州市規定』が制定されて以降、今日（本章初出論文執筆中の2008年1月当時）に至るまで、多くの地域で相次いで情報公開地方法規が制定された。筆者が確認したところ、全国に31ある省級の行政区域では、少なくとも、上海市、湖北省、重慶市、吉林省、河北省、広東省、海南省、陝西省、遼寧省、黒竜江省、江蘇省が、省・自治区人民政府所在地の市（以下、省都と俗称）では、少なくとも、広州市（広東省）、太原市（山西省）、ハルビン市（黒竜江省）、成都市（四川省）、昆明市（雲南省）、武漢市（湖北省）、杭州市（浙江省）、済南市（山東省）、長春市（吉林省）、鄭州市（河南省）、貴陽市（貴州省）が、それぞれ情報公開地方法規を制定している。また、省都以外で

230

は、汕頭市、深圳市、大同市、寧波市、泰州市、嘉興市、蘇州市、常州市、鎮江市等でも、情報公開地方法規が制定されている（配列はそれぞれ施行年月の順）。

　各地域の情報公開地方法規は、それぞれに独自色も有しているが、少なからず『広州市規定』や『上海市規定』の内容を踏襲している。『広州市規定』と『上海市規定』には、それぞれ類似の規定も多くあるのだが、第2節および第3節において指摘した両規定の特徴に即していえば、個人と行政権力との対抗関係を強調する情報「公開」重視型の『広州市規定』、個人と行政権力との調和に配慮する情報「提供」重視型の『上海市規定』、というようにとりあえず両者を対比させることも可能である。その上で、広州市、上海市を除く上記の省・直轄市（10ヵ所）、省都（10ヵ所）の情報公開地方法規をその内容から①広州市型、②上海市型、③混合型、④オリジナル型に分類したところ、①広州市型が3、②上海市型が8、③混合型が4、④オリジナル型が5という結果が得られた。『広州市規定』を模倣したのは、太原市（2003年7月施行）、成都市（2004年5月施行）、貴陽市（2006年1月施行）である。貴陽市を除けば、いずれもその公布・施行時期は『上海市規定』のそれよりも前か同時期である。

　なぜ、『広州市規定』は情報公開地方法規のひな形としての地位を『上海市規定』に譲ることになったのであろうか。

　第一に、形式的な理由であるが、行政区域のレベルの違いである。上海市が省と同レベルの一級行政区域としての直轄市であるのに対して、広州市は広東省の省都（地級市）にすぎない。都道府県と市町村という二種類の普通地方公共団体が並存する日本とは異なり、中国においては、憲法上、「民主集中制の原則」が採用されていることにより（憲法第3条第1項）、「地方自治」は原理的に否定されている。すなわち、例えば、広州市人民政府についていえば、地方国家行政機関として、中央の行政機関（最高国家行政機関）である国務院の統一的な指導を受け（憲法第3条第4項、第89条第4号、第110条第2項）、さらには、一級上の地方国家行政機関である広東省人民政府の指導を

受け（第108条）、それに対して責任を負い、かつ活動を報告しなければならない（第110条第2項）。つまり、少なくとも形式的には、『上海市規定』の方が『広州市規定』よりもその権威が上なのである。

第二に、これも当然といえば当然の理由であるが、「後発性の利益」である。広州市が情報公開地方法規を制定するにあたり参照できる前例は中国国内において存在していなかったのに対して、上海市は、広州市、汕頭市、太原市、ハルビン市等の情報公開地方法規を参照することができた。そして、その後に続いた他の地域は、その上海市の精華をも吸収することが可能となったのである。実際に、いくつかの地域の情報公開地方法規の内容は、『広州市規定』と『上海市規定』の双方の「いいとこ取り」となっている。

それでは、『上海市規定』の「いいとこ」とは何か。この問いに対する回答がそのまま第三の理由となるのであるが、筆者は、自発的公開（情報提供）について豊富な規定を設けている点が、『上海市規定』が他の地域から好んで模倣された大きな理由なのではないか、と考える。上述したように、中国は政治体制において「民主集中制」を採用している。それゆえ、下級の地方政府は、常に中央政府（国務院）と上級の地方政府の顔色をうかがいながら、各種政策を立案・執行しなければならない。情報公開地方法規の制定およびそれに基づく情報公開政策の遂行もまた例外ではない。国務院の『政府情報公開条例』は、国務院辦公庁を全国の政府情報公開業務の主管部門とし、それに全国の政府情報公開業務を推進・指導・協調・監督する責任を負わせており（第3条第2項）、また、政府情報公開業務について定期的に考課・評議をなすよう各級人民政府に命じている（第46条）。このような状況下において、地方政府が中央や上級から情報公開への取り組みについて高い評価を得ようとするのであれば、自発的公開のアピールこそが最も簡便かつわかりやすい方法といえる。例えば、上海市が作成・公表した「2007年政府情報公開年度報告[20]」によれば、自発的に公開した情報の数は、2004年度が106,730件、2005年度が50,288件、2006年度が48,824件、2007年度が52,546件であるのに対して、情報公開の申請の数は、2004年度が8,799件、2005年度

が12,465件、2006年度が7,533件、2007年度が6,485件である。自発的に公開した情報の数をどのようにカウントするのかという単純な疑問はさておき、量的なアピールはやはり魅力的である。これに対して、申請に基づく公開についていえば、情報公開申請の総数はともかくとして、行政不服審査や行政訴訟の数が多すぎることは、情報公開の決定に対する住民の不満を示すものともいえ、その数をアピールすることはかえって「やぶ蛇」となる恐れがある[21]。

　『広州市規定』は、「知る権利」と申請に基づく情報公開にこだわったがゆえに、法規の内容が斬新性・急進性を帯び、その結果、他の地域は情報公開地方法規を制定するにあたり、『広州市規定』の模倣を敬遠したのではないだろうか。これが第四の理由である。実際に、「知る権利」の保障を立法趣旨の筆頭に配置しているのは広州市だけ、情報公開の請求権者について「個人」という語を使用しているのも広州市と太原市だけである。『広州市規定』が斬新的・急進的であることは、中国憲法の権利観からみてもはっきりしている。現行『1982年憲法』は、第33条第4項において「いかなる公民も、憲法および法律が規定する権利を享有すると同時に、憲法および法律が規定する義務を履行しなければならない」と、第51条において「中華人民共和国の公民は、自由と権利を行使するにあたり、国家・社会・集団の利益およびその他の公民の合法的な自由と権利を損なってはならない」とそれぞれ規定している。このような「権利と義務の一致の原則」や「国家・集団の利益と個人の権利の統一の原則」をその内容とする「人民の国家」論を前提とする以上、個人と国家（権力）との関係を法的にどのように規律するかは中国においてきわめて「敏感な」問題であり続けるのである。

　注目すべきは、2006年12月に、広州市が、『広州市の申請に基づく政府情報公開辦法［広州市依申請公開政府信息辦法］』という地方政府規章を公布したことである（施行は2007年5月）。申請に基づく公開について詳細かつ具体的に規定した同辦法は、従来の広州市の立場の再確認のようにもみえるが、実はそうではない。むしろ、その逆であり、同辦法を制定することにより、広

州市は、従来の立場を巧みに軌道修正しているのである。すなわち、『広東省政務公開条例』（2005年10月施行）に基づき本辦法を制定したという言い訳を用意した上で、「申請に基づく政府情報公開業務を規範化し、政府業務の透明度を向上させ、公民、法人およびその他の組織が法律に基づき政府情報を取得することを保証する」ことを同辦法の目的としている（第1条）。「個人」という語が「公民」という語に変更になっただけでなく、立法目的に「知る権利」の保障が規定されていない。もちろん、外国人等の情報公開請求権についての規定もみあたらない。同辦法は『広州市規定』の特別法にあたり、「特別法は一般法に優先する」ため（『立法法』第92条）、申請に基づく公開については、同辦法が優先的に適用されることになる。それにより、「公民」の情報公開申請に特段の不都合が生じるわけではないだろうが、『広州市規定』の理念が後退したことだけは間違いない。『広州市規定』は踏みこみすぎたのだろうか。

小括

　個人と国家（権力）との間の緊張関係が、法律・法規の条文や用語をどのように規定するかにあたり影を落とすという現象は、中国のすべての法分野においてみられる。とりわけ、個人と国家（権力）との関係を規律する憲法・行政法の分野では、その問題がより直截かつ尖鋭に湧出する。

　1989年4月に採択・公布された『行政訴訟法』は、「民が官を訴える［民告官］」ことを可能にすることにより、旧来の国家権力・行政権力優位の状況に一石を投じたものとして中国内外において高く評価されている。その『行政訴訟法』制定の過程においても、第1条の同法の目的をどのように規定するかをめぐって少なからず論争が展開された。すなわち、第1条は「人民法院が正確・迅速に行政事件を審理することを保証し、公民、法人およびその他の組織の合法的な権利・利益を保護し、行政機関が法律に基づき行政職権を行使することを擁護・監督するために、憲法に基づき本法を制定する」と

規定するが、このうち、「行政機関の行政職権行使の擁護・監督」という第三の目的については、同法の「草案」の審議の過程で、「監督」に加え「擁護」という語が追加されたというのである。そして、こうした動きに対して、一部の学者が「官本位」、国権偏重であるとして痛烈な批判を浴びせた[22]。

　国務院の『政府情報公開条例』では、「知る権利」の規定が見送られた。同条例の内容の本格的な検討は他日を期したいが、情報公開法規の制定・整備をめぐっても、中央・地方を問わず様々な形で綱引きが行われていることは確かである。同条例の制定の経緯・過程はなお不透明なままであるが、本章の考察を通じて、同条例の制定の背景にある立法者意思をある程度まで明らかにできたように思う。

　広州市の場合、中山大学行政法研究所が『広州市規定』の制定作業に全面的に携わった。すなわち、『広州市規定』が採択・公布される約半年前の2002年5月に、広州市政府法制辦公室と中山大学行政法研究所が共同で起草小組を立ち上げ、中山大学行政法研究所が初稿の起草を担当したのである[23]。法学者・政治学者をはじめとする知識人には、一般大衆と行政当局との間を媒介する役割が期待されるが、上海市あるいは他の地域が情報公開地方法規を制定するにあたり、どの程度法学者・政治学者の参与があったのだろうか。また、推測の域を出ないが、『広州市規定』の先駆性・斬新性がその地域性に根ざしていること、とりわけ、隣接する香港の影響を少なからず受けているであろうことも軽視できない[24]。これら諸点については、本章において十分に検討することができなかったため、今後の課題としたい。

　いずれにせよ、今後も、多種多様かつ複雑な諸条件の下、中国の情報公開をめぐる法理論および法制度は展開していくことになる。目下のところ、国家（権力）に絡めとられてしまった観のある中国の情報公開であるが、様々な形で綱引きは繰り返され、情報公開法規は政府監督と行政サービスの間を揺れ動き続けるであろう。そして、情報公開法規が、単なる行政サービスの提供ではなく、行政権力を有効に監督・抑制するものとしてその機能を発揮するようになるためには、一般大衆が情報公開法規を真に「自分たちのも

の」とすること、まずは一般大衆が情報公開法規を使いこなせるようになることが必要である。今後は、情報公開法規の運用面にも注目していきたい。

[注]

（1） 本書第7章「地方政府の政務公開—吉林省長春市の事例を中心として—」の注（6）～注（8）で挙げた文献等を参照。

（2） 例えば、2007年4月24日に開催された国務院報道［新聞］辦公室のプレスブリーフィング等を参照（「法制辦介紹《政府信息公開条例》有関情況併答問」中華人民共和国中央人民政府ホームページ（http://www.gov.cn/wszb/zhibo47/index.htm））。

（3） 本章初出論文の執筆中に、呂艶浜「中国の情報公開制度—「中華人民共和国政府情報公開条例」の成立を中心に—」『比較法学』第41巻第2号（2008年1月）が公刊された。同論文は、『政府情報公開条例』について、その成立経緯、内容および問題点を概説するが（229～247頁）、制定過程については、筆者の疑問・不満に答えるものとはなっていない。

（4） 『広州市規定』と『上海市規定』、および他の地域の情報公開地方法規については、それぞれの地方人民政府のホームページを参照。

（5） 本書第7章「地方政府の政務公開—吉林省長春市の事例を中心として—」184～190頁。

（6） 唐亮氏は、情報公開を広義の政務公開（公開の対象機関は各級人民政府だけでなく、政党（共産党）、村民委員会、裁判所、国有企業等を広く含む）と等号で結んでいる（唐亮「情報公開の推進過程」（佐々木智弘編『現代中国の政治変容—構造的変化とアクターの多様化—』（アジア経済研究所）2005年、128頁）。

（7） 松井茂記『情報公開法入門』（岩波新書）2000年、12～13頁。

（8） 例えば、劉俊祥「行政公開的権利保障功能」『現代法学』2001年第5期、140頁、皮純協・劉飛宇「論我国行政公開制度的現状及其走向」『法学雑誌』2002年第1期、9～11頁、何建華・袁飛「行政公開的法律思考」『政法論壇』2002年第2期、77頁、劉莘・呂艶浜「政府信息公開研究」『政法論壇』2003年第2期、146～151頁、劉恒他『政府信息公開制度』（北京：中国社会科学出版社）2004年、1～2頁、31頁、劉飛宇『転型中国的行政信息公開』（北京：中国人民大学出版社）2006年、7～15頁等を参照。

（9） 例えば、長春市の問題状況について、本書第7章「地方政府の政務公開—吉林省長春市の事例を中心として—」。

（10） 唐亮・前掲論文注（6）（佐々木智弘編・前掲書注（6）、97～130頁）。

第8章　情報公開地方法規

(11)　上拂耕生「中国の情報公開制度」『季報情報公開・個人情報保護』第17号（2005
年6月）38～43頁。

(12)　前掲注（8）の著作・論文の他、主要な著作のみを挙げる。周漢華主編『我
国政務公開的実践与探索』（北京：中国法制出版社）2003年、楊雪冬・陳家
剛主編『立法聴証与地方治理改革』（北京：中央編訳出版社）2004年、胡仙
芝『政務公開与政治発展研究』（北京：中国経済出版社）2005年、王勇『透
明政府』（北京：国家行政学院出版社）2005年、王芳『陽光下的政府—政府
信息行為的路径与激励—』（天津：南開大学出版社）2006年、向佐群『政府
信息公開制度研究』（北京：知識産権出版社）2007年、蔣永福『信息自由及
其限度研究』（北京：社会科学文献出版社）2007年等。

(13)　周漢華「起草《政府信息公開条例》（専家建議稿）的基本考慮」『法学研究』
2002年第6期、75～97頁、周漢華主編『政府信息公開条例専家建議稿—草案・
説明・理由・立法例—』（北京：中国法制出版社）2003年。

(14)　《広州市政府信息公開規定（草案）》説明稿（2002年10月7日）（劉恒他・前掲
書注（8）、252～253頁）。

(15)　例えば、皮純協、劉飛宇・前掲論文注（8）、8～12頁、何建華、袁飛・前掲
論文注（8）、78～82頁、劉莘、呂艶浜・前掲論文注（8）、150頁、154頁等を
参照。

(16)　筆者は、前章において「長春市政府情報公開規定（暫行）」（2004年11月発布）
についての紹介・検討をすでに行っているが、「長春市規定」は『上海市規定』
をほぼ忠実にトレースしたものであった（本書第7章「地方政府の政務公開
—吉林省長春市の事例を中心として—」198～202頁）。それゆえ、本章の記
述は前章の関連部分の記述と一部重複する内容となっている。

(17)　政府スポークスマン制度の意義と問題点については、唐亮・前掲論文注（6）
（佐々木智弘編・前掲書注（6）、107～114頁）が詳しい。

(18)　この点を強調したものとして、松井茂記『情報公開法（第2版）』（有斐閣）
2003年、128～129頁、劉莘、呂艶浜・前掲論文注（8）、150～151頁等を参照。

(19)　「上海市政府公開年度報告」（http://www.shanghai.gov.cn/nw2/nw2314/
nw2319/nw14868/index.html）中国上海市人民政府ホームページ（http://
www.shanghai.gov.cn/）。

(20)　「上海市2007年政府信息公開年度報告」（http://www.shanghai.gov.cn/nw2/
nw2314/nw2319/nw14868/u21aw265650.html）。

(21)　ただし、上海市の「2007年政府情報公開年度報告」は、行政不服審査や行政
訴訟の数についてもそのデータを公表しており、それによれば、2007年度の
政府情報公開事務に関する行政不服審査の申請は332件、行政訴訟の提起は
30件である。

237

（22） 木間正道『現代中国の法と民主主義』（勁草書房）1995年、151〜153頁、木間正道・鈴木賢・高見澤磨・宇田川幸則『現代中国法入門（第6版）』（有斐閣）2012年、113〜114頁（木間正道執筆部分）、王晨「人権と行政訴訟」（土屋英雄編著／季衛東・王雲海・王晨・林来梵『中国の人権と法—歴史、現在そして展望—』（明石書店）1998年、231〜232頁）等。

（23） 劉恒他・前掲書注（8）、192〜193頁。

（24） 香港では、1995年に「情報アクセス要綱」が制定され、1997年の中国への「返還」以降もその効力を維持している（宇賀克也『新・情報公開法の逐条解説（第8版）』（有斐閣）2018年、8頁）。

第9章　政治的権利論からみた陳情

問題の所在

　本章でいうところのいわゆる「陳情」とは、中国語で「信訪[1]」と表記される、一般大衆からの投書［来信］と一般大衆の訪問［来訪］とを併せ称したものである。国務院により1995年10月に発布され2005年1月に改正された『陳情条例』は、第2条において、「本条例でいう陳情とは、公民、法人もしくはその他の組織が、信書、電子メール、ファックス、電話、訪問等の方法を用いて、各級の人民政府、県級以上の人民政府の業務部門に事情を報告し、建議・意見を提出し、もしくは苦情申立・請求を行い、関連の行政機関が、法律に基づきこれを処理する活動を指す」と陳情の内容を定義づけている。しかしながら、実際には、中央から地方に至るまで、各級の共産党委員会、人民代表大会、公安・検察院・法院および関連の職能部門等、ありとあらゆる公的機関に陳情受理窓口が存在する。『陳情条例』が規定するのは、いわば狭義の陳情についてである。

　かかる陳情には、本来、①公民の政治参加・公権力の監督と②個人の権利の救済という二つの機能が併存すると中国の学者の多くは指摘する[2]。しかしながら、司法的救済の制度的不備、司法の公正への不信、陳情の利用のしやすさ、伝統的な訴訟嫌いという文化観念等から、一般大衆の陳情に対する期待は、個人の権利救済の機能の面に集中している。それに加えて、政治参加や国家権力の監督といった問題は、中国において今なお「敏感」な問題であり続けている[3]。『陳情条例』も、陳情の方式の多様化、陳情事項の範囲

239

の拡大等、公民の陳情についてその便宜を図ってはいるものの、他方で、個々の陳情は「国家、社会、集団の利益およびその他の公民の合法的な権利を損なってはならず」、陳情人は「社会公共の秩序および陳情秩序を意識的に擁護しなければならない」とその積極的な行使に釘を刺している（第20条）。陳情は、実際の運用の中で、ほとんど個人の権利救済の機能に特化してしまっているのである[4]。

　このような現実の状況を目の前にして、法学者や社会学者の陳情に関する研究も、特殊な行政救済制度あるいは訴訟外紛争解決メカニズムとしての陳情をどのように評価するかに集中している[5]。

　例えば、政治学者の于建嶸氏は、現在、政府筋および学術界には主として陳情について三つの改革の方向性があると述べる。一つめは、陳情機構の権力を強化・拡大し、陳情機構の権威を向上させることを通じて、社会の諸問題を解決しようとする立場。二つめは、公民の政治参加のルートとしての陳情は維持しつつ、公民の権利救済の機能は陳情制度から分離することで、司法的救済の権威を確立しようとする立場。三つめは、政治的現代化という大局に立って、陳情制度の存廃問題を論じるべきであり、現行の陳情制度は行政権が立法権あるいは司法権に優越する状況を生み出し、法治国家の建設という大目標と矛盾するために、速やかに廃止すべきであるとする立場。于建嶸氏は、第一の立場が陳情強化・拡充派に、第二と第三の立場が陳情縮小・取消派に帰納できるとした上で、自らの立場は第二の立場であると述べ、陳情縮小のためにいくつかの具体的な改革方案を提案している[6]。

　憲法学者の周永坤氏も、陳情の縮小を主張する。周永坤氏は、陳情強化の理由を三つに整理した上で、それらについて反駁を加えている。第一に、「陳情によって社会の諸問題を解決しなければならず、そのためには、関連の陳情機構にも一定の権限が必要である」という主張に対しては、①非規範性、②非手続性、③非専門性、④コミュニケーション理性の欠乏性、⑤処理結果の不確定性、といった陳情そのものが抱える制度上の問題点、および陳情の高コストと低解決率を指摘する。そして、「陳情改革問題のカギは、誰

が問題を解決するかということであり」、「陳情を紛争解決メカニズムの一部分とすることの根本的な問題点は、制度上、それが紛争解決メカニズム全体の紊乱さらには機能不全をもたらすことである」と述べ、とりわけ、陳情強化が裁判所の地位に対する威嚇につながる点に警鐘を鳴らす。第二に、「司法の独立の未確立や行政の優位といった中国の国情が陳情のようなフィードバック系統を必要としている」という主張に対しても、「成立しえない」と一蹴する。「中国が選択した目標は社会主義法治国家の建設であり、もしそうであるならば、我々の選択は陳情強化ではありえず、陳情縮小でしかない。なぜなら、陳情は人治（行政優位）と適応するものであり、法治国家とは相容れないものであるからである」。第三に、「現在の中国においては、救済ルートが少なすぎる」という陳情強化の理由に対しては、「話が逆である」と述べる。「社会における紛争の公正な解決は、紛争解決のルートが多いことに依拠するのではなく、それが少ないこと、さらには唯一であることに依拠するのであり」、裁判所を唯一かつ最終的な紛争解決ルートとするべきであると強調する[7]。

　これまで、筆者は、中国において人権保障を実質的なものとするには、人権を保障するための制度的メカニズム、とりわけ司法権の独立と違憲審査制の構築がカギとなることを繰り返し指摘してきた[8]。それゆえ、筆者は、陳情の存続・強化が司法権の独立を阻害するという于建嶸氏や周永坤氏の主張に共感する。

　それでは、陳情の政治参加・公権力監督の機能については、どのように評価すればよいのであろうか。権利救済制度としての陳情に様々な弊害があるからといって、陳情をすべて否定してしまってよいのだろうか。この点、陳情縮小論者の于建嶸氏や周永坤氏も、陳情の政治参加・公権力監督の側面については一定の肯定的評価を与えている[9]。ただし、陳情の現実的機能が個人の権利救済に特化してしまっているがゆえに、また、政治参加・公権力の監督という問題が中国において「敏感性」を有するがゆえに、この論点については、今なお、中国内外であまり論じられていないようである[10]。

241

そこで、本章では、陳情の政治参加・公権力監督の機能の面に光をあてて、それを比較憲法論的視点から考察してみたい。すなわち、まず、陳情の「権利」が憲法上どのように位置づけられているのかについて、現行の『中華人民共和国憲法』（1982年憲法）第41条に規定されている監督権、およびその前身ともいえる請願権との関係において明らかにする。次に、陳情が他の政治的権利（参政権）、とりわけ言論の自由とどのような関係にあるのかを政治的権利をめぐる法的議論に着目して考察する。その上で、民主政における政治的権利の意義を再考し、中国における民主政の実現・定着に果たす陳情の可能性について展望したい。

第1節　中国憲法における陳情の位置づけ

1. 陳情の権利？

　まず、そもそも陳情［信訪］とは権利なのであろうか。

　というのも、「陳情権」または「陳情の自由」は、現行『1982年憲法』上、明確には規定されておらず、また、『陳情条例』にも、「陳情権」や「陳情の自由」といった語はどこにもみあたらないからである。『陳情条例』の目的を記述した第1条に、「陳情人の合法的な権利・利益を保護し」という文言がみられるが、ここでいう「陳情人の合法的な権利・利益」とは、陳情という行為によって確保しようとする権利・利益であり、「陳情権」や「陳情の自由」とは異なる。上述した『陳情条例』第2条によれば、陳情とは「活動」、すなわち、「公民、法人もしくはその他の組織」と「関連の行政機関」とのやりとりである。行政機関のなした陳情事項の処理意見に不服がある場合に、一級上の行政機関に再審査［復査］の請求が、さらに、その再審査意見に不服がある場合に、再審査機関の一級上の行政機関に再審理［復核］の請求が、それぞれできるだけであり（第34条、第35条）、行政不服審査の請求や行政訴訟の提起について、『陳情条例』は何ら規定していない(11)。以上か

242

ら、陳情はそもそも権利ではなく、公法（行政法）上の「反射的利益[12]」に
すぎないと考えられなくもない[13]。

　このような『陳情条例』の規定の仕方については、何人かの論者から説明
づけがなされている。林来梵、余浄植両氏は、現行の陳情制度の設計は実用
主義的な政策考慮に基づいたものであると述べる。すなわち、2003年6月の
収容・送還制度の廃止[14]に伴い、中国において、新たな陳情のピークが現
れた。国務院による『陳情条例』の改正はこの情勢に対処するためのもので
あったにすぎないというのである[15]。他方、杜承銘、朱孔武両氏は、『立法
法』の規定に着目する。もし、「陳情権」が「公民の基本的権利」に属する
というのであれば、それは法律が留保する事項となる。「公民の基本的権利」
に属するか否かは、行政法規の判断能力を超えてしまっていると説明する[16]。

　林来梵氏らの『陳情条例』改正当時の状況からの説明づけ、杜承銘氏らの
法理論からの説明づけに加えて、筆者は、もう一つの本質的理由、すなわち
中国政府・共産党の権利観がその背後に伏在しているように思える。具体的
にいえば、一つは、「天賦人権論」の否定である。すなわち、権利は国家・
法律が付与するものであり、国情に鑑み、実現可能な権利のみを憲法に記載
する。それゆえ、憲法・法律の中で規定された権利と現実に享有される権利
とは一致している。この論理は、中国においてしばしば「人権（公民の基本
的権利）の真実性（現実性）」として中国の人権（公民の基本的権利）の特徴お
よびその優位性を説明する際に用いられてきた[17]。もう一つは、中国政
府・共産党の人権観では、国家と個人の対抗関係において権利を把握・理解
しない、国家に対する防御権という発想はない、ということである[18]。こ
の二点目については、後で再論する。つまり、中国政府・共産党は、現時点
において陳情を「権利」として確認することに躊躇しているのではないかと
筆者は考えている。陳情を「権利」と確認すれば、さらなる陳情の増加に拍
車をかけることになり、社会の安定を脅かすことになる。また、陳情の政治
参加・公権力監督の側面は、公共言論空間を拡大し政治的多元化実現の要求
へとつながっていく可能性を秘めており、そのことは、共産党一党支配を掘

り崩していくことになるからである。

　中国国務院報道辦公室は、2009年4月に「国家人権行動計画（2009—2010年)[19]」という文書を公表している。同文書は、「二、市民的権利と政治的権利の保障」において、（一）人身の権利、（二）被拘禁者の権利、（三）公正な裁判を受ける権利、（四）宗教信仰の自由、（五）知る権利、（六）参与権、（七）表現権、（八）監督権という項目を設け、それぞれについて政府の取り組むべき課題を詳述しているが、陳情は、（七）表現権の項目の中で控えめに言及されているにすぎない。なお、同文書が、「表現の自由」ではなく、「表現権［表達権］」という語を用いている点にも注意を払っておきたい。

　以上のように、憲法に明文の規定がなく、『陳情条例』も「権利」または「自由」という表現を回避しているにもかかわらず、多くの学者は、「陳情権」を憲法上の権利として位置づけている。彼らが「陳情権」の根拠とする憲法の条文は、『1982年憲法』第41条である。

2.　監督権と請願権

　『1982年憲法』第41条は、第1項において「中華人民共和国の公民は、いかなる国家機関および国家勤務員に対しても批判および建議を提出する権利を有する。いかなる国家機関および国家勤務員の違法・職務怠慢行為に対しても、関連の国家機関に上申［申訴］、告訴［控告］もしくは告発［検挙］する権利を有する。ただし、事実を捏造または歪曲して誣告陥害してはならない」と、第2項において「公民の上申、告訴もしくは告発に対しては、関連の国家機関は事実を調査し、責任をもって処理しなければならない。何人も、抑圧または報復を加えてはならない」と、第3項において「国家機関および国家勤務員が公民の権利を侵犯したことにより損失を受けた者は、法律の規定に基づき賠償を受ける権利を有する」とそれぞれ規定する。「陳情権」は、この「批判・建議・上申・告訴・告発の権利」の範疇に含まれると多くの学者は主張するのである[20]。

　それでは、この「批判・建議・上申・告訴・告発の権利」とはどのような

権利なのであろうか。

これら五つの権利は、今日、中国の憲法学理論において、「監督権」と総称される[21]。ある代表的な憲法教科書によれば、「監督権とは、憲法が規定する公民の基本的権利の一つであり、公民が国家機関およびその勤務員の活動を監督する権利である」。そして、それは「人民主権原則の具体的表現である。中国においては、人民が国家の主人公であり、人民は、監督権を通じて、恒常的に国家機関およびその勤務員の活動を監督し、それによって、国家権力の合法性が保証されるのである[22]」。

周永坤氏は、陳情権の憲法的権利としての表現が、批判・建議・上申・告訴・告発の権利であるとし、陳情権と監督権とを等号で結ぶ。条文の記述はそれぞれ異なるものの、中華人民共和国成立以降の歴代の憲法（『1954年憲法』、『1975年憲法』、『1978年憲法』）に、現行『1982年憲法』第41条に類似する条文が規定されていたこと、とりわけ、『1954年憲法』では「書面または口頭で告訴する権利」（第97条）と表現されていたことに彼は着目している。その上で、陳情権は憲法の規定に基づいて大きく二つに分類できるとする。一つは、批判・建議の権利であり、公民が社会と国家の管理に参与する権利である。もう一つは、上申・告訴・告発の権利であり、それは、さらに、国家機関、社会管理機関、社会自治機関およびそれらの勤務員に対して監督をなす権利と自分自身の権利を保護するために国家機関に救済を求める権利とに二分される。以上のような整理を通じて、彼は中国の陳情権は二重の意義を具えると結論づける。すなわち、陳情権は、公民が国家を民主的に管理する重要な公権利であると同時に、私権保障としての性質も有している、というのである[23]。なお、彼が縮小すべしと主張するのは、後者の私権保障としての陳情であるということをここで再度確認しておく。

周永坤氏にとって、陳情権と監督権とは同義であるため、陳情権の権利内容の分析がそのまま監督権の権利内容の分析となる。この周永坤氏の監督（陳情）権の整理のみをみても、監督権の内容はきわめて複雑かつ多義多層であることがわかる。林来梵氏は、『1982年憲法』第41条は、政治的権利と

245

非政治的権利、実体的権利と手続的権利等、多様かつ交叉した異なる性質の権利を同一の条文の中に概括しており、いわば「オードブル盛り合わせの条項」といえると述べる[24]。言い得て妙である。このような監督権の複雑性・多義多層性が、監督権自体を曖昧模糊で把握しづらいものとしているのである。監督権が曖昧模糊とした権利である以上、陳情権の憲法上の根拠を監督権に求めればおのずと陳情権の内容も曖昧模糊としたものとならざるをえない。この点を考慮してか、中国憲法学界において、陳情権の憲法的権利性を否定する学説は依然として有力であるし[25]、また、最近になって、陳情権の憲法上の根拠を2004年3月の憲法部分改正で新設された「国家は、人権を尊重し保障する」（第33条第3項）という条項に求める学説も出現している[26]。

　なぜ、監督権のような条項が中国（中華人民共和国）の憲法に出現したのであろうか。

　憲法学者の林来梵氏は、請願権と監督権の断絶性と連続性に着目する。請願とは、「広く国や地方自治体の諸機関に対して、その職務権限に属するあらゆる事項について要望を述べる行為[27]」を指す。一般大衆がその立場を政治に反映させる公的な制度が存在しなかった絶対君主制の時代においては、被治者が為政者に何かをお願いする手段として、また、近代的な議会制度が成立・発展する過程においても、現実の国民の要求を議会や行政機関に訴える手段として、請願は重要な意義を有していた[28]。『日本国憲法』も第16条において請願権を憲法上の基本的人権として確認しており、請願権は、我々日本人にとってもなじみの深い権利といえる。そして、中国においても、中華人民共和国成立以前の憲法は、一貫して請願権を規定する条文を設けていた。例えば、『中華民国臨時約法』（1912年3月公布）は、「人民は、議会に請願する権利を有する」（第7条）、「人民は、行政官署に告訴する権利を有する」（第8条）、「人民は、法院に訴訟を提起し、その裁判を受ける権利を有する」（第9条）、「人民は、官吏の違法な権利侵害行為に対して、平政院に告訴・弾劾申立［陳訴］する権利を有する[29]」（第10条）とかなり詳細な規定

第9章　政治的権利論からみた陳情

をおいていたし、また、現在も台湾においてその効力を有し続けている『中華民国憲法』（1947年1月公布）も、第16条において「人民は請願、訴願および訴訟の権利を有する」と規定している。

　現行中国憲法の監督権、さらには陳情（権）は、その内容および機能をみる限り、かかる近代西欧憲法、およびそれを継受した中華民国憲法の請願権とかなりの部分において重複している。しかしながら、中華人民共和国憲法は、この請願権という表現を忌避し、監督権という新たな権利概念を採用した。その理由について、林来梵氏は、「人民が国家の主人公となった時代において、人民の請願権を承認することは、理論上、矛盾するものであり、他方で、「監督権」という語は伝統的な請願権の意義を超越し、人民が国家の主人公であるという憲法の理想を体現しうるものであった[30]」からであると説明している。また、民主集中制の原則の下で権力分立を否定する社会主義型の中華人民共和国憲法において、権力の腐敗と堕落を防ぐために、権力分立に代わる手段として、監督という制度が構想されたということも指摘している[31]。周知のとおり、中華人民共和国は、その成立の前夜に「ブルジョア階級共和国＝中華民国」との決別を宣言した。すなわち、毛沢東は、1949年6月に公表した「人民民主主義独裁を論ず」という論文の中で、西欧のブルジョア階級的文明、ブルジョア階級的民主主義、ブルジョア階級共和国の構想に対して「破産」宣告を突きつけていたし[32]、また、法律の分野においても、1949年2月に、共産党中央は、「国民党の六法全書を廃棄し解放区の司法原則を確定することに関する指示」を発していた。こうした政治環境の下で、憲法上、被治者が為政者に何かを「請い願う」という請願権を踏襲するわけにはいかなかったのであろう。つまり、監督権は、憲法において、「新中国＝人民中国」の正統性を国内外に示す象徴的な権利だったのである[33]。

　したがって、中華人民共和国成立当初、陳情には、政治参加・公権力監督の役割が期待された。上述した周永坤氏の整理を借用すれば、公権利としての陳情権である。そのことは、1950年代の毛沢東の指示や『人民日報』の記

247

事（社説）からうかがい知ることができる。例えば、1953年1月、毛沢東は、「官僚主義、命令主義および違法乱紀に反対する」という党内指示を発した際に、整党建党およびその他の業務を結合させ、人民の手紙の処理から着手して官僚主義的作風を粛正するよう要求していた[34]。また、『人民日報』も、その当時、「人民大衆の手紙を真摯に処理し、官僚主義の罪悪を大胆に告発する」（1953年1月19日）、「批判を抑圧する者は党の敵」（1953年1月23日）、「人民の手紙を処理する業務をさらに推進する」（1953年11月2日）等、一連の社説を発表することにより、官僚主義を批判し、人民の陳情を奨励していた[35]。1982年4月に共産党中央辦公庁と国務院辦公庁が連名で発布した『党政機関陳情工作暫行条例（草案）』は、1995年の『陳情条例』の前身とも位置づけられるが、同暫行条例第2条は、「人民大衆が、陳情を通じて各級の党委員会および政府に対して要求・建議・批判および告発・告訴・上申を提起することは、憲法が規定する民主的権利であり」と規定していた。この条項は、陳情が政治参加・公権力監督としての役割を期待されていたことを示す痕跡である。それと同時に、同暫行条例が陳情の憲法的権利性を明確に肯定していた点も興味深い。

　しかしながら、他方で、中華人民共和国成立以降も、毛沢東をはじめとする政府・党指導者は、陳情［信訪］について言及する際に、「請願」という語を引き続き多用していた[36]。また、すでに指摘したように、陳情は、今日、個人の権利救済の機能に特化しているが、かかる兆候は、中国政府・共産党の陳情に込めた意図とは異なり、1950年代にすでに現れ始めていた。この時期、都市部の治安管理のために出された様々な法規・政策は、一般大衆の陳情の激増への対処に苦慮する中国政府の姿を物語っている[37]。1950年代後半から強化された戸籍管理も陳情対策としての側面を有していた。

　林来梵氏は、こうした法理論・法制度および実際の状況を考察して、監督権を請願権の「観念の発展形態」にすぎないと評しているが[38]、まさに正鵠を射ている。すなわち、現在も、「伝統的な請願権がなお「監督権」の形態をとって生きており、逆に「監督権」も主に請願権の内容しか実効性を

もっていないと考えられる。したがって、人民が国家の「主人公となった」ので伝統的な請願権はもはや新たな「監督権」へと展開した、という講学上の論理は、きわめて観念的なものである」といっても過言ではない[39]。陳情（権）、とりわけ、その政治参加・公権力監督の側面は、理念としての監督権と現実としての請願権の狭間にあるのである。

第2節　政治的権利をめぐる法的議論
　　　～言論の自由を中心に

　第1節においては、政治参加・公権力監督の機能をもつ、あるいはその機能をもつことが期待された陳情について、その憲法上の位置づけを検討した。本節では、政治参加・公権力監督の機能をもつということの意味についてさらに考察を進めたい。

　G・イェリネクは、国家に対する個人の関係として、「受動的地位」、「消極的地位」、「積極的地位」、「能動的地位」の四つを挙げ、これらに相応して権利・義務を「義務」、「自由権」、「受益権」および「参政権」に分類した[40]。このイェリネクの分類をふまえて、西欧近代憲法の系譜に属する『日本国憲法』における基本的人権も、「包括的権利」、「自由権」、「社会権・受益権」、「参政権」とに分類されることが多い[41]。

　その中で、請願権の法的性質をめぐって、日本の憲法学界では、自由権説、受益権説、参政権説とに学説が分岐している。この三つの学説は相互に排斥しあうものではない。自由権説は、受理した請願に対してどのような措置をとるかは公的機関の自由裁量に属し、その意味で請願権とは請願の自由としての性格が強いとする。受益権説は、請願権は請願の受理という作為を公的機関に義務づけるものであるから、単なる自由権ではなく受益権としての性格をもつとする。自由権説も受益権説も、請願が代議制の欠陥を補完する手段の一つとして直接民主主義的な機能を果たしていることは肯定しつつも、それを理由に請願権を参政権に分類することは不適当であるとする。こ

249

れに対して、国家意思の形成活動に能動的に参加する国民の権利であるという面こそが中心的に評価されるべきと考えるのが参政権説である[42]。現在、日本の憲法学界の多数説は、受益権（国務請求権）説であるが、これに参政権的意義を加味して請願権を積極的に評価する立場も有力である。

　すでに指摘したように、中国政府・共産党の人権観では、国家と個人の対抗関係において権利を把握・理解しない。つまり端的にいえば、「国家がどのような性質・内容の権利を付与するか」という観点に立って、「公民の基本的権利」の分類がなされるにすぎない。例えば、かつて北京大学等で用いられていた憲法教科書は、憲法の規定に照らして「公民の基本的権利」を、①政治参与の権利、②人身の自由と信仰の自由、③社会的・経済的・文化的・教育的権利、④特定人の権利、と分類している。この中の政治参与の権利（政治的権利）は、国家権力が人民に属するということの礎石であり、国家の主人公としての人民の地位を体現するものであるとして、とりわけ高く評価されている。この憲法教科書は、平等権、選挙権および被選挙権、政治的自由、批判・上申・告訴・告発の権利を政治参与の権利（政治的権利）の内容として概説している[43]。近年、人権（公民の基本的権利）研究の自由化、およびその進展に伴う精緻化の中で、監督権を政治的権利とは切り離して論じる学説も出現しているが、それら学説も監督権の政治的意義については肯定している[44]。

　中国では、権利の性質・内容について踏みこんで論じることが長い間タブーであった。とりわけ、政治的権利について議論することは、民主政・民主主義とは何かを議論することにもつながるため、中国政府・共産党は、議論自体に強い警戒感を示し、それを厳しく封じ込めてきた。しかしながら、1991年11月に、国務院報道辦公室が「中国の人権状況」という白書（人権白書）を発表し、中国政府・共産党が「人権」概念を公に容認して以降、「人権」について法学界でも冷静な学術的議論が徐々にではあるが可能となってきた[45]。

　そうした中で、1990年代前半に、中国法学界において、言論の自由の法的

250

第9章　政治的権利論からみた陳情

性格・属性に関連づける形で政治的権利の意義および範囲をめぐり議論が展開されたことがある。いうまでもなく、監督（陳情）権は言論の自由とは相互に交叉・重複する関係にあり、それゆえ、言論の自由と政治的権利の関係を検討することは、監督（陳情）権のさらなる理解の促進に資するはずである。

　前掲北京大学の憲法教科書が「憲法第35条が確認する六つの自由（言論、出版、集会、結社、行進、示威）は、公民が法律の範囲内において享有する、意志・願望を表現し、社会生活および政治生活に参加する政治的自由・権利である（括弧内は筆者が補充）[46]」と述べているように、言論の自由の法的性格・属性については、これを政治的権利・自由として理解するのが中国法学界の通説である。

　この形式的理由としては、1979年7月に公布され1997年3月に大規模な改正がなされた『刑法』における政治的権利剥奪刑の内容に言論の自由が含まれている（第54条）ことが挙げられる。そして、より実質的な理由は、中国においてこれまで一貫して言論の自由の政治的目的や機能が重視されてきた点に求めることができる。政治的目的・機能とは、一言でいえば、「当該言論が強国の建設に資するかどうか」である。強国の建設を妨げる言論には存在意義はなく、そういった言論は憲法の保障の範囲外である。この発想は、中華人民共和国成立以降の「階級闘争」至上の時代、「改革開放」以降の「経済建設」至上の時代を問わず一貫して不変であるように思われる。毛沢東が1957年2月に示した「六項目の基準[47]」、鄧小平が1992年に提唱した「三つの有利[48]」は、そのことを如実に表している。この「国家権力の強化に奉仕する政治的権利としての言論の自由」という発想は、中華人民共和国成立初期に政治闘争・政治運動に奉仕するものとして陳情が位置づけられたのと同じである。

　顕明、国智両氏は、言論の自由の政治的権利としての位置づけを維持すべきことを主張する。彼らは、言論の自由を「公民が政治および一般公共事務を議論する際に干渉を受けない自由」と定義づけている。彼らの見解は次の

251

とおりである。言論の自由の中の言論には、公民の恋愛、趣味等生活用語の部分は含まれない。また、告発、告訴、上申等国家の行為に対して影響を及ぼす法律的意義を有する部分も含まれない。もし、言論の自由の中の言論を「あらゆる言論」と広く解すれば、論理上、以下のような誤りをもたらす。（一）一個人が法により政治的権利を剥奪された時、彼のすべての言論が禁止される。（二）一個人が法により政治的権利を剥奪された時、彼の政治参加の法律関係以外のその他の法律関係も同時に剥奪される。なぜなら、法律がすでに彼に意思表示の能力がないことを宣告しているからである。（三）一個人が法により政治的権利を剥奪された時、彼の合法的権益はもはや法律の保護を受けなくなる。なぜなら、言論が禁止された後は、告訴、訴訟等の方法をもって、権利救済を求められなくなるからである。ここからわかるように、言論の自由とは特定化されたある部分の言論の政治的法律用語にすぎない。中国憲法が政治的言論以外の言論を法律の保障する範囲に含めていないことは、言論の自由を縮小し圧迫するものではない。逆に、政治的言論を言論の大海の中から選び出し、これに法律の保護を与えることによって、最も価値のある言論を騒々しい喧噪の中に埋没させないようにすることができるのである[49]。

　この立場に異論を唱えたのが、游勧栄氏と董和平氏である。

　游勧栄氏は、「言論の自由は本来ならば、公民の最も基本的な人身の権利であるべきなのに、我々の国家は長期間これを「政治的権利」とみなしてきた」と指摘する。その要因として、旧ソ連の法律理論と法律実践の影響および長期にわたる中国の憲政実践の欠陥を挙げ、そうした要因が「公民の権利問題において、きわめて深刻な「政治化」の傾向をもたらした。それは、立法およびその実践における運用の中で、公民の権利の実現に対して、多くのマイナス要素の影響を増大させてきた」とする。さらに、彼は次のように述べる。「もし、言論の自由が個人間の話のみに限られ、報道媒体の助けを借りず、「報道の自由」にならないのであれば、たとえ、言論の中で国家事務に論及していても、その動機と効果についていえば、すべてそれを政治的権

利として扱うことはできない」[(50)]。

董和平氏も過去の「政治化傾向」を批判する。「長期にわたって、我々は言論の自由に対する広範かつ深い研究を欠いていた。我が国憲法の規定の簡単な解釈を除いては、意識的・無意識的にそれに対し詳細な研究を行うことを拒絶していた」。「我が国のこれまでの憲法学の研究において、一般に言論の自由を公民の政治的権利の一種に帰属させ、刑法の研究と実践において、政治的権利の剥奪刑の範囲を言論の自由にまで拡大していた」。

彼は「言論の自由は憲法の自由権の範疇に属する」とした上で、「言論の自由における言論は政治的言論だけでなく非政治的言論をも包括し、言論の自由は政治的言論の自由と非政治的言論の自由との統一である」と主張する。その理由は以下のとおりである。

第一に、言論の自由の内容と性質からみれば、それは政治的言論だけでなく非政治的言論の自由をも包括する。それを政治的権利とするのは理論的・実践的根拠に乏しい。確かに、政治的言論の自由は言論の自由の核心である。しかし、公民個人の角度からいえば、非政治的言論の自由は政治的言論の自由と同様に重要であり、ともにその個性の正常な発展と個人生活の正常な営みの必須条件である。公民が思想と見解を表現するあらゆる言論の中で、政治的言論が占める比率は小さく、その多くは個性の発展と個人生活の分野、あるいは社会・経済・文化の分野に関連する非政治的言論に属する。決して言論の自由を政治的言論の自由と同一視してはならず、非政治的言論の自由を言論の自由の範囲外に排除してはならない。

第二に、政治的権利の内容と性質からみれば、言論の自由の享有は政治上の国家管理の権利の享有ではない。よって、言論の自由の属性を政治的権利とするのは非科学的である。公民の言論の自由は公民が政治参加権を行使する一手段であり、人身権、その他の憲法の権利と同様に、政治的権利を実現するための基礎・条件にすぎない。そして、政治的権利の剥奪あるいは公民権の剥奪は、特定の公民が民主参加を行う権利の剥奪を指す。例えば、選挙権と被選挙権、公職を担当する権利等で、言論の自由を含めるべきではない。

董和平氏は、結論として「今日の学術界に広範に存在する、政治的目的と効能を具えることを理由として言論の自由を政治的権利であると認定するというような観点は正確ではない。もし、問題をこのように認識すれば、あらゆる憲法の権利はすべて政治的権利と帰結できるのではないだろうか！」と締めくくっている[51]。

　胡錦光、韓大元両氏は、政治的権利の範囲をめぐっては、中国法学界においていまだ統一的見解は存在していないし、政治的権利剥奪の中で関わってくる言論の自由の属性についてもそれは同様であると断った上で、次のように述べている。「一般的には、政治的権利は公民が政治生活に参画する権利のことであって、言論の自由は公民が政治生活においてその意見を表明する主要な形式ではない。しかし、このことから単純に、言論の自由の政治的権利としての属性を否定してしまうのも妥当でない。政治的権利としての言論の自由は、言論の自由のすべてではない。政治的言論の自由と非政治的な言論の自由は性質、範囲の点で区別されなければならず、ひとしなみに言論の自由を政治的権利の中に押し込めてしまったり、また逆に言論の自由が政治的権利体系の中で占めている重要な地位を否定してしまってはならない」。「政治的権利と言論の自由を厳格に区別し、これまでの単純に政治的目的や効能の点から言論の自由を政治的権利として把握するという思考を克服するようになったのは、憲法学界が思想を解放し、タブーをなくしたことの成果である」[52]。

　かかる言論の自由の法的性格・属性をめぐる学説の分岐の背景には、権力の民主化による真の多数派支配の実現を目指す民主主義（民主）と、民主化された権力をも含めた権力からの個人の自由の確保を目指す立憲主義（憲政）のいずれに重きをおくかというきわめて重たいテーマが横たわっている。

第9章　政治的権利論からみた陳情

第3節　政治的権利に対する警戒と期待

1．日本における立憲主義をめぐる一論争

　憲法学者の長谷部恭男氏は、立憲主義を、この世には比較不能といえるほど根底的に異なる世界観・宇宙観が多数並存しているという現実を認めた上で、その公平な共存を図る考え方であると説明する。多様な価値観の公平な共存を図るために、立憲主義は、人の生活領域を公と私の二つに区分し、私的領域では、各自の世界観に基づく思想と行動の自由を保障する一方、公的領域では、それぞれの世界観とは独立した形で、社会全体の利益に関する冷静な審議と決定のプロセスを確保しようとする[53]。

　こうした立憲主義は、長谷部氏にいわせれば、不自然で、人々に無理を強いる枠組みである。そうであるにもかかわらず、彼がこの制度的枠組みを強調するのは、彼の主張の根底に「民主主義に対する懐疑」が存在しているからである[54]。換言すれば、公的領域において人々がそれぞれの世界観・価値観をぶつけあうことの危険性を彼は警戒しているのである。彼は、J・ハーバーマスを批判して次のように述べる。「ハーバーマスのいう公共圏ないし公共空間は、互いにせめぎ合う価値観もディスコースの倫理に従ってお行儀よく討議を行い、そこからおのずから公共性が立ち上がるというハッピィな空間であるが、…筆者は討議が公共の利益について適切な解決を示すには、論題の幅自体が限定されることが必要であるとの立場をとっている。逆にいうと、社会全体の利益に関わる討議と決定が行われるべき場（国・地方の議会や上級裁判所の審理の場が典型であろう）以外の社会生活上の表現活動では、そうした内容の制約なく、表現の自由が確保されるべきである」[55]。

　同様に、法哲学者の井上達夫氏も、「自由の権力性」に警戒の眼差しを向ける。すなわち、マルクス主義やロベスピエールを例に挙げ、「自由は権力への意志を内包するがゆえに、自由を超えたものによって自己を限定される

255

ことになしには専制に転化する」と述べ、自由を自由の段階で限定すること
が必要であると説く(56)。

　こうした立場を痛烈に批判するのが、憲法学者の毛利透氏である。

　まず、長谷部氏へは次のような批判を展開する。第一に、長谷部氏の立場
は、公的領域における政治的発言に自己検閲を要求することになる。各個人
は、他人に対して働きかけようとする際には、常に、その前に自分の内心
で、表現しようとする内容が自分の私的思想の表明ではなく社会全体の利益
にかなっているのかを吟味しなければならない。第二に、公的な議論の場と
私的な議論の場とは物理的に分けられるものではない。たとえ、本人が私的
な意見表明だと思ってなした言論でも、他者から公的な意味をもつものとし
て受け取られる危険性は常に存在する。言論の「意味」は当事者が決めるも
のではなく、往々にして社会に押しつけられるものなのである。第三に、長
谷部氏のイメージするような一定の「場」に参加できない一般市民には、
「自由」が認められるかわりに、「社会全体の利益に関わる討議」を行うこと
がもはや認められなくなる。それにより、表現の自由と民主政との関連が断
絶してしまう。とすれば、民意はどこから出現するのか。第四に、「討議」
と「決定」とは峻別すべきである。自由の行使が直接に多様な価値観の共存
体制を危機に陥れるとは考えにくい(57)。

　井上氏の「自由の権力性」に対しても、自由は他者に働きかけ、他者と結
びつくこと、それによってより大きな政治的影響力を得ることを求めてはい
るが、それは、権力行使そのものではなく、自由の行使自体は無力である、
と毛利氏は批判する。長谷部氏も井上氏も自由の潜在的可能性に大きな脅威
を認めているが、それは自由の政治的力への過大評価であり、無力な自由に
「自己規律・自己限定」を求めてしまっては、公共の議論が萎縮してしまう
し、かえって権力による過度の自由制約をもたらす可能性が大きい、と指摘
する。

　毛利氏は、自由は無力でありそれを過大評価してはいけないと述べる一方
で、自由を過小評価してはいけないとも述べる。「民主政は、自由のもつ潜

在的な政治力に自らの正統性を賭けているのであ」り、「私の意見を公に述べることは、私的な表現の自由の行使であると同時に公論形成への寄与である」。「それ自体としては無力な表現活動の自由こそ民主的に世界を変える唯一の正当な手段である」というのが毛利氏のテーゼである⁽⁵⁸⁾。

2. 言論の自由と民意の形成

もちろん、中国と日本では、その憲法体制も政治・社会状況も異なるため、長谷部氏と毛利氏の論争をそのまま中国法学界の議論と重ねあわせることはできない。しかしながら、長谷部氏と毛利氏の立憲主義・民主主義をめぐる認識の相違は、中国の陳情と民主政を考える上で多くの示唆を含んでいる。

まず、第2節で整理した言論の自由が政治的権利に属するか否かという議論は、言論の自由の政治的意義・機能をいかに理解するかと表裏の関係にある。

中国政府・共産党、およびその理論的「代弁者」の役割を担っていた（あるいは、担わされてきた）法学界の主流派は、言論の自由の政治的意義・機能を高く評価している。しかしながら、そうした政治的意義・機能は、「上から」の政治動員という色彩が強かった。

この点に関連して、法哲学者の季衛東氏は、契約と公約を手がかりとして中国的公論を分析する中で興味深い指摘を行っている。季衛東氏は、国家との関係における公論を二つの側面から把握する。一つは、社会的・政治的資源の動員装置としての「群情衆論」であり、もう一つは、国家法の正統性や実効性の判断基準としての「公理世論」である。そして、中華人民共和国では、長期にわたり、むしろ公論の動員装置としての側面がより強調されてきたと述べ、動員装置としての公論の特徴として、①裁判の事案・証拠資料を一般大衆に伝達し、討論させ、意見を聴取していたこと、②「法の政治性」が強調されていたこと、③国家的裁判機構が「一致意見」や「絶大多数意見」という形で判決を提案していたこと、④判決を公開の場で言い渡してい

たこと、⑤すでに宣判・執行された判決について再討論を実施していたこと、⑥調停が国家権力化していたこと、等を挙げている。こうした動員装置としての公論は、いわば「擬似公論」にすぎない。すなわち、「特定の共同体における「内部討論」は情報の非対称性をもたらすと同時に、公の場で透明な手続的条件の下に行われるような議論に対しては閉じていたし、「公審大会」または「公判大会」は、すでに固まった公論・公意が国家によって宣示される儀式であり、議論の場とは異なるものだったのである」。近年、「世論監督」という形で、正統性の判断基準の性格をもつ公論が浮上しているが、これに対しても、季衛東氏は危惧の念を抱く。すなわち、言論の自由という権利観念および制度的保障が十分に確立されていない場において世論監督を強化しても、生まれてくるのはやはり擬似公論にすぎず、それは権力側からの操作をよりいっそう招きやすい、というのである[59]。

　これに対して、顕明、国智両氏の立場は、言論の自由を政治的権利として把握・理解する点では、従来の通説と同じであるが、「上から」の政治動員という色彩はかなり希釈されている。むしろ、言論の自由の政治的意義・機能をあえて強調することで、言論の自由を個人の権利として捉え直し、「下から」の政治参加の活性化に期待をかけているというニュアンスを読みとれなくもない。この立場は、自由な議論の中からはじめて民意・公論が生成されるとする毛利氏の立場とある部分において重なり合う。しかしながら、他方で、同床異夢とはいえ、言論の自由を政治的権利とする中国政府・共産党の立場と結論的には同じであるがために、中国政府・共産党に絡めとられてしまう危険性を伴う。

　游勧栄氏と董和平氏の立場は、言論の自由の「政治性」の弊害を強く意識する立場である。政治動員としての言論の自由を忌避するのはもちろんのこと、言論の自由の参政権的意義（国家への自由）を強調する立場からも一定の距離をおき、言論の自由の自由権的意義（国家からの自由）にこだわろうとする。この立場は、国家と個人の二極対立を前提とするオーソドックスな立憲主義観であり、また、公的領域と私的領域を厳格に区分する長谷部氏の立

第9章　政治的権利論からみた陳情

場とも近い。

　実は、近年の中国憲法学界において、このような立憲主義、および人権についての把握・理解の仕方が影響力を増しつつある。その代表的論者の一人が本章においてたびたび言及した陳情縮小論者の周永坤氏である。議行合一の廃棄、司法権の独立、違憲審査制の導入等、中国の憲政実現に向けて積極的に発言している周永坤氏は、立憲主義（憲政）と民主主義（民主）の両立可能性を模索しつつも、もし、両者が対立する場合には、「民主主義よりも立憲主義を」という立場に立つことを自身の論文の中で強くにじませている[60]。

　憲法学者の杜鋼建氏の主張はより明快である。杜鋼建氏は、20世紀の中国の憲政主義（Constitutionalism）思潮は「民主主義的憲政主義」と表現することができ、さらに、それは、立憲の旗幟の下で民主立憲制や代議立憲制を追求した旧民主主義的憲政理論と、多数階級の少数階級に対する専政（独裁）を唱道し、このような専政（独裁）を憲政とみなし民主主義と同視した新民主主義的憲政理論（新民主主義的専政（独裁）理論）に分けることができる、と述べる。そして、こうした「民主主義的憲政主義」について、杜鋼建氏はいずれも「幻想性を具えていた」と批判した上で、「憲政の本義は、自由の実現にある」と説く。すなわち、「憲政とは、現行の国家権力を憲法の軌道に組み入れ、当局者の権力の運用を法治の拘束の下におくことに他ならない。憲政とは、当局者の権力を奪取して人民に与えることではない。憲政とは、人民の自由が当局者の権力の侵犯を受けないことを保障することである」。今日の中国人についていえば、憲政の当面の急務は、人民を「国家の主人公」とすることではなく、人民を「自由民」とすることなのである。「民主主義者は、憲政に対して過度の期待を抱いており、…憲政が直接達成しうる目標が自由であることを忘れているのである」。民主ではなく自由・人権を達成すべき直接の目標として要求するこのような「新しい憲政主義」を、杜鋼建氏は「人権主義的憲政主義」と命名している[61]。

　現代中国において、人民民主主義独裁という名の下で、激しい言論弾圧が行われてきたことは事実である。その苦い記憶をふまえて、「国家と個人の

259

二極対立」という構図を作り出すことこそがまず実現すべき課題であり、そこから自由を構築していくべきだとする中国の憲法学者たちの主張には筆者自身首肯しうる点も多い。しかしながら、それでは個人は個人のままであって市民にはなりえないのではないだろうか。民意・公論は十分に生成しえないのではないだろうか。毛利氏の批判が筆者の頭をよぎるのである。

小括～陳情の可能性

　最後に、陳情の政治参加・公権力監督の機能にもう一度話を戻したい。
　本章では、陳情（権）が監督権と請願権の狭間でゆれる曖昧な内容を有すること、言論の自由が政治的権利に属するか否かという論点をめぐり学説の分岐があること、その分岐は立憲主義と民主主義との関係や言論の自由と民意の形成との関係をどのように把握・理解するかという問題と深く関連することについて順次考察を進めてきた。筆者は、第5章において、人民代表大会と人民法院との関係に着目し、現代中国の立憲主義と民主主義との緊張関係について論じた際、その結論において、現在の中国では「国家権力を凌駕する「もう一つの権力」があるという状況をふまえれば、現時点において望ましい選択は「立憲主義か民主主義か」という二者択一ではなく、「立憲主義も民主主義も」という選択、すなわち何とか両者の接合を図り「もう一つの権力」と対峙していくことなのかもしれない」と述べた[62]。つまり、中国の憲法学者が、「国家と個人との二極対立」という立憲主義を目指すのであれば、それと同時に、国家と個人をつなぐ「何か」、個人が市民となりうる「何か」を構築する必要があるということである。その「何か」とは、ありきたりの答えではあるが、おそらく「公共圏」ということになるのであろう。民主派知識人の胡平氏は、「権力者（当局者）が異なる意見の持ち主を処罰する権力をもたない時に」、「人々の言論の権利が善良開明な君主の保護を必要とせずに独立して存在しうる時に、初めて真の言論の自由があるといえる」と説き[63]、言論の自由の定着のために、独立自主の言論陣地の構築を

強く訴えた。「独立自主の言論陣地」こそが公共圏である。

　毛利氏は、選挙ではなく公共圏こそが民主政の基盤であると断じる。確かに、代表民主政において選挙は必要不可欠なものであるが、選挙は、「公共圏での十分な議論と「コミュニケーションの力」の影響力が確保されている場合にのみ、その暫定的表明として支配者を選ぶ正当性をかろうじて有することができる。表現の自由の保障なく選挙をしても、民主政とはみなされない」のである。それゆえ、「表現の自由を行使しようかどうかためらう人々に、できるだけ行使する方向でのインセンティブを与えるべき」であると彼は主張する[64]。興味深いのは、そのための制度改革として、彼が「請願権の強化としての、国民からの法案の国会への提出」を挙げていることである。彼は、こうした制度の構築により、公共での議論が実際に国会の運営に影響を与えることを示すことができ、国会内外での議論の活発化も期待しうる、と考えている[65]。

　陳情に国家と個人をつなぐ「何か＝公共圏」を構築する上で一定の役割を期待するのは、可能であろうか。

　杜承銘、朱孔武両氏は、『陳情条例』は、「「陳情権」に直接言及していないが、「陳情人の合法的な権利・利益」という表現はなお実務の発展に必要な空間を留保している」と述べ、陳情の可能性をほのめかしている[66]。また、筆者は、2011年6月と9月に中国北京を訪問し、林来梵氏（清華大学法学院教授）に陳情についてインタビューを行った。その際に印象に残るコメントがあった。林来梵氏は、陳情の政治参加・公権力監督の機能（参政権的意義）を重視するのであれば、憲法第41条の監督（陳情）権の条項を明確にするよりも、むしろ今あるような曖昧な状態で残しておいた方がよい、というのである。なぜなら、憲法第35条の言論の自由の条項は、すでにきわめて「敏感性」を有するものとなっており、憲法第35条をもって、公権力を監督することや政府の政策を批判することは、実際のところきわめて困難である。それに対して、個人の権利救済をもその機能として包括する監督（陳情）権であれば、曖昧性を有するがゆえに、かえって政府批判も比較的行い

やすい。もちろん、林来梵氏も、陳情の個人の権利救済の側面が司法権の権威の確立に不利であることは十分に承知している。しかしながら、彼は、陳情の内包が曖昧であるがゆえに発展の「空間が残されている」ことに賭けるのである。

確かに、言論の自由なしには陳情は十分に機能しないが、他方、陳情によって言論の自由が促進される可能性もありうる。陳情の保障を強く要請することで、公権力監督の前提条件である「知る権利」、監督権と広範に結びつく政治的権利としての言論の自由の十分な保障があわせ要請されることになる。

現行の政治体制において、現在の政治環境において、陳情にそこまでの役割を担わせるのは、あまりに酷な注文かもしれない。本章は、あくまでも憲法論からみた陳情の可能性を指摘するにとどまるものである。

［注］
(1)　本章初出論文が収録された毛里和子・松戸庸子編著『陳情―中国社会の底辺から―』（東方書店）2012年では、編者の強い意向で、「信訪」に「陳情」という統一的訳語をあてることとなった。「信訪」では、「日本人読者にはとても分かっていただけない」というのがその理由である（同書、はしがきviii頁）。しかしながら、「信訪」とは、きわめて多義的かつ曖昧模糊とした概念であり、中国政府・共産党から期待・付与される意義、および実際の機能も、時代に応じて変転してきた。本章は、そうした「信訪」概念の多義性・曖昧性に光をあて、そのことのもつ意味を憲法的側面から整理・考察することを目的の一つとしている。それゆえ、「信訪」を一律に「陳情」と訳してしまうことに、筆者は少なからず違和感を抱いていた。本書の執筆にあたり、「陳情」を「信訪」と表記し直すことも検討したが、大幅な修正が必要となり、その結果、論文の内容自体が変わってしまう可能性があるため、本書でも引き続き「陳情」という訳語を用いることとした。
(2)　于建嶸「信訪制度改革与憲政建設」『二十一世紀』2005年6月号、76頁、朱最新・朱孔武「権利的迷思―法秩序中的信訪制度―」『法商研究』2006年第2期、81頁、林来梵・余浄植「論信訪権利与信訪制度―従比較法視角的一種考察―」『浙江大学学報（人文社会科学版）』第38巻第3期（2008年5月）27頁等。
(3)　言論の自由をめぐる法的諸問題について、石塚迅『中国における言論の自由

第9章　政治的権利論からみた陳情

　　　―その法思想、法理論および法制度―』（明石書店）2004年、胡平著／石塚
　　　迅訳『言論の自由と中国の民主』（現代人文社）2009年等。

（4）　松戸庸子「信訪制度による救済とその限界」『中国21』（愛知大学）第30号（2009
　　　年1月）110、112～113頁。

（5）　権利救済メカニズムとしての陳情の存廃論に言及したものとして、応星「作
　　　為特殊行政救済的信訪救済」『法学研究』2004年第3期、58～71頁、于建嶸・
　　　前掲論文注（2）、71～78頁、周永坤「信訪潮与中国糾紛解決機制的路径選択」
　　　『暨南学報（哲学社会科学版）』2006年第1期、37～47頁、陳欣新「従国情視
　　　角看"超級上訪"制度存在的合理性及其完善」『法治与糾紛解決国際研討会』（プ
　　　ログラム）2009年9月6日、33～39頁、童之偉「信訪体制在中国憲法框架中
　　　的合理定位」（『日中立憲主義の展開と公法学―第6回（2010年）日中公法学
　　　シンポジウム―』（プログラム）2010年12月27日、133～147頁）等。

（6）　于建嶸・前掲論文注（2）、73～75頁。

（7）　周永坤・前掲論文注（5）、39～45頁。

（8）　本書第4章「言論の自由は最重要の人権である―杜鋼建の憲政観―」、同第5
　　　章「人民代表大会の権限強化か違憲審査制の導入か―周永坤の憲政観―」を
　　　参照。

（9）　于建嶸・前掲論文注（2）、76頁、周永坤・前掲論文注（5）、40～41頁、周永
　　　坤「関於信訪的対話（2011年6月10日）」『平民法理（周永坤）』（http://
　　　guyan.fyfz.cn/b/623009）。

（10）　「あまり論じられていない」というのは、憲法学の視点から、陳情そのもの
　　　が本来有する、あるいは有するべき政治参加・公権力監督の機能について評
　　　価し、それを民主政と結びつけて論じた研究が少ないという意味である。陳
　　　情の増加が政治的民主化や体制崩壊の萌芽になるかという点に関する政治
　　　学・社会学からの研究は少なからず存在する。例えば、園田茂人『不平等国
　　　家中国―自己否定した社会主義のゆくえ―』（中公新書）2008年、164～166
　　　頁等を参照。

（11）　『陳情条例』の解説書によれば、陳情再審理・再審査と行政不服審査・行政
　　　訴訟とは相互補充の関係にあり、行政不服審査・行政訴訟の条件を満たす場
　　　合には、行政不服審査の請求あるいは行政訴訟の提起がなしうるとされてい
　　　る（『信訪条例要点解答』（北京：法律出版社）2008年、41～42頁）。

（12）　「反射的利益とは、法が公益を保護している結果として生じる間接的な利益
　　　のことをいう。反射的利益は、法がその利益の保護を直接の目的としたもの
　　　ではないため、法的保護に値しないとされる」（黒川哲志・下山憲治編『確
　　　認行政法用語230』（成文堂）2010年、75頁（府川繭子執筆部分））。陳情が「反
　　　射的利益」にすぎないのであれば、陳情そのものを侵害されても、それに対

263

して訴訟を提起することはできないということになる。

(13) 朱最新、朱孔武・前掲論文注(2)、81頁、杜承銘・朱孔武「"信訪権"之憲法定位」『遼寧大学学報(哲学社会科学版)』第34巻第6期(2006年11月)142頁。

(14) いわゆる「孫志剛事件」である。警察当局による人権を軽視した取調べ、情報の隠蔽と操作が、メディアと一般大衆の厳しい批判にさらされたことは、本書第7章ですでに述べたとおりであるが(180〜181頁)、他方で、一部の法学者は、孫志剛氏拘束の根拠となった行政法規『都市における浮浪者乞食収容遣送辦法[城市流浪乞討人員收容遣送辦法]』の違憲・違法性を主張した。これに対して、政府当局は事件の責任者を処分し、国務院は『都市における浮浪者乞食収容遣送辦法』を廃止し、新たに『都市における生活困窮浮浪者乞食救助管理辦法[城市生活無着的流浪乞討人員救助管理辦法]』を制定することで事態の沈静化を図った。

(15) 林来梵、余浄植・前掲論文注(2)、31頁。

(16) 杜承銘、朱孔武・前掲論文注(13)、142頁。しかしながら、筆者が『立法法』第8条を瞥見したところ、犯罪や刑罰に関わる事項、公民の政治的権利の剥奪や人身の自由の制限に関わる事項については、法律の制定によらなければならないが、権利の創出については、条文上必ずしも明らかではない。

(17) 国務院新聞辦公室「中国的人権状況(1991年11月1日)」(董雲虎主編/佟唯真編『中国人権白皮書総覧』(北京:新華出版社)1998年、2頁)、呉家麟主編『憲法学(1992年修訂本)』(北京:群衆出版社)1992年、237〜238頁、魏定仁主編『憲法学(第2版)』(北京:北京大学出版社)1994年、207〜208頁等。「人権(公民の基本的権利)の真実性(現実性)」の具体例としてしばしば挙げられるのが、『1954年憲法』の中には規定されていたがその後の憲法では削除された居住・移転の自由である。

(18) 例えば、1980年代に、李歩雲、周元青両氏は「社会主義制度の下では、根本的にいえば、国家の法律と公民の自由とは統一したものであり、対立したものではない」と述べていた。すなわち、確かに、法律はある自由を制限してはいるが、このような制限はまさに公民全体がより十分に、広範に、有効に自由・権利を行使できるよう保障するためのものである、としていた(李歩雲・周元青「法律与自由」『紅旗』1981年第22期、16頁)。

(19) 中華人民共和国国務院新聞辦公室「国家人権行動計画(2009-2010年)(2009年4月)」(http://www.gov.cn/jrzg/2009-04/13/content_1283983.htm)(中華人民共和国中央人民政府ホームページ)。

(20) 于建嶸・前掲論文注(2)、76頁、于建嶸「保障信訪権是一項憲法原則」『学習時報』2006年7月25日、周永坤・前掲論文注(5)、40〜41頁、李秋学『中

第9章　政治的権利論からみた陳情

国信訪史論』（北京：中国社会科学出版社）2009年、383頁等。

(21) 1990年代前半まで、中国の憲法学教科書に「監督権」という語はみられず、この語が、中国憲法学界で定着し始めるのは1990年代後半以降のことと思われる。また、かつては、憲法第41条第3項に規定されている「賠償取得権」をも「監督権」の範疇の中に組み入れて説明する憲法教科書が多かったが、今日では、それを「監督権」とは切り離して、名称も「賠償取得権」ではなく「国家賠償請求権」として別途説明する憲法教科書が徐々に増えてきている（韓大元・林来梵・鄭賢君『憲法学専題研究（第2版）』（北京：中国人民大学出版社）2008年、465～466頁（林来梵執筆部分））。

(22) 胡錦光・韓大元『中国憲法（第3版）』（北京：法律出版社）2016年、273頁（韓大元執筆部分）。

(23) 周永坤・前掲論文、注（5）、40～41頁。

(24) 韓大元、林来梵、鄭賢君・前掲書注（21）、467～468頁（林来梵執筆部分）。

(25) 童之偉・前掲論文注（5）、134～135頁。

(26) 朱最新、朱孔武・前掲論文注(2)、82頁。なお、『1982年憲法』第33条第3項(「人権」条項）をめぐる中国憲法学界の議論について、本書第3章「「人権」条項新設をめぐる「同床異夢」―中国政府・共産党の政策意図、法学者の理論的試み―」を参照。

(27) 野中俊彦・中村睦男・高橋和之・高見勝利『憲法Ⅰ（第5版）』（有斐閣）2012年、547頁（野中俊彦執筆部分）。

(28) 同上、545頁（野中俊彦執筆部分）。

(29) 「平政院」とは、中華民国北京政府時期における裁判所組織の一部であり、行政訴訟を主管するとともに行政官吏の違法不正行為の審理に責任を負い、行政訴訟および弾劾事件について裁判権を行使した。

(30) 韓大元、林来梵、鄭賢君・前掲書注（21）、465～466頁（林来梵執筆部分）。

(31) 林来梵「参政権の保障と諸問題」（土屋英雄編著／季衛東・王雲海・王晨・林来梵『中国の人権と法―歴史、現在そして展望―』（明石書店）1998年、216頁）。

(32) 「論人民民主専政（1949年6月30日）」『毛沢東選集（第2版）』第4巻（北京：人民出版社）1991年、1470～1471頁。

(33) この点が、「信訪」を一律に「陳情」と訳してしまうことに対して、筆者が躊躇した所以である。確かに、今日、「信訪」の機能は、個人（一般大衆）の権利救済に特化している（ようにみえる）。しかしながら、そうした実際の機能の面のみに着目して「信訪」の訳語に「陳情」をあててしまえば、「信訪」の理念の面、すなわち、中華人民共和国憲法において請願権ではなく監督権を採用した制憲者意思を捨象してしまうおそれがあるのである。

265

（34）　「反対官僚主義、命令主義和違法乱紀（1953年1月5日）」『毛沢東選集』（第5巻）（北京：人民出版社）1977年、72頁。

（35）　朱最新、朱孔武・前掲論文注（2）、79頁。

（36）　李秋学・前掲書注（20）、384〜385頁。

（37）　朱最新、朱孔武・前掲論文注（2）、79頁。

（38）　韓大元、林来梵、鄭賢君・前掲書注（21）、465頁（林来梵執筆部分）、林来梵、余浄植・前掲論文注（2）、28頁。

（39）　林来梵・前掲論文注（31）（土屋英雄編著・前掲書注（31）、217頁）。

（40）　G・イェリネク著／芦部信喜・小林孝輔・和田英夫他訳『一般国家学』（学陽書房）1974年、329〜340頁。

（41）　例えば、佐藤幸治氏は、『日本国憲法』における基本的人権を「包括的基本権」、「消極的権利（自由権）」、「積極的権利（受益権・社会権）」、「能動的権利（参政権）」とに分類している（佐藤幸治『日本国憲法論』（成文堂）2011年、130頁）。

（42）　渡辺久丸『請願権』（新日本出版社）1995年、105〜139頁。

（43）　魏定仁主編・前掲書注（17）、173〜183頁。

（44）　例えば、胡錦光、韓大元・前掲書注（22）、273〜277頁（韓大元執筆部分）等。

（45）　「人権」概念の容認過程については、本書第1章「中国的人権観」1991-2006—中国からみた国際秩序と正義—」6〜9頁、同第3章「「人権」条項新設をめぐる「同床異夢」—中国政府・共産党の政策意図、法学者の理論的試み—」55〜60頁を参照。

（46）　魏定仁主編・前掲書注（17）、176〜177頁。

（47）　「六項目の基準」については、本書第4章注（12）を参照。

（48）　「三つの有利」については、本書第4章注（13）を参照。

（49）　顕明・国智「言論自由的法律思考」『法学』1991年第8期、4〜5頁。

（50）　游勧栄「市場経済条件下公民権利及其保障幾個問題探討」『法律科学』1994年第3期、13〜14頁。

（51）　董和平「言論自由的憲法権利属性及其効能」『法律科学』1993年第2期、14〜18頁。

（52）　胡錦光・韓大元『中国憲法の理論と実際』（成文堂）1996年、211頁。

（53）　長谷部恭男『憲法とは何か』（岩波新書）2006年、8〜12頁、54頁。

（54）　政治学者の杉田敦氏との対談の中で随所に表現されている（長谷部恭男・杉田敦『これが憲法だ！』（朝日新書）2006年）。

（55）　長谷部恭男・前掲書注（53）、76〜77頁。

（56）　井上達夫『他者への自由—公共性の哲学としてのリベラリズム—』（創文社）1999年、197〜235頁。

第9章　政治的権利論からみた陳情

（57）　毛利透『表現の自由―その公共性ともろさについて―』（岩波書店）2008年、28～30頁。

（58）　同上、30～33頁、35頁。

（59）　季衛東「中国的公論の諸相―基層秩序生成の動態と言説媒体―」（三谷博編『東アジアの公論形成』（東京大学出版会）2004年、256～264頁）。

（60）　例えば、周永坤著／石塚迅訳・解題「政治文明と中国憲法の発展」『東京立正女子短期大学紀要』第32号（2004年3月）119～139頁、本書第5章「人民代表大会の権限強化か違憲審査制の導入か―周永坤の憲政観―」等。

（61）　杜鋼建「新憲政主義与政治体制改革」『浙江学刊』1993年第1期、17～21頁。杜鋼建氏の立憲主義観を整理・検討したものとして、本書第4章「言論の自由は最重要の人権である―杜鋼建の憲政観―」を参照。

（62）　本書第5章「人民代表大会の権限強化か違憲審査制の導入か―周永坤の憲政観―」134頁。

（63）　胡平著／石塚迅訳・前掲書注（3）、38頁。

（64）　毛利透・前掲書注（57）、41～42頁、45～46頁。

（65）　毛利透『民主政の規範理論―憲法パトリオティズムは可能か―』（勁草書房）2002年、283～285頁。

（66）　杜承銘、朱孔武・前掲論文注（13）、142頁。

第3部：附記・解説

（一）

　立憲主義と民主主義との接合可能性、すなわち、国家と個人の二極をつなぐ「何か」、個人が市民となりうる「何か」について検討した論文を収めているのが第3部である。

　第7章の旧稿は、「中国・地方政府の政務公開―吉林省長春市の事例を中心として―」という表題で、『一橋法学』第5巻第1号（西村幸次郎教授退職記念）（2006年3月）に、第8章の旧稿は、「中国の情報公開地方法規―二つのひな形―」という表題で、孝忠延夫・鈴木賢編集委員『北東アジアにおける法治の現状と課題―鈴木敬夫先生古稀記念―』（成文堂、2008年）にそれぞれ寄稿したものである。前著『中国における言論の自由―その法思想、法理論および法制度―』を刊行した2004年の『法律時報』「学界回顧」において、「アジア法」の回顧者の一人である鈴木賢氏から、「今後は言論の自由や人権保障の実態に切り込んだ作品を期待したい[1]」との激励をちょうだいした。法社会学的研究手法に長じた鈴木氏ならではの課題設定であるが、筆者も、かねてから中国の人権・言論の自由を考究するにあたり、理論（学説）と制度（条文）の検討だけでは不十分であることをそれなりに自覚していた。中国における情報公開を取りあげたのは、言論の自由の実態面への接近を試みるというねらいがあった。とりわけ、第7章は、中国の吉林省長春市を事例として取りあげ、そこにおける政務公開・情報公開の実態の一端を明らかにした研究成果である。

268

第3部　附記・解説

このような背景・経緯に基づく情報公開研究ではあったが、第2部「附記・解説」で言及したように中国の立憲主義に対する筆者の考えが少しずつ微妙に変化していく中で、第7章および第8章の有するであろう意味もまた変化してきた。そこで重要となるのが、「国家と個人の二極対立」を補完する（あるいは超克する）ものとしての「情報公開請求研究」である。

第9章の旧稿は、「政治的権利論からみた陳情」という表題で、毛里和子・松戸庸子編著『陳情―中国社会の底辺から―』（東方書店、2012年）に寄稿したものである。同書は、中国内外において関心を集める中国の陳情［信訪］について、その思想、制度、現状、将来を政治学、社会学、法学のそれぞれの角度から検討した共同研究の成果である。陳情には、本来、政治参加・公権力の監督と個人の権利の救済という二つの機能が並存するが、後者の機能についての検討は、他の執筆者の専論にゆだね、筆者は、前者の機能、すなわち政治参加・公権力の監督という機能について、中国における民主政の実現・定着の課題と関連づけつつ、深く考察することにした。

第9章旧稿の源流をさらにたどれば、2009年10月18日に開催された日本現代中国学会第59回全国学術大会の分科会2（歴史・法律）「中国社会における「民意」と権力」における報告「民主政と社会主義憲法」にいきつく。この分科会では、「中国社会において、「民意」は歴史的にどのようなものとして捉えられてきたのか、そして、それは形成される権力にどのような性格を与え、権力とどのような関係をもったのか」といった課題が提示された。筆者は、この報告で、「民意」を生み出す言論の自由と、「民意」を反映・統合・調整・制御する機関としての人民代表大会とを主旋律として設定し、民主政をめぐる憲法学の理論が、社会主義憲法についてどのように展開されているのか、そもそも、それは、社会主義憲法について展開可能なのか、を検討した。筆者の力不足でこの報告を論文にすることはかなわなかったが、そこでの問題意識・検討は、陳情についての論文を執筆するにあたり、かなりの程度活かされている。

269

（二）

　旧稿公刊以降の中国の情報公開と陳情の法制度、およびそれらについての研究の状況についても補足しておきたい。

　情報公開については、「個人」の「知る権利」・情報公開請求権に強くアクセルを踏みこんだ『広州市政府情報公開規定（広州市規定）』（2002年11月公布）が、『広州市の申請に基づく政府情報公開辦法』（2006年12月公布）によって減速を余儀なくされたことは、第8章で言及した。さらにその後、2007年4月に『中華人民共和国政府情報公開条例』が公布されたのを受けた形で、2008年4月に『広州市規定』に比べて比較的穏健な規定内容を有していたはずの『上海市政府情報公開規定（上海市規定）』も全面改正された。旧『上海市規定』は、目的・根拠を規定した第1条で、「公民」の「知る権利」の保障を謳っていたが、新『上海市規定』は、第1条を「『中華人民共和国政府情報公開条例』およびその他の関連の法律・法規の規定に基づき、本市の実際と結合させて、本規定を制定する」という簡略な記述に改め、「知る権利」の規定を見送った『政府情報公開条例』に歩調を合わせた。また、これまで「公開を免除する［免予公開］」としていた表現を「公開しない［不予公開］」に改めた。いずれも、情報公開の理念からいえば、さらなる後退である[(2)]。

　『広州市規定』が採択・公布された2002年から2010年頃まで、確かに、中国の情報公開は中国内外から大きな注目を集めた。第3部本論で論及したように、2002年には、中国初の情報公開法規である『広州市規定』が公布されたし、2003年には、「SARS（新型肺炎）騒動」と「孫志剛事件」における当局のずさんな対応により、中国の行政の情報隠蔽・操作が厳しく問われた。また、2001年の中国のWTO加盟にあたっては、アカウンタビリティのいっそうの充実が中国政府に対して求められた。こうした状況下で、情報公開法制度の整備は、シンボリックな意味をもっていた。中国政府・共産党にとっても、情報公開をはじめとする「透明な政府」の制度建設は、「法治」の進

展を国内外にアピールする格好の宣伝材料となりえたのである。しかしながら、しょせんは「その程度」の話だったのかもしれない。香港大学の肖明氏が2008年から2010年までの間に国務院の各部、省・市・県の人民政府が発表した政府情報公開年度報告を分析したところ、情報公開申請の大部分は、申請者の生活や仕事上の必要、いわば商用目的に基づくものであった[3]。一方で、行政権の監督や民主主義の実質化といった情報公開制度の本来のあるべき姿で情報公開請求がなされるケースは非常に少ない[4]。そして、そうした稀なケースに対しては、当局は厳しくあるいは冷たく対応する。例えば、「公盟」（後に「公民」と改称）という社会団体を組織し、「新公民運動」と称して政府・共産党幹部の資産公開等を求めた法学者・弁護士の許志永氏に対して、中国当局は脱税罪や公共秩序騒乱罪の罪名で断罪した[5]。周永坤氏は、2015年9月に北京で大々的に催された「中国人民抗日戦争・世界反ファシズム戦争勝利70周年記念式典」の軍事パレードについて、支出された費用の総額を公開するよう情報公開請求した。しかしながら、周永坤氏の情報公開請求について、当局は何らの反応も示さなかった[6]。

　今日でも、情報公開に関する法学・政治学の研究成果は、毎年一定数公表されている[7]。しかしながら、それらの研究が盛り上がりに欠けると感じるのは、決して筆者の気のせいではないと思う。中国政府・共産党にとって、明らかに、情報公開は以前ほど利用価値のあるものではなくなったのである。

　一方で、陳情をめぐる状況は情報公開のそれとは大きく異なる。情報公開の登場が法学者のほとんどに歓待されたのに対して、第9章でみたように、陳情については、かねてからその制度の存廃をめぐり政府・研究者の間で激しい意見の応酬があった。前掲『陳情―中国社会の底辺から―』は、日本におけるほぼ唯一の陳情の総合研究の成果であるが、同書の諸論文で指摘された陳情の制度と運用が抱える様々な問題（圧力型体系の政治、権利擁護と安定維持の綱引き、退役軍人の苦境、政治文化としての青天願望論等々）は、今日においてもほとんど改善されていない[8]。そして、今なお続く陳情の制度と運用のあり方をめぐる議論は、陳情の機能のうち、個人の権利の救済をいかに図る

271

かというレベルにとどまっており、政治参加・公権力の監督の側面について
まで議論が進展する兆しはいっこうにみられない[9]。

（三）

　通常、「民主主義（民主）」を考えるにあたり、多くの人が真っ先に想起す
るのは、選挙あるいは議会ではないだろうか。実際に、民主化の要求、民主
主義の定着にあたり、普通・平等選挙の実現・実施は大きな意味をもつ。

　それでは、なぜ、選挙ではなく、情報公開と陳情（信訪）を取りあげたの
か。

　第一の理由は、すでに述べたような筆者の研究対象の延伸である。筆者の
研究は、中国における言論の自由からスタートし、その後、その理論的応用
問題および実践的課題として情報公開や陳情へと研究対象を拡大した。

　第二の理由は、言論・表現の自由が具える価値（意義）に求められる。す
なわち、言論・表現の自由には、個人が言論活動を通じて自己の人格を形
成・発展させるという個人的な価値（自己実現の価値、自由主義的意義）と、
言論活動によって国民が政治的意思決定に参与し民主政を維持・発展させる
という社会的な価値（自己統治の価値、民主主義的意義）という二つの価値（意
義）がある。情報公開請求や陳情の問題は、このうちまさに後者の、言論の
自由の民主主義的意義が尖鋭に問われる場面なのである。

　第三の理由は、これもすでに言及したことではあるが、筆者の問題意識・
研究の立ち位置、およびそれらの変遷によるものである。「立憲主義と民主
主義との緊張関係」において中国の憲法・人権をめぐる諸問題を考える、と
いうのが筆者の基本的な問題意識であり、それは本書においても通底させて
いるつもりである。その基本的な問題意識の中で、筆者の立ち位置が、「民
主主義よりも立憲主義を」から「立憲主義も民主主義も」へと微妙に変化し
てきたことも本書で示してきたとおりである。ただ、二兎を追うことは言う
は易いが実際には理論的にも実践的にもきわめて難しい[10]。これは何も中

272

国に限ったことではない。憲法学者の阪口正二郎氏は、アメリカ憲法の学説と判例を分析することを通じて、立憲主義と民主主義との間には深い断絶があり、両者の間での選択は「どぎつい」選択であることを認める。そして、「「国家」を「他者」とみなすからこそ、「私人」としての「個人」は、「国家」を「自分」のものとしようとして「市民」になろうとするはず」という思考が、「民主主義よりも立憲主義を」という立場がとりうる「綱渡りに等しいぎりぎりの選択」であると論じる[11]。筆者は、このような「断絶を前提とした逆接続」を説く阪口氏の論、および第9章で検討した、ハーバーマスのコミュニケーション理論に依拠して言論の自由の行使に公論形成の潜在的可能性を見出す毛利透氏の論[12]等を参考にしつつ、中国において、立憲主義と民主主義の接合をどのように図るかという問いに、情報公開請求と陳情を事例として検討することを通じて応答しようとしたのである。

(四)

とはいっても、以上のような弁明は、研究対象としての選挙の重要性をいささかも希釈しない。中国の選挙については、筆者は、すでに、大林啓吾・白水隆編著『世界の選挙制度』(三省堂、2018年) 所収の「中国」の章で、その制度の初歩的・概説的な検討を行っているが[13]、今後、民主主義 (民主) との関わりにおいて、より原理論的な考察へと研究を進めなければならない。ここでは、今後の課題をいくつか挙げるにとどめたい。

まず、言論の自由と選挙 (権) との関係を中国の憲法原理・憲法状況に即して考察することである。民主政にとって、言論の自由と選挙 (権) は車の両輪であり、両者はいずれも「民意」の表現手段、あるいは「民意」そのものであるが、選挙 (権) が瞬間的・確定的な政治的意思の表明であるのに対して、言論の自由は「民意」の恒常的・断続的な表明であり、言論の自由の行使を通じて「民意」は徐々に形成されていく[14]。両者の関係如何を考察することは、中国における政治的権利論・市民的自由論をさらに掘り下げる

ことを可能にするだろう。

　そして、中国の選挙を原理論的に考察することを通じて、中国憲法が想定する「民主」の全体像を明らかにすることである。中国憲法は、「労働者が指導する、労農同盟を基礎とした人民民主主義独裁の社会主義国家」を国体（国家の性質）とし（憲法第1条第1項）、人民主権を理念的基礎とする人民代表大会制度を政体（政治権力の組織構造）とする（第2条第1項・第2項）。かかる主権・国体・政体は、「毛沢東→梁啓超→明治憲法思想（美濃部達吉、穂積八束）」と「中華ソビエト共和国憲法大綱→ソビエト連邦憲法→1973年フランス憲法（ジャコバン憲法）」という二つの思想的・制度的源流をたどることができる。すでに、これら源流・系譜[15]や憲法における叙述の変遷[16]については、すでにいくつかの優れた先行研究が存在するものの、主権・国体と民主主義との関係如何については、中国憲法（史）研究において深く掘り下げられてきたとはいえない。中国憲法学界においても、リベラリズム憲法学に傾斜する主流派の憲法学者にとって、「人民民主主義独裁」は、あまり触れたくない概念、あるいはできれば理論的に超克したい概念かのようである[17]。

（五）

　「民主」は、第1部の「人権」や第2部の「憲政」と異なり、中華人民共和国成立以降の憲法の条文および理論から一度も「放逐」されることなく、現在に至っている。実は、本書において、筆者は、「人民民主専政」（中国語原語）を「人民民主主義独裁」と訳したのをのぞき、中国の法令、政府文書、学術論文等に出てくる「民主」（中国語原語）を「民主主義」とは訳さずにそのまま「民主」と訳した。この点、中国憲法の英文版では、「民主」はすべてdemocracy／democraticとなっている。加えて、「民主」は日本の憲法学では馴染みが薄い。何よりも、「多数者による支配」を原意とする「民主主義」の外延は広範である。しかしながら、それでも、「民主」に「民主主義」の訳語をあてることに躊躇を覚えたのである。中国憲法で「民主」という語

第3部　附記・解説

が「消失」しなかったのはなぜか。「民主」を「民主主義」と訳するのは妥当なのか[18]。現時点で、これら問題に対する適切な応答を筆者は準備できてない。他日を期したい。

［注］

（1）　稲正樹・岡克彦・西澤希久男・佐藤創・鈴木賢「アジア法」『法律時報』第76巻第13号（通巻第951号）（2004年12月）286頁。

（2）　『政府情報公開条例』については、行政法学者の上拂耕生氏が詳細かつ精緻な分析を行っている（上拂耕生「中国の情報公開制度に関する考察―比較法的にみた特質と問題点―」『アドミニストレーション』第18巻第3・4合併号（2012年3月）93〜152頁）。また、上拂氏は、『政府情報公開条例』と旧『上海市規定』を訳出している（上拂耕生訳「『中華人民共和国政府情報公開条例』と『上海市政府情報公開規定』の訳」『アドミニストレーション』第14巻第3・4合併号（2008年3月）225〜248頁）。

（3）　肖明「政府信息公開制度運行状態考察―基於2008年至2010年245份政府信息公開工作年度報告―」『法学』2011年第10期、82頁。

（4）　これは、中国だけでみられる現象ではない。日本でも、商用目的での情報公開請求が目立ってきており、「行政の透明性」という情報公開制度の本来の趣旨とは異なる目的での利用に対して、困惑と懸念の声が上がっている（「情報公開、商用7割」『朝日新聞』2007年3月29日）。

（5）　阿古智子『貧者を喰らう国―中国格差社会からの警告―（増補新版）』（新潮選書）2014年、209〜210頁、及川淳子「「民主」をめぐる潮流と言論統制」（美根慶樹編著『習近平政権の言論統制』（蒼蒼社）2014年、87〜90頁）。

（6）　「蘇州大学法学院教授、博士生導師周永坤教授依法申請公開93大閲兵開支費用（2015年9月6日）」『維権網』（http://wqw2010.blogspot.com/2015/09/93_6.html）。また、筆者が、2016年3月に蘇州大学を訪問した際に、周永坤氏本人にも直接確認した。

（7）　研究成果は枚挙にいとまがないが、ここでは、さしあたり、公法学者の趙正群氏、呂艶浜氏の優れた研究を数点挙げるにとどめる。趙正群著／萩原有里訳「中国における知情権保障と情報公開制度の発展過程」『中国21』（愛知大学）第35号（2011年11月）161〜180頁、趙正群・朱冬玲「政府信息公開報告制度在中国的生成与発展」『南開学報（哲学社会科学版）』2010年第2期、30〜39頁、趙正群「中国的知情権保障与信息公開制度的発展進程」『南開学報（哲学社会科学版）』2011年第2期、53〜64頁、呂艶浜「中国の情報公開制度―「中華人民共和国政府情報公開条例」の成立を中心に―」『比較法学』第41巻第2号

275

（2008年1月）229〜247頁、呂艶浜「依申請公開制度的実施現状与完善路径―基於政府信息公開実証研究的分析―」『行政法学研究』2014年第3期、74〜79頁、呂艶浜「政府信息公開制度実施状況―基於政府透明度測評的実証分析―」『清華法学』2014年第3期、51〜65頁。

(8) この間、2013年3月に周強が最高人民法院院長に就任したことは、中国の法学者、とりわけ陳情縮小・取消派にとって、あるいはかすかな希望の光となったかもしれない。というのも、前任の王勝俊は、司法改革にはきわめて消極的で、彼の法に対する無知は「法盲」と揶揄されるぐらいであった。これに対して、周強は、法学修士の学位をもち、司法部・共青団（中国共産主義青年団）でキャリアを積み、前職の湖南省人民政府省長・湖南省共産党委員会書記の任にあった際には、「法治湖南」と称される行政（法）改革に取り組んだ（田中信行『はじめての中国法』（有斐閣）2013年、190〜193頁）。しかしながら、陳情には、司法（法院）だけでなく、中国共産党、行政（公安）、検察等の権限と思惑が複雑に絡み合っており、その制度改革は最高人民法院院長の交代でどうこうなるものではない。

(9) 中国の現在の政治環境においてそれを指摘することにどれほどの意味があるのか、と批判を浴びそうであるが、筆者は、さらに進んで、陳情に中国版カウンターデモクラシーの可能性をみてとっている。上からの「民主」の押しつけに対抗し、一般市民が主体的に人民主権を再構築するにあたり、陳情がもつ政治参加・公権力の監督の機能はその契機となりうる（カウンターデモクラシーについては、ピエール・ロザンヴァロン著／嶋崎正樹訳『カウンター・デモクラシー―不信の時代の政治―』（岩波書店）2017年、辻村みよ子「カウンター・デモクラシーと選挙の効果的協同へ―「市民主権」の両輪として―」『世界』第835号（2012年10月）199〜205頁、大河内美紀「カウンターデモクラシー・制度・民意」『公法研究』第79号（2017年10月）98〜108頁等を参照）。

(10) 歴史学研究者の緒形康氏は、「自由」と「公正」という視点から、1990年代の中国知識人論争を整理し、「中国は、…社会民主主義と自由主義の双方を十二分に開化させる道、最も迂遠にみえて最も「公正」をもたらしうるこの道を歩むべきであろう」と結論づける（緒形康「現代中国の自由主義」『中国21』（愛知大学）第9号（2000年5月）87〜110頁）。かかる視点は、筆者の研究にとっても非常に示唆に富む。

(11) 阪口正二郎『立憲主義と民主主義』（日本評論社）2001年の「第8章：ささやかな問題提起―結びに代えて―」（277〜293頁）。

(12) 毛利透『表現の自由―その公共性ともろさについて―』（岩波書店）2008年の「第1章：自由な世論形成と民主主義」（3〜23頁）、「第2章：市民的自由

276

は憲法学の基礎概念か」（25〜54頁）。近年、筆者が、立憲主義と民主主義の接合に悲観的な阪口氏の論よりも、両者を積極的に結びつけようと試みる毛利氏の論に傾斜しつつあることは明らかである。しかしながら、毛利氏の論は、民主主義への懐疑を基調とするリベラリズム憲法学からの批判はもちろん、民主的自己統治の徹底を追究する民主主義憲法学からも、資本制による民主政の歪みを軽視していると批判を受けている（例えば、本秀紀『政治的公共圏の憲法理論—民主主義憲法学の可能性—』（日本評論社）2012年、30〜35頁、45頁）。

(13) 石塚迅「中国」（大林啓吾・白水隆編著『世界の選挙制度』（三省堂）2018年、165〜187頁）。

(14) 毛利透「表現の自由と選挙権の適切な関連づけのために」『法律時報』第88巻第5号（通巻第1098号）（2016年5月）22〜27頁。

(15) 日本からの中国への国体概念の移植については、林来梵氏の研究が白眉である（林来梵「国体概念史—跨国移植与演変—」『中国社会科学』2013年第3期、65〜84頁（加筆修正稿の邦訳として、林来梵「国体概念の変遷—梁啓超から毛沢東へ—」（高橋和之編『日中における西欧立憲主義の継受と変容』（岩波書店）2014年、145〜162頁）））。

(16) 西村幸次郎氏は、中華人民共和国成立以降の憲法における国家の性質の規定の変遷およびそこでの議論を丹念に検討している（西村幸次郎『中国憲法の基本問題』（成文堂）1989年の「第2章：国家の性質」（35〜67頁））。

(17) 例えば、杜鋼建「従専政到憲政—紀念現行憲法頒行十周年—」『浙江学刊』1992年第3期、36〜40頁、張千帆「従"人民主権"到"人権"—中国憲法学研究模式的変遷—」『政法論壇』2005年第2期、3〜9頁等を参照。

(18) 筆者と問題の視角はやや異なるものの、「様々な「民主」が共存・対抗・融合を繰り広げている」香港政治を考察する倉田徹氏の論考が興味深い（「「民主（democracy）」と「民主（minzhu）」の出会い—香港から考える—」『アステイオン』第77号（2012年11月）67〜81頁）。

あとがき

「二冊目が肝腎だ」、でも「二冊目を書くのは難しい」といわれるのを何度か耳にしたことがある。本書をまとめるにあたり、その言葉を痛感した。

2000年頃から、文系においても博士号の位置づけが研究者の最終目標から出発点へと徐々に変化し始め、その中で、課程博士を取得した若手研究者が、博士論文を加除修正して公刊するケースもみられるようになった。私もそのうちの一人である。ある一つのテーマを数年かけて探求して博士論文を完成させ、後にそれを一書にまとめ公刊する。私の前著も、その水準はともかくとしても、それなりの体系性・まとまりは有していたと思う。

前著公刊後、平凡な研究者である私は、いわば「燃え尽き症候群」となった。これからどうするか、である。これまでのテーマをさらに発展させるのか。まったく別の新しいテーマを探すのか。どのような視角・方法でそのテーマに接近するのか。これまでのテーマの拡充であればあまり新味がないし、かといって、方法論を含めてゼロから構築することもまた私にとっては至難の業であった。本書に所収した各論文の執筆、および本書の編集は、そうした私の研究の彷徨・模索の軌跡でもある。

私がもがき続ける中、私の研究に興味関心を示し、共同研究への参加、学会・研究会での発表、著作・雑誌への寄稿等について声をかけて下さった、すべての先生方、先輩方、友人たちに感謝を申し上げたい。先生方の期待と要求は、時として（いつも？）過分ではあったが、ものぐさな私を叱咤激励し、私の背中を押してくれた。先生方の過分な期待に少しでも応えるべく無我夢中で頑張ることで、私は、私の研究は何とかここまで歩みを進めることができたのだと思う。

お世話になった先生方、先輩方、友人たちのお名前を一人ひとり挙げることはできないが、周永坤老師（蘇州大学）、杜鋼建老師（湖南大学）には特別に謝辞を申し上げたい。私の立論が、お二人の先生の研究から大きな影響を受けていることは、本書の論述からおわかりいただけると思う。両先生にとって、「天安門事件」をきっかけに中国の人権問題に興味を抱き、立憲主義と民主主義という視座から中国の憲法の研究を志す私のような日本の若手研究者と交流することは、一定程度面倒［麻煩］とリスクを伴うものであったかもしれない。しかしながら、両先生は本当に真摯に私に応対して下さり、たくさんのことをご教示下さった。両先生は私のことを「古い友人［老朋友］」とおっしゃって下さるが、私にとって、両先生はまぎれもなく中国の「指導教授［導師］」である。周老師、杜老師が、自由に発言でき、自由に論文を執筆でき、自由に研究を発表できるような社会が中国に訪れることを願ってやまない。

　本書の第7章初出論文は西村幸次郎先生（一橋大学名誉教授）の退職記念号に、第8章初出論文は鈴木敬夫先生（札幌学院大学名誉教授）の古稀記念論文集に、それぞれ寄稿したものである。西村先生、鈴木先生のこれまでの学恩にあらためて感謝するとともに、末永いご健勝をお祈りしたい。

　東方書店が本書の刊行を快く引き受けて下さったおかげで、本研究を世に問い、読者諸賢の批判を仰ぐ機会が得られた。山田真史社長、コンテンツ事業部の川崎道雄さん（2019年3月ご退職）、家本奈都さん、伊藤瞳さんに深くお礼申し上げたい。特に、「論文査読者」と見間違えるほどの鋭く的確な伊藤さんのチェック・編集作業のおかげで、本書はそれなりの形あるものになった。

　本書を父・健（たけし）、母・明子（あきこ）に感謝の気持ちをもって届けたい。本書所収の初出論文には、私がポスドク時代に、つまり、専任職に就職できるかどうか、まったく先が見えず、経済的・精神的に一番きつかった頃に執筆したものが何本か含まれている。両親は、どこまでも私の可能性を信じて疑わず、物心両面で支えてくれた。少し気恥ずかしいのだが、私の名前・

あとがき

迅（じん）は、ともに高等学校教員であった両親（教科は、父が社会で母が国語）
が、中国の作家・魯迅から名付けたそうだ。今、私がこうして中国の憲法・
立憲主義を研究していることに何か不思議な縁を感じる。これからも、両親
が名前に込めた願いに少しでも近づけるよう精進したい。幸いにして、高校
教員を退職後、父は市民運動に、母は小説執筆に（大西明子『神戸モダンの女』
（編集工房ノア）2019 年が「人生十人十色大賞」文芸社特別賞を受賞！）、それぞれ
充実した日々を送っているようだが、ぜひ、これからも健康に留意して、私
の次の専著が出るのを待っていてほしい。

2019 年 9 月 22 日

石塚　迅

索　引

事項索引

【あ】

アジア的価値　9-10

新しい人権　18, 69-70, 74

アムネスティ・インターナショナル　19

アメリカ　2, 4, 36, 48-49, 70, 79, 81, 104, 117, 157, 273

アメリカ人権記録　4

安定団結　84, 96, 100

違憲審査制　46, 68, 74, 91, 101, 106, 109, 116, 118, 120, 124, 131-134, 141, 143, 154-155, 160, 162, 170, 174, 241, 259

一元論　39-40

依法治国　63, 67, 117, 175

インターネット　2, 146, 153, 181-182, 193, 195, 197, 199, 207, 218, 227

【か】

改革開放　2-4, 7, 29, 32, 57, 91, 93-95, 152, 251

階級闘争　94, 96, 133, 251

解釈宣言　38, 42-44, 47

開明的専制　174

学潮　7, 29, 80

革命中心史観　117

監督権　105, 128, 134, 242, 244-250, 260, 262

議会　81, 119-120, 124, 129-130, 140, 162, 172, 246, 255, 272

議行合一　128-130, 162, 259

吉林省政務大庁　196, 203-206

吉林政報　187, 190, 203-204

吉林大学　183, 204, 210

規範的文書　186-187, 192-193, 195-198,

202-204, 210-211, 223

行政訴訟　46, 105, 202, 207, 222, 226, 229, 233, 242

行政不服審査　202, 207, 225-226, 229, 233, 242

グローバル化　26-28, 80, 91, 117, 120, 154

経済建設　94, 96, 100, 193, 251

権威主義　22

検察　107-108, 122-123, 125, 128, 154-155, 186, 188, 239

憲政　49, 90-91, 98-101, 109-111, 116-118, 121, 124, 140-144, 147-151, 154-158, 161-164, 170-176, 252, 254, 259

憲法解釈　105, 147, 150-151, 159-161

憲法改正　17, 41, 60-62, 66-67, 106, 147-148, 150-151

憲法監督　48, 105-106, 131-132

憲法の司法化　48

権利と義務の一致の原則　15, 62, 64, 233

権力分立　49, 130, 154, 159, 247

言論の自由　49, 54, 66, 79, 90-102, 104, 106, 109, 111, 140, 142, 145, 150, 152, 154, 156, 170, 173-174, 242, 249-254, 257-258, 260-262, 268-269. 272-273

公安　45, 108, 205, 207, 239

公開義務人　181, 223-225, 230

公開権利人　181, 223-226, 230

紅旗　56

公共圏　255, 260-261

公論　257-258, 260, 273

国際連合（国連）　2, 8, 11-12, 19, 27, 29-31, 35, 37-38, 41, 45

国情　8, 11, 22, 30, 34, 38, 41, 241, 243

国体　67, 274

282

国民主権 119-120, 180, 190, 218

国務院 2, 32, 37, 102, 126, 186, 188, 191-192, 219, 231-232, 235, 239, 243, 248, 271

国務院報道辦公室 2-4, 11, 19, 21, 58-59, 83, 244, 250

国連人権委員会 36, 81

個人通報制度 29, 48

個人の尊重 54, 100, 173

戸籍 207, 248

国家安全危害罪 104, 146

国家主席 32, 34, 36, 60, 131

国家人権行動計画 83, 244

国家と個人の二極対立 156-157, 173-174, 258, 269

固有の意味の憲法 172

【さ】

最恵国待遇 81

裁判委員会 107, 154

三権分立 107, 118, 121, 123, 128-129, 154

「三講」活動 193, 211

参政権 242, 249-250, 258, 261

自然権 173

思想の解放 92, 97-98, 100

思想の自由 16, 92, 96-97, 100, 103, 109, 145

市長公開電話制度 193, 195

実質的意味の憲法 172

自発的公開 181, 189, 195, 197, 199-202, 204, 220, 223-225, 227-230, 232

司法権の独立 107, 123, 131, 153-154, 156, 241, 259

市民 10, 12-13, 18, 26, 29, 31, 36, 43, 46, 48, 59, 73, 81-82, 84, 92, 119-121, 124, 144, 146, 157, 159-160, 164, 175, 180, 182, 190, 193, 210, 244, 256, 260, 268, 273

社会主義 7, 9, 12, 16, 34, 59, 62, 90, 94, 97, 102-103, 128, 129, 145-146, 152-153, 247, 269, 274

社会主義政治文明 67, 150

社会主義精神文明 97, 102, 145

社会主義法治国家 63, 67-68, 117, 132, 144, 241

私有財産（権） 19, 56, 65, 72, 152-154

自由主義・新左派論争 153

受益権 249-250

儒教 98, 157, 173-174

主権 8-13, 19, 21-22, 27-31, 34-36, 39, 41, 45, 47-48, 58, 72-73, 96, 103, 119-120, 123, 129, 133, 147-148, 180, 190, 218, 245, 274

情報公開 20, 140, 180-183, 187-190, 197-200, 202, 204-207, 209-211, 218-222, 224-236, 268-273

情報公開請求権 189, 195, 199, 201, 225-226, 228, 234, 270

情報提供 190, 209, 220-221, 225, 229, 232

剰余の人権 18, 68-70, 72-73

知る権利 73, 180-183, 189-190, 198-199, 205, 210, 218, 222-223, 225-228, 230, 233-235, 244, 262, 270

仁 99, 157

人権 NGO 2, 4, 7, 15, 18-19, 21, 30, 46-47, 58, 93, 104, 144

人権主義 98-99, 111, 149, 173, 259

「人権」入憲 11, 13-14, 53, 106

人権白書（中国の人権状況） 4, 7-9, 11, 13-14, 16, 19, 21, 30-32, 36, 57-60, 64, 66-67, 74, 81, 83, 90, 94-95, 97, 250

人権派弁護士 146

新自由主義 157

申請に基づく公開 195, 199-202, 224-225, 227-230, 233-234

人治 241

信訪 134-135, 155-156, 239, 242, 248, 269, 272

人民主権 34, 96, 123, 129, 133, 245, 274

人民政府 4, 102, 122, 125-126, 128-129, 181, 183-184, 186-188, 190, 197-199,

283

201, 203-205, 207, 210-211, 219-220, 223, 225, 227, 230-232, 239, 271
人民日報　27, 175, 247-248
人民法院　40, 106-107, 118, 122-123, 125-128, 130-135, 143, 154-156, 234, 260
人民民主主義独裁　6, 16, 96-97, 145, 173, 247, 259, 274
請願権　242, 244, 246-250, 260-261
政治参加　19, 239-243, 247-249, 252-253, 258, 260-261, 269, 272
政治的権利　12, 19, 21-22, 26, 31, 43, 54, 59, 93-96, 145, 239, 242, 244-246, 249-255, 257-258, 260, 262, 269, 273
生存権　8-11, 21-22, 30-31, 35, 58, 69, 90, 92, 95
政体　67, 274
政府情報公開年度報告　207, 229-230, 232, 271
政府スポークスマン制度　200, 221, 228, 230
政法委員会　107-108, 154
政務公開　180-183, 186-200, 202-206, 209-211, 218, 220-222, 225, 234, 268
選挙　96, 120, 122-123, 129, 134, 150, 191, 250, 253, 261, 272-274
全国人民代表大会（全国人大）　41, 46, 53, 61, 105-106, 118, 122-123, 126-129, 132, 153, 155, 160
全国人民代表大会常務委員会（全国人大常務委）　32, 34, 37, 41-42, 46, 59-61, 63, 102, 105-106, 123, 126-128, 132, 145, 153, 160
ソビエト連邦（ソ連）　117, 122, 252, 274
孫志剛事件　180, 182, 270
村民自治　188, 191
村務公開　188, 191-192

【た】

大衆路線　148, 158
台湾　38, 140, 247
脱北者　45-46
多党合作制　44, 111

治者と被治者の自同性　122, 173
地方自治　186, 231
地方政府　73, 156, 180, 183-184, 186-187, 219, 232, 268
地方政府規章　186-187, 190, 198, 201, 203-204, 211, 219-220, 225, 233
地方的法規　127, 186-187, 203-204, 211, 220
中華民国　91, 117-118, 121, 124, 143-144, 246-247
中国脅威論　81
中国共産党の指導（共産党の指導）　8-9, 11, 16, 19, 30, 42-44, 47, 58, 94, 96-97, 107, 145-146, 175, 203, 211
中国国民党（国民党）　6, 55, 96, 101, 117, 144, 247
中国人権研究会　19, 63
中国的人権観　2, 4, 9, 11-15, 20-22, 30-31, 34-35, 38, 43, 45, 47, 49, 65, 79
長春市政務中心　196, 203, 205
長春政報　187, 190, 198, 200-201, 203-204
朝鮮民主主義人民共和国（北朝鮮）　45
陳情　134-135, 155, 239-249, 251, 257, 259-262, 269-273
天安門事件　2-3, 7, 13, 29, 35-36, 58, 80, 102, 144, 146, 161, 191
天賦人権　56-57, 70, 94, 243
ドイツ　120
党政不分　4, 211
党政分離　124, 134, 211
東北師範大学　183, 204-205, 210

【な】

内政不干渉の原則　8-9, 12, 30-31
南方週末　175
二元論　39
日本　2, 9, 17, 22, 47-49, 73, 81, 83-84, 111, 116, 118, 121, 124, 150, 152, 155, 158, 160-162, 172, 181, 186, 189, 205, 218, 221-222, 231, 246, 249-250, 255, 257, 269, 271, 274

ノーベル平和賞　82, 146

【は】

反右派闘争　92, 175

反射的利益　243

物権法違憲論争　153, 163

腐敗　22, 97, 135, 155, 191, 247

プライバシー　200, 224, 228

フランス　36, 70, 119, 122, 153, 274

ブルジョア階級　56-57, 65, 96, 129, 133, 144, 152, 247

ブルジョア自由化　7, 57

文化大革命　7, 56, 92, 95, 124, 129, 153, 163

北京の春　7, 29, 49, 56

法治　63, 67-68, 91, 110, 117, 127, 132, 135, 144-145, 148-150, 175, 240-241, 259, 268, 270

ポピュリズム　148, 158, 163

香港　13, 36-37, 41, 235, 271

【ま】

「三つの代表」重要思想　103, 211

三つの有利　94, 251

民意　182, 210-211, 218, 256-258, 260, 269, 273

民主化　7, 29, 56-58, 79-80, 93, 116, 124, 142, 144, 146-148, 157, 163, 181-182, 218-219, 254, 272

民主集中制の原則　105, 107, 122-123, 128, 130, 154, 186, 231, 247

民主主義　6-7, 10, 16, 55-56, 109-111, 116, 118-125, 133-134, 143-145, 148-151, 156, 158-159, 162-163, 170, 173-174, 180, 190, 218, 247, 249-250, 254-255, 257, 259-260, 268, 271-275

民主政　110, 119, 125, 149, 157, 163, 173, 242, 250, 256-257, 261, 269, 272-273

明白かつ現在の危険の原則　104

【や】

四つの基本原則　16-17, 67, 97, 99-100, 102-103, 145-146

【ら】

立憲主義　6, 56, 91-92, 101, 109, 111, 116-122, 124-125, 133-134, 141-152, 154-156, 158, 162-163, 170-174, 180, 254-255, 257-260, 268-269, 272-273

立憲的意味の憲法　171-172

リバタリアニズム　153

リベラリズム　121, 153, 170, 172, 174, 274

リベラル・デモクラシー　9, 163

留保　40, 42-45, 47, 121

冷戦　80, 91, 117, 154

六項目の基準　94, 97, 251

【英】

EU　36

SARS騒動　180, 182

WTO　13, 36, 270

人名索引

【あ】

芦部信喜　119

G・イェリネク　249

市川正人　159-160

井上達夫　9-10, 22, 255-256

伊豫谷登士翁　28

于建嶸　240-241

汪暉　157-158

王景斌　183, 205, 210

王丹　13, 36

奥平康弘　159-160, 164

温家宝　163

【か】

郭道暉　17, 67-70, 72-73

梶谷懐　158

金子肇　120, 172

韓大元　125, 130, 147, 149, 160, 254

季衛東　148, 150, 257-258

魏京生　13, 36
許崇徳　125
胡錦光　130, 254
胡錦濤　60, 62, 66, 174
胡平　142, 260
江沢民　14, 36-37, 59
谷春徳　57
鞏献田　153, 163

【さ】

阪口正二郎　91-92, 101, 109, 120, 154, 273
朱穆之　19
周永坤　116, 123, 125-128, 130-135, 150, 156, 173, 176, 240-241, 245, 247, 259, 271
習近平　174-175
焦洪昌　17, 69-72
鈴木賢　107, 268
砂山幸雄　142
園田茂人　156

【た】

翟国強　161-162
杜鋼建　17, 71, 90, 92, 97-101, 104-111, 149, 157, 170, 173-174, 259
董雲虎　63-64, 68
鄧小平　6-7, 16, 57-58, 84, 94-95, 97, 103, 145, 163, 251
唐亮　221
董和平　101, 252-254, 258

【な】

中村元哉　121, 142, 170-171

【は】

J・ハーバーマス　255, 273
薄熙来　157
長谷部恭男　255-258

【ま】

松井茂記　189-190, 209, 220-221
マルクス　16, 56-57, 59, 97, 103-104, 129-130, 145, 255
水羽信男　121

毛沢東　6, 16, 55-56, 94, 96-97, 103, 110, 144-145, 247-248, 251, 274
毛利透　256-258, 260-261, 273

【や】

山本真　142, 170-171

【ら】

李歩雲　149
劉暁波　82, 146, 174
劉恒　188, 210
梁啓超　274
林来梵　243, 245-248, 261-262
レーニン　16, 57, 97, 103, 129-130, 145

法令等索引

【か】

戒厳令　146
各級人民代表大会常務委員会監督法　106, 128
広東省政務公開条例　210, 234
吉林省政務情報公開管理辦法（吉林省辦法）　198, 200-201
行政訴訟法　40, 46, 105, 207, 234
経済的・社会的及び文化的権利に関する国際規約（社会権規約・A規約）　12-13, 26, 35-38, 43-44, 49, 59, 144-145
刑法　43-44, 93, 96, 104, 121, 251, 253
広州市政府情報公開規定（広州市規定）　73, 181, 190, 210, 219-222, 225-228, 230-235, 270
広州市の申請に基づく政府情報公開辦法　233, 270
拷問及び他の残虐な、非人道的な又は品位を傷つける取扱い又は刑罰に関する条約（拷問等禁止条約）　41, 46
国際連合憲章（国連憲章）　12, 19, 26-27, 30-32, 35

索引

国民党の六法全書を廃棄し解放区の司法原
　　則を確定することに関する指示　144,
　　247

【さ】

裁判官法　109
市民的及び政治的権利に関する国際規約
　　（自由権規約・B規約）　12-13, 17, 26,
　　34-35, 38-39, 43-44, 47-49, 59, 145
社会団体登記管理条例　18, 102, 146
上海市政府情報公開規定（上海市規定）
　　198, 201, 219-221, 226, 228-232, 270
集会行進示威法　102, 146
出版管理条例　102, 146
条約締結手続法　32, 34, 37, 42, 71
女子に対するあらゆる形態の差別の撤廃に
　　関する条約（女子差別撤廃条約）　11,
　　41
人民法院組織法　127, 155
政府情報公開条例　219, 222, 232, 235, 270
世界人権宣言　8, 12, 27, 29-32, 34-35, 49
村民委員会組織法　191

【た】

地方各級人民代表大会および地方各級人
　　民政府組織法（地方組織法）　186-187,
　　220
中華ソビエト共和国憲法大綱　274
中華民国憲法　91, 121, 247
中華民国臨時約法　246
中国人民政治協商会議共同綱領（共同綱領）
　　56, 129
長春市政府情報公開規定（暫行）（長春市
　　規定）　197-202, 206-207, 209, 211
陳情条例　239, 242-244, 248, 261

【な】

難民の地位に関する条約（難民条約）　45
日本国憲法　70, 161, 246, 249

【は】

物権法　152-153, 163
フランス人権宣言　70, 119, 153

香港特別行政区基本法　37, 41

【ま】

民辧非企業単位登記管理暫行条例　18
民法通則　40, 42

【ら】

立法法　42, 71, 108, 187, 201, 203-204, 210,
　　220, 234, 243
労働組合法　37, 44

【わ】

ワイマール憲法　120

【数字】

08 憲章　49, 82, 146-147, 161
1954 年憲法　56, 126, 245
1975 年憲法　126, 129, 245
1978 年憲法　126, 245
1982 年憲法　14, 53, 116, 126, 153, 184, 233,
　　242, 244-245

［著者紹介］

石塚　迅（ISHIZUKA　Jin）アジア比較憲法、現代中国法
　　　1973年生まれ。一橋大学大学院法学研究科博士後期課程公共関係法専攻
　　　修了（博士（法学））。日本学術振興会特別研究員、早稲田大学比較法研
　　　究所助手、山梨大学教育人間科学部准教授等を経て、現在、山梨大学生
　　　命環境学部准教授。主な業績として、単著『中国における言論の自由―
　　　その法思想、法理論および法制度』（明石書店）2004年、訳書に胡平著『言
　　　論の自由と中国の民主』（現代人文社）2009年、共編著に『憲政と近現
　　　代中国―国家、社会、個人―』（現代人文社）2010年、主要論文「公共
　　　圏（公共空間）と中国憲法学―北京・三味書屋の試みに注目して―」『比
　　　較法雑誌』第52巻第3号（2018年12月）など。

げんだいちゅうごく　りっけん　しゅぎ
現代中国と立憲主義

2019年10月31日　初版第一刷発行

著　　者●石塚迅
発行者●山田真史
発行所●株式会社東方書店
東京都千代田区神田神保町1-3 〒101-0051
電話03-3294-1001　営業電話03-3937-0300

組　　版●株式会社三協美術
装　　幀●EBranch 冨澤崇
印刷・製本●モリモト印刷株式会社

定価はカバーに表示してあります。

© 2019　石塚迅　　　　　Printed in Japan
ISBN978-4-497-21919-0　C3032

乱丁・落丁本はお取り替えいたします。
恐れ入りますが直接小社までお送りください。

Ⓡ 本書を無断で複写複製（コピー）することは著作権法上での例外を除き禁じ
られています。本書をコピーされる場合は、事前に日本複製権センター（JRRC）
の許諾を受けてください。
JRRC（http://www.jrrc.or.jp　Eメール：info@jrrc.or.jp　電話：03-3401-2382）
小社ホームページ〈中国・本の情報館〉で小社出版物のご案内をしております。
https://www.toho-shoten.co.jp/